Frank Stollhoff | Eva Reininghaus

VOB/B – Projekthandbuch für das Asset- und Gebäudemanagement

Frank Stollhoff | Eva Reininghaus

VOB/B

**Projekthandbuch für das
Asset- und Gebäudemanagement**

Fraunhofer IRB Verlag

Bibliografische Information der Deutschen Nationalbibliothek:
Die Deutsche Nationalbibliothek verzeichnet diese Publikation in der Deutschen Nationalbibliografie; detaillierte bibliografische Daten sind im Internet über www.dnb.de abrufbar.

ISBN (Print): 978-3-7388-0364-8
ISBN (E-Book): 978-3-7388-0365-5

Lektorat: Claudia Neuwald-Burg
Layout, Satz, Herstellung: Andreas Preising
Umschlaggestaltung: Martin Kjer
Druck: DCC Kästl e.K., Ostfildern-Kemnat

Die hier zitierten Normen sind mit Erlaubnis des DIN Deutsches Institut für Normung e.V. wiedergegeben. Maßgebend für das Anwenden einer Norm ist deren Fassung mit dem neuesten Ausgabedatum, die bei der Beuth Verlag GmbH, Burggrafenstraße 6, 10787 Berlin, erhältlich ist.

Alle Rechte vorbehalten.
Dieses Werk ist einschließlich aller seiner Teile urheberrechtlich geschützt. Jede Verwertung, die über die engen Grenzen des Urheberrechtsgesetzes hinausgeht, ist ohne schriftliche Zustimmung des Fraunhofer IRB Verlages unzulässig und strafbar. Dies gilt insbesondere für Vervielfältigungen, Übersetzungen, Mikroverfilmungen sowie die Speicherung in elektronischen Systemen.
Die Wiedergabe von Warenbezeichnungen und Handelsnamen in diesem Buch berechtigt nicht zu der Annahme, dass solche Bezeichnungen im Sinne der Warenzeichen- und Markenschutz-Gesetzgebung als frei zu betrachten wären und deshalb von jedermann benutzt werden dürften.
Sollte in diesem Werk direkt oder indirekt auf Gesetze, Vorschriften oder Richtlinien (z.B. DIN, VDI, VDE) Bezug genommen oder aus ihnen zitiert werden, kann der Verlag keine Gewähr für Richtigkeit, Vollständigkeit oder Aktualität übernehmen. Es empfiehlt sich, gegebenenfalls für die eigenen Arbeiten die vollständigen Vorschriften oder Richtlinien in der jeweils gültigen Fassung hinzuzuziehen.

© Fraunhofer IRB Verlag, 2020
Fraunhofer-Informationszentrum Raum und Bau IRB
Nobelstraße 12, 70569 Stuttgart
Telefon +49 711 970-2500
Telefax +49 711 970-2508
irb@irb.fraunhofer.de
www.baufachinformation.de

Vorwort

Der Erfolg jeder professionellen Immobilienbewirtschaftung hängt von der Immobiliensteuerung ab. Die dafür verantwortlichen Akteure sind im gewerblichen Bereich die jeweiligen Assetmanager und im öffentlichen Bereich die jeweils Verantwortlichen im Gebäudemanagement. Mitglieder dieser Berufsgruppen und die für sie tätigen Projektsteuerer, Baubetreuer, Architekten und Ingenieure gehören zu den wichtigsten Entscheidern der Immobilienwirtschaft. Von ihrer Entscheidungssicherheit und der Entscheidungsrichtigkeit bei der Steuerung von Gewerbe- und Wohnimmobilien hängt der Erfolg oder der Misserfolg großer Immobilieninvestitionen ab.

Die Verantwortlichen im Assetmanagement und im Gebäudemanagement sind nahezu täglich mit neuen Situationen und Herausforderungen konfrontiert. Sie müssen Baumängel der von ihnen bewirtschafteten Gewerbe- und Wohnimmobilien schnell erkennen und genauso schnell beseitigen, damit keine Mietminderungen die Immobilienrendite belasten. Mieterausbauvereinbarungen in gewerblichen Mietverträgen sind pünktlich und mangelfrei zu erfüllen, um Störungen in wichtigen Mietverhältnissen zu vermeiden. Erweiterungs-, Umbau- und Modernisierungsmaßnahmen in Gewerbe- und Wohnimmobilien sind reibungsfrei umzusetzen. Hierzu sind sichere Kenntnisse des VOB/B-Bauvertragsrechts unerlässlich.

Der vorliegende Praxisleitfaden zur VOB/B-Bauvertragsabwicklung soll es den Verantwortlichen im Assetmanagement und im Gebäudemanagement bei der Bewirtschaftung von Gewerbe- und Wohnimmobilien ermöglichen, rechtssicher zu agieren. Es sollen praxisgerecht die Kenntnisse vermittelt werden, die erforderlich sind, um auftretenden Problemlagen bei Neubau-, Umbau- und Ausbaumaßnahmen schnell und effektiv entgegenzusteuern. Der vorliegende Praxisleitfaden erläutert für die Verantwortlichen im Asset- und Gebäudemanagement anschaulich typische Fallgestaltungen des Bauvertragsrechts der aktuellen VOB/B 2019. Schaubilder und Praxisbeispiele sollen es den Verantwortlichen im Asset- und Gebäudemanagement ermöglichen, die jeweils einschlägigen VOB/B-Regelungen zielgerichtet und rechtssicher anzuwenden.

Die Autoren sind erfahrene Fachanwälte für Bau- und Architektenrecht der Berliner Baurechtskanzlei TSP Theißen Stollhoff & Partner mbB Rechtsanwaltsgesellschaft (www.ts-law.de).

Inhaltsverzeichnis

1	Einleitung	19
2	**Vertragsbestandteile, Rangfolgeregelungen**	21
2.1	Grundlagen	21
2.1.1	VOB/B als Allgemeine Geschäftsbedingung	21
2.1.2	VOB/B Geltungsvereinbarung	22
2.1.3	Bauleistungen	24
2.1.4	Planungs- und Überwachungsleistungen	24
2.2	Bestandteile des Bauvertrags	25
2.2.1	Vertragsinhalte des Bauvertrags	25
2.2.2	Rangfolgeregelungen	25
2.2.3	Auslegung	26
2.2.4	Leistungsbeschreibung mit Leistungsverzeichnis	27
2.2.5	Funktionale Leistungsbeschreibung	27
3	**Vergütung**	29
3.1	Grundsätze der Vergütung	29
3.1.1	Leistungssoll als Grundlage des Vergütungsanspruchs	29
3.1.2	Preisklauseln	32
3.1.3	Nachlass	33
3.1.4	Skonto	34
3.1.5	Kostenanschlag und Vorarbeiten	34
3.2	Einheitspreisvertrag	35
3.3	Pauschalpreisvertrag	38
4	**Nachträge**	41
4.1	Anordnungsrecht des Auftraggebers	42
4.2	Preisanpassung bei Mehr- oder Mindermengen	44
4.2.1	Grundsätze der Preisanpassung gemäß § 2 Abs. 3 VOB/B	44
4.2.2	Mengenmehrung	46

4.2.3	Mengenminderung	47
4.3	**Geänderte Leistungen, § 2 Abs. 5 VOB/B**	**48**
4.3.1	Abweichung Leistungsist vom Leistungssoll	49
4.3.2	Anordnung des Auftraggebers	50
4.3.3	Vergütung der geänderten Leistung	50
4.4	**Zusätzliche Leistungen, § 2 Abs. 6 VOB/B**	**52**
4.4.1	Abweichung Leistungsist vom Leistungssoll	52
4.4.2	Anordnung des Auftraggebers	53
4.4.3	Ankündigungserfordernis	53
4.4.4	Vergütung der zusätzlichen Leistung	54
4.5	**Nachträge bei Pauschalverträgen, § 2 Abs. 7 VOB/B**	**54**
4.5.1	Mengenänderungen grundsätzliche ohne Auswirkungen auf den Pauschalpreis	55
4.5.2	Geänderte oder zusätzliche Leistungen im Pauschalvertrag	55
4.6	**Leistungen ohne Auftrag, § 2 Abs. 8 VOB/B**	**56**
4.6.1	Nachträgliches Anerkenntnis des Auftraggebers, § 2 Abs. 8 Nr. 2 Satz 1 VOB/B	57
4.6.2	Notwendige Leistung, die dem Willen des Auftraggebers entspricht und die der Auftragnehmer angezeigt hat, § 2 Abs. 8 Nr. 2 Satz 2 VOB/B	57
4.6.3	Geschäftsführung ohne Auftrag, § 2 Abs. 8 Nr. 3 VOB/B	58
4.7	**Stundenlohnarbeiten**	**59**
4.8	**Nachtragsvereinbarungen**	**60**
5	**Ausführungsfristen, Baubehinderungen, Vertragsstrafen**	**63**
5.1	**Ausführungsfristen**	**63**
5.1.1	Verbindliche Vertragsfristen	63
5.1.2	Unbestimmte Fristvereinbarungen	64
5.1.3	Zwischenfristen	64
5.1.4	Beginn der Ausführung	65
5.1.5	Fehlende Vereinbarung des Ausführungsbeginns	65
5.1.6	Mitteilungspflichten	67
5.1.7	Förderungspflichten	67
5.1.8	Abhilfeverlangen	67
5.1.9	Einhaltung der Ausführungsfristen	69
5.2	**Baubehinderungen**	**69**
5.2.1	Behinderungsbegriff	70
5.2.2	Anzeigepflicht	70
5.2.3	Schriftform	71
5.2.4	Inhalt der Behinderungsanzeige	72
5.2.5	Bauzeitverlängerung durch höhere Gewalt	73
5.2.6	Bauzeitverlängerung durch Witterungseinflüsse	73
5.2.7	Nachholungspflicht	74

5.2.8	Dauer der Bauzeitverlängerung..	76
5.2.9	Entschädigungs- und Schadensersatzansprüche................................	78
5.3	**Vertragsstrafe**	**81**
5.3.1	Voraussetzungen...	81
5.3.2	Wirksamkeit..	82
6	**Regelungen zur Bauausführung**	**85**
6.1	Grundlagen..	85
6.2	Zutrittsrecht, Einsichtsrecht und Auskunftsrecht..........................	86
6.2.1	Zutrittsrecht	86
6.2.2	Einsichtsrecht	87
6.2.3	Auskunftsrecht..	87
6.3	Mängel während der Ausführung	88
6.4	Nachunternehmereinsatz	88
7	**Sicherheitsleistungen**	**91**
7.1	Allgemeines	91
7.1.1	Sicherheiten zugunsten des Auftragnehmers	91
7.1.2	Sicherheiten zugunsten des Auftraggebers	91
7.2	Vertragserfüllungssicherheit des Auftraggebers	93
7.3	Mängelansprüchesicherheit des Auftraggebers	94
7.4	Bauhandwerkersicherheit des Auftragnehmers	97
8	**Abnahme**..	**101**
8.1	Allgemeines	101
8.2	Abnahmeformen..	101
8.3	Förmliche Abnahme, § 12 Abs. 4 VOB/B	103
8.4	Fiktive Abnahme, § 12 Abs. 5 Nr. 1, 2 VOB/B	104
8.5	Rechtswirkungen der Abnahme	105
8.6	Gesamtabnahme und Teilabnahme...	105
9	**Rechnungsstellung und Zahlungen**	**107**
9.1	Abrechnung...	107
9.1.1	Prüfbare Abrechnung, § 14 Abs. 1 VOB/B.......................................	107
9.1.2	Notwendige Feststellungen für die Abrechnung, § 14 Abs. 2 VOB/B...	108
9.1.3	Aufstellung der Rechnung durch den Auftraggeber	109
9.2	Abrechnung von Stundenlohnarbeiten...	109
9.2.1	Pflichten von Auftraggeber und Auftragnehmer bei der Ausführung von Stundenlohnarbeiten, § 15 Abs. 3 VOB/B	110
9.2.2	Einwendungen zu Stundenlohnzetteln...	111

9.3	**Abschlagszahlungen, § 16 Abs. 1 VOB/B**	**111**
9.3.1	Abschlagszahlungen für vertragsgemäße Leistungen, § 16 Abs. 1 Nr. 1 VOB/B	111
9.3.2	Frist zur Vornahme von Abschlagszahlungen, § 16 Abs. 1 Nr. 3 VOB/B	112
9.4	**Vorauszahlungen, § 16 Abs. 2 VOB/B**	**113**
9.4.1	Vorauszahlungsvereinbarung	113
9.4.2	Sicherheit des Auftraggebers	114
9.4.3	Verzinsung von Vorauszahlungen	114
9.4.4	Anrechnung von Vorauszahlungen	114
9.5	**Schlussrechnung und Schlusszahlung**	**115**
9.5.1	Schlussrechnung	115
9.5.2	Prüfung der Schlussrechnung durch den Auftraggeber	115
9.5.3	Schlusszahlung des Auftraggebers	116
9.6	**Verjährung des Vergütungsanspruchs**	**117**
10	**Mängelansprüche**	**119**
10.1	**Mängelansprüche vor der Abnahme**	**119**
10.1.1	Beseitigung vertragswidriger Stoffe oder Bauteile	119
10.1.2	Während der Ausführung als mangelhaft oder vertragswidrig erkannte Leistungen	121
10.2	**Mängelansprüche nach Abnahme**	**123**
10.3	**Verjährung von Mängelansprüchen nach Abnahme**	**125**
10.3.1	Regelfristen	125
10.3.2	Verjährungshemmung durch schriftliche Mangelanzeige	125
11	**Kündigung des Bauvertrags**	**127**
11.1	**Grundsätzliches zur Kündigung**	**127**
11.2	**Kündigung durch den Auftraggeber, § 8 VOB/B**	**128**
11.2.1	Freies Kündigungsrecht des Auftraggebers, § 8 Abs. 1 VOB/B	128
11.2.2	Kündigungsrecht wegen Vermögensverfalls des Auftragnehmers, § 8 Abs. 2 VOB/B	129
11.2.3	Kündigung wegen mangelhafter oder vertragswidriger Leistungen des Auftragnehmers, § 8 Abs. 3 Nr. 1 Satz 1 i. V. m. § 4 Abs. 7 VOB/B	130
11.2.4	Kündigungsrecht wegen verzögerter Leistungen des Auftragnehmers, § 8 Abs. 3 Nr. 1 Satz 1 i. V. m. § 5 Abs. 4 VOB/B	132
11.2.5	Sonstige außerordentliche Kündigungsgründe des Auftraggebers	133
11.2.6	Teilkündigung des Auftraggebers, § 8 Abs. 3 Nr. 1 Satz 2 VOB/B	133
11.3	**Kündigung durch den Auftragnehmer, § 9 VOB/B**	**134**
11.3.1	Kündigungsrecht wegen Gläubigerverzugs, § 9 Abs. 1 lit. a VOB/B	134
11.3.2	Kündigungsrecht wegen Zahlungsverzugs, § 9 Abs. 1 lit. b VOB/B	135

11.3.3	Sonstige außerordentliche Kündigungsgründe des Auftragnehmers	135
11.4	Leistungsstandfeststellung	136

Anhang 1 137

Text der VOB/B 137
Vergabe- und Vertragsordnung für Bauleistungen (VOB) – Teil B 137
Allgemeine Vertragsbedingungen für die Ausführung von
Bauleistungen (VOB/B) 137

§ 1 Art und Umfang der Leistung	137
§ 2 Vergütung	137
§ 3 Ausführungsunterlagen	139
§ 4 Ausführung	139
§ 5 Ausführungsfristen	141
§ 6 Behinderung und Unterbrechung der Ausführung	141
§ 7 Verteilung der Gefahr	142
§ 8 Kündigung durch den Auftraggeber	142
§ 9 Kündigung durch den Auftragnehmer	143
§ 10 Haftung der Vertragsparteien	144
§ 11 Vertragsstrafe	144
§ 12 Abnahme	144
§ 13 Mängelansprüche	145
§ 14 Abrechnung	146
§ 15 Stundenlohnarbeiten	147
§ 16 Zahlung	147
§ 17 Sicherheitsleistung	149
§ 18 Streitigkeiten	150

Anhang 2 151

BGB (Auszug) 151
Bürgerliches Gesetzbuch (BGB) 151
Auszug Buch 1 Allgemeiner Teil 151
Abschnitt 3 Rechtsgeschäfte 151
Titel 2 Willenserklärung 151

§ 119 Anfechtbarkeit wegen Irrtums	151
§ 120 Anfechtbarkeit wegen falscher Übermittlung	151
§ 121 Anfechtungsfrist	151
§ 122 Schadensersatzpflicht des Anfechtenden	151
§ 123 Anfechtbarkeit wegen Täuschung oder Drohung	152
§ 124 Anfechtungsfrist	152
§ 125 Nichtigkeit wegen Formmangels	152
§ 126 Schriftform	152
§ 126a Elektronische Form	152

§ 126b Textform	152
§ 127 Vereinbarte Form	153
§ 127a Gerichtlicher Vergleich	153
§ 128 Notarielle Beurkundung	153
§ 129 Öffentliche Beglaubigung	153
§ 130 Wirksamwerden der Willenserklärung gegenüber Abwesenden	153
§ 131 Wirksamwerden gegenüber nicht voll Geschäftsfähigen	153
§ 132 Ersatz des Zugehens durch Zustellung	153
§ 133 Auslegung einer Willenserklärung	154
§ 134 Gesetzliches Verbot	154
§ 135 Gesetzliches Veräußerungsverbot	154
§ 136 Behördliches Veräußerungsverbot	154
§ 137 Rechtsgeschäftliches Verfügungsverbot	154
§ 138 Sittenwidriges Rechtsgeschäft; Wucher	154
§ 139 Teilnichtigkeit	154
§ 140 Umdeutung	154
§ 141 Bestätigung des nichtigen Rechtsgeschäfts	154
§ 142 Wirkung der Anfechtung	154
§ 143 Anfechtungserklärung	155
§ 144 Bestätigung des anfechtbaren Rechtsgeschäfts	155
Titel 3 Vertrag	155
§ 145 Bindung an den Antrag	155
§ 146 Erlöschen des Antrags	155
§ 147 Annahmefrist	155
§ 148 Bestimmung einer Annahmefrist	155
§ 149 Verspätet zugegangene Annahmeerklärung	155
§ 150 Verspätete und abändernde Annahme	156
§ 151 Annahme ohne Erklärung gegenüber dem Antragenden	156
§ 152 Annahme bei notarieller Beurkundung	156
§ 153 Tod oder Geschäftsunfähigkeit des Antragenden	156
§ 154 Offener Einigungsmangel; fehlende Beurkundung	156
§ 155 Versteckter Einigungsmangel	156
§ 156 Vertragsschluss bei Versteigerung	156
§ 157 Auslegung von Verträgen	156
Titel 4 Bedingung und Zeitbestimmung	156
§ 158 Aufschiebende und auflösende Bedingung	156
§ 159 Rückbeziehung	157
§ 160 Haftung während der Schwebezeit	157
§ 161 Unwirksamkeit von Verfügungen während der Schwebezeit	157
§ 162 Verhinderung oder Herbeiführung des Bedingungseintritts	157
§ 163 Zeitbestimmung	157
Titel 5 Vertretung und Vollmacht	157
§ 164 Wirkung der Erklärung des Vertreters	157
§ 165 Beschränkt geschäftsfähiger Vertreter	157

§ 166 Willensmängel; Wissenszurechnung	158
§ 167 Erteilung der Vollmacht	158
§ 168 Erlöschen der Vollmacht	158
§ 169 Vollmacht des Beauftragten und des geschäftsführenden Gesellschafters	158
§ 170 Wirkungsdauer der Vollmacht	158
§ 171 Wirkungsdauer bei Kundgebung	158
§ 172 Vollmachtsurkunde	158
§ 173 Wirkungsdauer bei Kenntnis und fahrlässiger Unkenntnis	158
§ 174 Einseitiges Rechtsgeschäft eines Bevollmächtigten	158
§ 175 Rückgabe der Vollmachtsurkunde	159
§ 176 Kraftloserklärung der Vollmachtsurkunde	159
§ 177 Vertragsschluss durch Vertreter ohne Vertretungsmacht	159
§ 178 Widerrufsrecht des anderen Teils	159
§ 179 Haftung des Vertreters ohne Vertretungsmacht	159
§ 180 Einseitiges Rechtsgeschäft	159
§ 181 Insichgeschäft	160
Abschnitt 5 Verjährung	**160**
Titel 1 Gegenstand und Dauer der Verjährung	**160**
§ 194 Gegenstand der Verjährung	160
§ 195 Regelmäßige Verjährungsfrist	160
§ 196 Verjährungsfrist bei Rechten an einem Grundstück	160
§ 197 Dreißigjährige Verjährungsfrist	160
§ 198 Verjährung bei Rechtsnachfolge	160
§ 199 Beginn der regelmäßigen Verjährungsfrist und Verjährungshöchstfristen	160
§ 200 Beginn anderer Verjährungsfristen	161
§ 201 Beginn der Verjährungsfrist von festgestellten Ansprüchen	161
§ 202 Unzulässigkeit von Vereinbarungen über die Verjährung	161
Titel 2 Hemmung, Ablaufhemmung und Neubeginn der Verjährung	**161**
§ 203 Hemmung der Verjährung bei Verhandlungen	161
§ 204 Hemmung der Verjährung durch Rechtsverfolgung	161
§ 205 Hemmung der Verjährung bei Leistungsverweigerungsrecht	163
§ 212 Neubeginn der Verjährung	163
§ 213 Hemmung, Ablaufhemmung und erneuter Beginn der Verjährung bei anderen Ansprüchen	163
Titel 3 Rechtsfolgen der Verjährung	**163**
§ 214 Wirkung der Verjährung	163
§ 215 Aufrechnung und Zurückbehaltungsrecht nach Eintritt der Verjährung	163
§ 216 Wirkung der Verjährung bei gesicherten Ansprüchen	163
§ 217 Verjährung von Nebenleistungen	163
Abschnitt 7 Sicherheitsleistung	**164**
§ 232 Arten	164
§ 233 Wirkung der Hinterlegung	164
§ 234 Geeignete Wertpapiere	164
§ 235 Umtauschrecht	164

§ 236 Buchforderungen	164
§ 237 Bewegliche Sachen	164
§ 238 Hypotheken, Grund- und Rentenschulden	164
§ 239 Bürge	165
§ 240 Ergänzungspflicht	165
Buch 2 Recht der Schuldverhältnisse	**165**
Abschnitt 1 Inhalt der Schuldverhältnisse	165
Titel 1 Verpflichtung zur Leistung	165
§ 241 Pflichten aus dem Schuldverhältnis	165
§ 247 Basiszinssatz	165
§ 248 Zinseszinsen	165
§ 249 Art und Umfang des Schadensersatzes	165
§ 250 Schadensersatz in Geld nach Fristsetzung	166
§ 251 Schadensersatz in Geld ohne Fristsetzung	166
§ 252 Entgangener Gewinn	166
§ 253 Immaterieller Schaden	166
§ 254 Mitverschulden	166
§ 273 Zurückbehaltungsrecht	166
§ 274 Wirkungen des Zurückbehaltungsrechts	166
§ 275 Ausschluss der Leistungspflicht	167
§ 276 Verantwortlichkeit des Schuldners	167
§ 277 Sorgfalt in eigenen Angelegenheiten	167
§ 278 Verantwortlichkeit des Schuldners für Dritte	167
§ 279 (weggefallen)	167
§ 280 Schadensersatz wegen Pflichtverletzung	167
§ 281 Schadensersatz statt der Leistung wegen nicht oder nicht wie geschuldet erbrachter Leistung	167
§ 282 Schadensersatz statt der Leistung wegen Verletzung einer Pflicht nach § 241 Abs. 2	168
§ 283 Schadensersatz statt der Leistung bei Ausschluss der Leistungspflicht	168
§ 284 Ersatz vergeblicher Aufwendungen	168
§ 285 Herausgabe des Ersatzes	168
§ 286 Verzug des Schuldners	168
§ 287 Verantwortlichkeit während des Verzugs	169
§ 288 Verzugszinsen und sonstiger Verzugsschaden	169
Abschnitt 2 Gestaltung rechtsgeschäftlicher Schuldverhältnisse durch Allgemeine Geschäftsbedingungen	169
§ 305 Einbeziehung Allgemeiner Geschäftsbedingungen in den Vertrag	169
§ 305a Einbeziehung in besonderen Fällen	170
§ 305b Vorrang der Individualabrede	170
§ 305c Überraschende und mehrdeutige Klauseln	170
§ 306 Rechtsfolgen bei Nichteinbeziehung und Unwirksamkeit	170
§ 306a Umgehungsverbot	170
§ 307 Inhaltskontrolle	170

§ 308 Klauselverbote mit Wertungsmöglichkeit	171
§ 309 Klauselverbote ohne Wertungsmöglichkeit	172
§ 310 Anwendungsbereich	175

Abschnitt 3 Schuldverhältnisse aus Verträgen 176
Titel 1 Begründung, Inhalt und Beendigung 176
Untertitel 1 Begründung 176

§ 311 Rechtsgeschäftliche und rechtsgeschäftsähnliche Schuldverhältnisse	176
§ 311a Leistungshindernis bei Vertragsschluss	176
§ 311b Verträge über Grundstücke, das Vermögen und den Nachlass	176
§ 311c Erstreckung auf Zubehör	177

Untertitel 3 Anpassung und Beendigung von Verträgen 177

§ 313 Störung der Geschäftsgrundlage	177

Titel 2 Gegenseitiger Vertrag 177

§ 320 Einrede des nicht erfüllten Vertrags	177
§ 321 Unsicherheitseinrede	177
§ 322 Verurteilung zur Leistung Zug-um-Zug	177
§ 323 Rücktritt wegen nicht oder nicht vertragsgemäß erbrachter Leistung	178
§ 324 Rücktritt wegen Verletzung einer Pflicht nach § 241 Abs. 2	178
§ 325 Schadensersatz und Rücktritt	178
§ 326 Befreiung von der Gegenleistung und Rücktritt beim Ausschluss der Leistungspflicht	178

Titel 4 Draufgabe, Vertragsstrafe 179

§ 336 Auslegung der Draufgabe	179
§ 337 Anrechnung oder Rückgabe der Draufgabe	179
§ 338 Draufgabe bei zu vertretender Unmöglichkeit der Leistung	179
§ 339 Verwirkung der Vertragsstrafe	179
§ 340 Strafversprechen für Nichterfüllung	179
§ 341 Strafversprechen für nicht gehörige Erfüllung	179
§ 342 Andere als Geldstrafe	180
§ 343 Herabsetzung der Strafe	180
§ 344 Unwirksames Strafversprechen	180
§ 345 Beweislast	180

Titel 5 Rücktritt; Widerrufsrecht bei Verbraucherverträgen 180
Untertitel 1 Rücktritt 180

§ 346 Wirkungen des Rücktritts	180
§ 347 Nutzungen und Verwendungen nach Rücktritt	181
§ 348 Erfüllung Zug-um-Zug	181
§ 349 Erklärung des Rücktritts	181
§ 350 Erlöschen des Rücktrittsrechts nach Fristsetzung	181
§ 351 Unteilbarkeit des Rücktrittsrechts	181
§ 352 Aufrechnung nach Nichterfüllung	181
§ 353 Rücktritt gegen Reugeld	181
§ 354 Verwirkungsklausel	181

Titel 3 Aufrechnung ... 181
§ 387 Voraussetzungen ... 181
§ 388 Erklärung der Aufrechnung ... 182
§ 389 Wirkung der Aufrechnung ... 182
§ 390 Keine Aufrechnung mit einredebehafteter Forderung ... 182
§ 391 Aufrechnung bei Verschiedenheit der Leistungsorte ... 182
§ 392 Aufrechnung gegen beschlagnahmte Forderung ... 182
§ 393 Keine Aufrechnung gegen Forderung aus unerlaubter Handlung ... 182
§ 394 Keine Aufrechnung gegen unpfändbare Forderung ... 182
§ 395 Aufrechnung gegen Forderungen öffentlich-rechtlicher Körperschaften ... 182
§ 396 Mehrheit von Forderungen ... 182

Titel 4 Erlass ... 182
§ 397 Erlassvertrag, negatives Schuldanerkenntnis ... 182

Abschnitt 5 Übertragung einer Forderung ... 183
§ 398 Abtretung ... 183
§ 399 Ausschluss der Abtretung bei Inhaltsänderung oder Vereinbarung ... 183
§ 400 Ausschluss bei unpfändbaren Forderungen ... 183
§ 401 Übergang der Neben- und Vorzugsrechte ... 183
§ 402 Auskunftspflicht; Urkundenauslieferung ... 183
§ 403 Pflicht zur Beurkundung ... 183
§ 404 Einwendungen des Schuldners ... 183
§ 405 Abtretung unter Urkundenvorlegung ... 183
§ 406 Aufrechnung gegenüber dem neuen Gläubiger ... 183
§ 407 Rechtshandlungen gegenüber dem bisherigen Gläubiger ... 183
§ 408 Mehrfache Abtretung ... 184
§ 409 Abtretungsanzeige ... 184
§ 410 Aushändigung der Abtretungsurkunde ... 184
§ 411 Gehaltsabtretung ... 184
§ 412 Gesetzlicher Forderungsübergang ... 184
§ 413 Übertragung anderer Rechte ... 184

Abschnitt 7 Mehrheit von Schuldnern und Gläubigern ... 185
§ 420 Teilbare Leistung ... 185
§ 421 Gesamtschuldner ... 185
§ 422 Wirkung der Erfüllung ... 185
§ 423 Wirkung des Erlasses ... 185
§ 424 Wirkung des Gläubigerverzugs ... 185
§ 425 Wirkung anderer Tatsachen ... 185
§ 426 Ausgleichungspflicht, Forderungsübergang ... 185
§ 427 Gemeinschaftliche vertragliche Verpflichtung ... 185
§ 428 Gesamtgläubiger ... 185
§ 429 Wirkung von Veränderungen ... 186
§ 430 Ausgleichungspflicht der Gesamtgläubiger ... 186
§ 431 Mehrere Schuldner einer unteilbaren Leistung ... 186
§ 432 Mehrere Gläubiger einer unteilbaren Leistung ... 186

Abschnitt 8 Einzelne Schuldverhältnisse	186
Titel 9 Werkvertrag und ähnliche Verträge	186
Untertitel 1 Werkvertrag	186
Kapitel 1 Allgemeine Vorschriften	186
§ 631 Vertragstypische Pflichten beim Werkvertrag	186
§ 632 Vergütung	186
§ 632a Abschlagszahlungen	187
§ 633 Sach- und Rechtsmangel	187
§ 634 Rechte des Bestellers bei Mängeln	187
§ 634a Verjährung der Mängelansprüche	187
§ 635 Nacherfüllung	188
§ 636 Besondere Bestimmungen für Rücktritt und Schadensersatz	188
§ 637 Selbstvornahme	188
§ 638 Minderung	188
§ 639 Haftungsausschluss	188
§ 640 Abnahme	188
§ 641 Fälligkeit der Vergütung	189
§ 641a (weggefallen)	189
§ 642 Mitwirkung des Bestellers	189
§ 643 Kündigung bei unterlassener Mitwirkung	189
§ 644 Gefahrtragung	189
§ 645 Verantwortlichkeit des Bestellers	190
§ 646 Vollendung statt Abnahme	190
§ 647 Unternehmerpfandrecht	190
§ 647a Sicherungshypothek des Inhabers einer Schiffswerft	190
§ 648 Kündigungsrecht des Bestellers	190
§ 648a Kündigung aus wichtigem Grund	190
§ 649 Kostenanschlag	191
§ 650 Anwendung des Kaufrechts	191
Kapitel 2 Bauvertrag	191
§ 650a Bauvertrag	191
§ 650b Änderung des Vertrags; Anordnungsrecht des Bestellers	191
§ 650c Vergütungsanpassung bei Anordnungen nach § 650b Absatz 2	192
§ 650d Einstweilige Verfügung	192
§ 650e Sicherungshypothek des Bauunternehmers	192
§ 650f Bauhandwerkersicherung	192
§ 650g Zustandsfeststellung bei Verweigerung der Abnahme; Schlussrechnung	193
§ 650h Schriftform der Kündigung	193
Kapitel 3 Verbraucherbauvertrag	194
§ 650i Verbraucherbauvertrag	194
§ 650j Baubeschreibung	194
§ 650k Inhalt des Vertrags	194
§ 650l Widerrufsrecht	194
§ 650m Abschlagszahlungen; Absicherung des Vergütungsanspruchs	194

§ 650n Erstellung und Herausgabe von Unterlagen	195
Kapitel 4 Unabdingbarkeit	**195**
§ 650o Abweichende Vereinbarungen	195
Untertitel 2 Architektenvertrag und Ingenieurvertrag	**195**
§ 650p Vertragstypische Pflichten aus Architekten- und Ingenieurverträgen	195
§ 650q Anwendbare Vorschriften	195
§ 650r Sonderkündigungsrecht	196
§ 650s Teilabnahme	196
§ 650t Gesamtschuldnerische Haftung mit dem bauausführenden Unternehmer	196
Untertitel 3 Bauträgervertrag	**196**
§ 650u Bauträgervertrag; anwendbare Vorschriften	196
§ 650v Abschlagszahlungen	196
Titel 20 Bürgschaft	**196**
§ 765 Vertragstypische Pflichten bei der Bürgschaft	196
§ 766 Schriftform der Bürgschaftserklärung	197
§ 767 Umfang der Bürgschaftsschuld	197
§ 768 Einreden des Bürgen	197
§ 769 Mitbürgschaft	197
§ 770 Einreden der Anfechtbarkeit und der Aufrechenbarkeit	197
§ 771 Einrede der Vorausklage	197
§ 772 Vollstreckungs- und Verwertungspflicht des Gläubigers	197
§ 773 Ausschluss der Einrede der Vorausklage	197
§ 774 Gesetzlicher Forderungsübergang	198
§ 775 Anspruch des Bürgen auf Befreiung	198
§ 776 Aufgabe einer Sicherheit	198
§ 777 Bürgschaft auf Zeit	198
§ 778 Kreditauftrag	199
Titel 21 Vergleich	**199**
§ 779 Begriff des Vergleichs, Irrtum über die Vergleichsgrundlage	199
Titel 22 Schuldversprechen, Schuldanerkenntnis	**199**
§ 780 Schuldversprechen	199
§ 781 Schuldanerkenntnis	199
§ 782 Formfreiheit bei Vergleich	199

1 Einleitung

Gewerbe- und Wohnimmobilien als Wirtschaftsgüter sind durch hohe Investitionskosten und eine regelmäßig lange Kapitalbindungsdauer gekennzeichnet. Kalkulierte Renditen sind nur mittel- oder langfristig bei optimaler Bewirtschaftung erzielbar. Gleichzeitig sind Investitionen in Gewerbe- und Wohnimmobilien mit einer Vielzahl von wirtschaftlichen und finanziellen Risiken behaftet. Diese Risiken resultieren insbesondere aus den baulichen Zuständen neu errichteter oder als Bestandsobjekte erworbener Gewerbe- und Wohnimmobilien.

Die bautechnische Beschaffenheit und Mängelfreiheit der Objekte sind für die Vermietbarkeit und damit die Renditesicherung essenziell. Bestandshalter von Gewerbe- und Wohnimmobilien stehen im Rahmen des gewerblichen Assetmanagements wie auch des kommunalen Gebäudemanagements vor der Herausforderung, bauliche Defekte der in ihrer Bewirtschaftung stehenden Objekte möglichst früh zu erkennen und so schnell wie möglich zu beseitigen. Dies ist – soweit es die baulichen Zustände der bewirtschafteten Gewerbe- und Wohnimmobilien betrifft – nur durch sichere Kenntnisse im VOB/B-Vertragsmanagement zu erreichen. Fehler hier führen in aller Regel zu lang anhaltenden Mangelzuständen und Mietausfällen. Diese Mietausfälle sind ab einer bestimmten Höhe und Dauer derart ertragsschädlich, dass der mit der Immobilieninvestition verfolgte Investitionszweck gefährdet ist. Sichere Kenntnisse im VOB/B-Vertragsmanagement sind daher für die Bewirtschaftung von Gewerbe- und Wohnimmobilien im gewerblichen Assetmanagement wie auch im kommunalen Gebäudemanagement unerlässlich. Diese Kenntnisse soll der vorliegende Praxisleitfaden anschaulich und praxisnah vermitteln.

2 Vertragsbestandteile, Rangfolgeregelungen

2.1 Grundlagen

Die VOB/B ergänzt die gesetzlichen Regelungen des Werkvertragsrechts, §§ 631 ff. BGB, sowie des Bauvertragsrechts, §§ 650a ff. BGB. Die werk- und bauvertraglichen Bestimmungen des BGB werden durch die VOB/B den Besonderheiten des Bauvertragswesens angepasst. Durch die Vereinbarung der Geltung der VOB/B wird ein Rechtsrahmen geschaffen, der unter Berücksichtigung der Erkenntnisse der Bautechnik und der Baubetriebslehre speziell auf die Rechtsverhältnisse zwischen Bauherrn (Auftraggeber) und bauausführendem Unternehmer (Auftragnehmer) zugeschnitten ist.

2.1.1 VOB/B als Allgemeine Geschäftsbedingung

Die VOB/B muss, wenn sie zwischen Auftraggeber und Auftragnehmer gelten soll, als Vertragsbestandteil des Bauvertrags ausdrücklich vereinbart werden. Eine ausdrückliche vertragliche Anwendungsvereinbarung der VOB/B gilt im Zweifel für den gesamten Vertrag, so auch für Ergänzungs- und Zusatzaufträge, d.h. Nachträge, die in unmittelbarem Zusammenhang mit der beauftragten Bauleistung stehen. Die Bestimmungen der VOB/B beinhalten Allgemeine Geschäftsbedingungen gem. §§ 305 ff. BGB. Wird die VOB/B von den Vertragsparteien »*als Ganzes*«, ohne jegliche Modifikation, zum Vertragsbestandteil des Bauvertrags erklärt, so stellt sie insgesamt ein nach den wechselseitigen Interessen der Bauvertragsparteien ausgewogenes Regelungswerk dar. Die VOB/B »*als Ganzes*« ist dann als Allgemeine Geschäftsbedingung privilegiert. Die Inhaltskontrolle des Rechts der Allgemeinen Geschäftsbedingungen gem. den §§ 305 ff. BGB kommt dann nicht zur Anwendung.

Scharf zu trennen hiervon sind die Fälle, in denen die VOB/B nur modifiziert als Vertragsbestandteil eines Bauvertrags vereinbart wird. Jede, auch nur geringfügige, vertragliche Modifikation der Bestimmungen der VOB/B bei Abschluss eines Bauvertrags führt zum Entfall dieser Privilegierung der Bestimmungen der VOB/B. Die VOB/B stellt dann kein insgesamt ausgewogenes, den wechselseitigen Interessen der Vertragsparteien gleichermaßen Rechnung tragendes, Regelungswerk mehr dar. Dies hat zur Folge, dass jede Einzelbestimmung der VOB/B den Regelungen der Inhaltskontrolle gem. den §§ 305 ff. BGB unterliegt. Zahlreiche Bestimmungen der VOB/B sind dann unwirksam. Auf diese Unwirksamkeit einzelner Bestimmungen der VOB/B wird sich der Vertragspartner des Bauvertrags regelmäßig erst im Streitfall berufen. Böse Überraschungen können so zu Zeitpunkten entstehen, in denen die Bestimmungen der VOB/B am dringendsten gebraucht werden. Jegliche Rechtsunsicherheit sollte hier bereits im Stadium des Vertragsschlusses vermieden werden.

Dies kann nur dann gelingen, wenn im Rahmen des Abschlusses eines Bauvertrags die Bestimmungen der VOB/B ohne jegliche Modifikation in Gänze unverändert zum Vertragsbestandteil des Bauvertrags erklärt werden.

> **Praxishinweis**
>
> Bei Abschluss eines Bauvertrags ist eine **Geltungsvereinbarung** für die Bestimmungen der VOB/B zu treffen. Die Bestimmungen der VOB/B müssen zum Vertragsbestandteil des Bauvertrags erklärt werden. Eine Modifikation der Bestimmungen der VOB/B ist im Rahmen dieser Geltungsvereinbarung sowie im Rahmen der Vertragsbestimmungen des Bauvertrags nach Möglichkeit zu vermeiden.
>
> Nur, wenn die Bestimmungen der VOB/B ohne jede Modifikation, »*als Ganzes*« Vertragsbestandteil des Bauvertrags sind, sind diese Bestimmungen der AGB-rechtlichen Kontrolle gem. den §§ 305 ff. BGB entzogen. Bei modifizierter Vereinbarung der Bestimmungen der VOB/B gilt dies nicht. Dann sind einzelne Bestimmungen der VOB/B gem. den §§ 305 ff. BGB unwirksam. Dies gilt es zu vermeiden.

2.1.2 VOB/B Geltungsvereinbarung

Die Bestimmungen der VOB/B werden durch den Deutschen Vergabe- und Vertragsausschuss für Bauleistungen (DVA) unter Beteiligung der Spitzenverbände der Bauwirtschaft erarbeitet und erlassen. Aktuell gilt die VOB-Gesamtausgabe 2019. Deren VOB/B-Bestimmungen entsprechen inhaltlich der VOB/B Ausgabe 2016. Eine neue Gesamtausgabe der VOB ist in Vorbereitung. Im Rahmen der Geltungsvereinbarung der Bestimmungen der VOB/B bei Abschluss eines Bauvertrags sollte ebenfalls klargestellt werden, welche Fassung, d.h. welche Ausgabe der VOB/B, konkret Bestandteil des Bauvertrags werden soll.

Diese Geltungsvereinbarung einer bestimmten Ausgabe der VOB/B als Vertragsbestandteil eines Bauvertrags kann in Form eines dynamischen Verweises oder in Form eines statischen Verweises erfolgen. Bei dynamischem Verweis auf die Bestimmungen der VOB/B wird die Anwendung der VOB/B »*in der jeweils geltenden Fassung*« vereinbart. Bei einem statischen Verweis zur Anwendung der Bestimmungen der VOB/B in einer bestimmten Fassung wird im Rahmen der vertraglichen Geltungsvereinbarung auf eine bestimmte Ausgabe der VOB/B Bezug genommen. Für das Vertragsmanagement eines Bauvertrags ist dabei regelmäßig eine Geltungsvereinbarung in Form eines dynamischen Verweises auf die Anwendbarkeit der Bestimmungen der VOB/B sinnvoller. Die Rechtsanwendung wird dadurch regelmäßig erleichtert.

Wann gilt die VOB/B? – Einbeziehung und Inhaltskontrolle			
Art der Einbeziehung			
Die Einbeziehung der VOB/B wird von beiden Vertragsparteien unabhängig voneinander verlangt, wobei beide Parteien unternehmerisch tätig sind.	Die VOB/B wird als Ganzes unverändert gegenüber Unternehmen verwendet.	Die VOB/B wird mit Abweichungen gegenüber Unternehmen verwendet.	Die VOB/B wird gegenüber Verbrauchern verwendet.
↓	↓	↓	↓
AGB-Inhaltskontrolle			
Nein (§ 305 Abs. 1 Satz 1 BGB)	Nein (§ 310 Abs. 1 Satz 3 BGB)	Ja, eingeschränkte Inhaltskontrolle (§§ 310 Abs. 1 Satz 1 und Satz 3)	Ja, uneingeschränkte Inhaltskontrolle (§ 310 Abs. 3 BGB)
↓	↓	↓	↓
Rechtsfolgen			
Die VOB/B gilt ohne Einschränkungen, d. h. die VOB/B ergänzt bzw. verdrängt das BGB.		Das Unternehmen kann sich als Vertragspartner auf die Unwirksamkeit einzelner VOB/B Klauseln berufen, die eine unangemessene Benachteiligung nach § 307 BGB beinhalten.	Der Verbraucher kann sich auf die Unwirksamkeit einzelner VOB/B Klauseln berufen, die ihn nach §§ 308, 309, 307 BGB unangemessen benachteiligen.
↓		↓	↓
Ergebnisse im Beispiel			
Der Bauherr muss also z. B. die vierjährige Verjährungsfrist für Mangelansprüche nach § 13 Abs. 4 Nr. 1 VOB/B und die fiktive Abnahme nach § 12 Abs. 5 Nr. 1 und 2 VOB/B gegen sich gelten lassen, ohne sich auf die Unwirksamkeit der VOB/B-Regeln nach AGB-Recht berufen zu können.		Unternehmen können sich gegenüber dem Bauherrn z. B. auf die Unwirksamkeit von § 16 Abs. 3 Nr. 2 VOB/B berufen. Nachforderungen können also verlangt werden, auch wenn sich der Bauherr nach VOB/B auf die Schlusszahlungseinrede beruft.	Verbraucher können sich bei Bauwerken z. B. auf die Unwirksamkeit der vierjährigen Verjährungsfrist nach § 13 Abs. 4 Nr. 1 VOB/B berufen, Mängelansprüche also innerhalb von 5 Jahren nach Abnahme geltend machen (§ 634 a Abs. 1 Nr. 2 BGB).

2.1.3 Bauleistungen

Die VOB/B gilt allein für die »*Ausführung von Bauleistungen*«. Bauleistungen sind gem. § 1 VOB/A »*Arbeiten jeder Art, durch die eine bauliche Anlage hergestellt, instandgehalten, geändert oder beseitigt wird*«. Es muss sich daher, um eine Geltungsvereinbarung der VOB/B treffen zu können, um Leistungen handeln, die »*mit dem Bau und mit dem Bauen*« in unmittelbarem Zusammenhang stehen. Der Begriff »*bauliche Anlage*« in § 1 VOB/A entstammt nicht dem Werk- und Bauvertragsrecht des BGB. Dort wird in § 650e und in § 650f BGB vom »*Bauwerk*« oder von »*Arbeiten am Grundstück*« gesprochen.

Der Begriff »*bauliche Anlage*«, auf den § 1 VOB/A Bezug nimmt, entstammt der Musterbauordnung der Länder (MBO). In § 2 Abs. 2 MBO ist eine »*bauliche Anlage*« als eine »*mit dem Erdboden verbundene, aus Baustoffen und Bauteilen hergestellte Anlage*« definiert.

Dies umfasst Anlagen, die durch eigene Schwere auf dem Boden ruhen, oder Anlagen, die auf ortsfesten Bahnen begrenzt beweglich sind und schließlich solche Anlagen, die nach ihrem Verwendungszweck dazu bestimmt sind, überwiegend ortsfest benutzt zu werden. Des Weiteren ist durch die Bezugnahme auf § 2 Abs. 2 MBO klargestellt, dass das Vorliegen von Bauleistungen nicht davon abhängig ist, ob eingebaute Baustoffe und Bauteile später wesentliche Bestandteile des Grundstücks werden. Bauleistungen sind dabei nicht allein solche Leistungen, die in einem Bezug zu einem Bauwerk stehen, sondern auch solche, die Arbeiten am Grundstück zum Gegenstand haben. Dies kann auch zweckgebunden definiert werden. Zur baulichen Anlage gehören alle Teile, die erforderlich sind, damit eine bauliche Anlage ihre wirtschaftliche oder technische Funktion erfüllen kann. Dieser Begriff wiederum ist weit zu verstehen.

2.1.4 Planungs- und Überwachungsleistungen

Auf die Planungs- und Überwachungsleistungen für ein Bauwerk im Rahmen eines Architektenvertrags oder eines Generalübernehmervertrags ist die VOB/B nicht anwendbar. Soweit die VOB/B in einem Generalübernehmervertrag für anwendbar erklärt wird, beschränkt sich die vertragliche Geltungsvereinbarung allein auf die Bauleistungen, die nach diesem Generalübernehmervertrag geschuldet werden. Die auf Grundlage des Generalübernehmervertrags zu erbringenden Planungsleistungen unterfallen für sich betrachtet dann allein dem Werkvertragsrecht des BGB.

> **Praxisbeispiel**
>
> *Auch bei vereinbarter Geltung der VOB/B in einem **Generalübernehmervertrag** beurteilt sich eine Nachtragsforderung des Generalübernehmers für Mehraufwand bei Erbringung der Planungsleistungen oder der Bauüberwachungsleistungen nicht nach den Bestimmungen der VOB/B, sondern allein nach dem Werkvertragsrecht des BGB.*

2.2 Bestandteile des Bauvertrags

2.2.1 Vertragsinhalte des Bauvertrags

Die auszuführende Leistung wird nach Art und Umfang durch den Bauvertrag bestimmt, § 1 Abs. 1 S. 1 VOB/B. Die Gesamtleistungsverpflichtung des Auftragnehmers beruht damit allein auf dem Bauvertrag. Alles, was Inhalt des Bauvertrags ist, ist vom Auftragnehmer im Rahmen der Ausführung geschuldet. Umgekehrt ist alles, was nicht Bestandteil des Bauvertrags ist, im Rahmen der Ausführung nicht geschuldet. Was im Einzelnen Vertragsinhalt des Bauvertrags ist, ergibt sich in aller Regel aus mehreren Regelungswerken, auf die der Bauvertrag oder die VOB/B, deren Geltung im Bauvertrag vereinbart ist, im Einzelnen Bezug nimmt.

Dies sind – bei Geltungsvereinbarung der VOB/B – gem. § 1 Abs. 1 S. 2 VOB/B die Allgemeinen Vertragsbestimmungen für Bauleistungen (VOB/C). Des Weiteren gelten gem. § 1 Abs. 2 Nr. 1 bis 6 VOB/B bei Widersprüchen im Vertrag nacheinander (1.) die Leistungsbeschreibung, (2.) die Besonderen Vertragsbedingungen, (3.) etwaige Zusätzliche Vertragsbedingungen, (4.) etwaige Zusätzliche Technische Vertragsbedingungen, (5.) die Allgemeinen Technischen Vertragsbedingungen für Bauleistungen und (6.) die Allgemeinen Vertragsbedingungen für die Ausführung von Bauleistungen.

2.2.2 Rangfolgeregelungen

Praxisüblich ist es, in Bauverträgen nicht nur die in § 1 Abs. 1 S. 2 VOB/B benannten Vertragsbestandteile zu vereinbaren, sondern eine weitaus differenziertere Regelung zu den einzelnen Vertragsbestandteilen des Bauvertrags und deren Rangfolge aufzunehmen. Hier wird in aller Regel zusätzlich auf Planungsunterlagen, insbesondere Baugenehmigungsplanungen, Leistungsverzeichnisse, öffentlich-rechtliche Genehmigungen und deren Nebenbestimmungen, Bauzeiten- und Fristenpläne, Referenzobjekte, Versicherungs- und Herstellervorschriften etc. Bezug genommen. Diese Unterlagen werden in bestimmter Reihen- und Rangfolge zu Vertragsbestandteilen erklärt.

Bauverträge enthalten üblicherweise auch eine Regelung, ob im Falle von Widersprüchen zwischen textlichen und zeichnerischen Vertragsbestandteilen die textlichen oder die zeichnerischen Vertragsbestandteile Vorrang beanspruchen.

> **Praxishinweis**
>
> Bei Zusammenstellung der Vertragsunterlagen eines Bauvertrags ist größte Sorgfalt geboten. Sämtliche Unterlagen, die für die Ausführung, die Ausführungsfristen und die Vergütung von Relevanz sind, sind zwingend zu den Vertragsbestandteilen des Bauvertrags zu erklären. Es ist eine Reihen- und Rangfolge der einzelnen Vertragsbestandteile festzulegen und vertraglich zu vereinbaren. Späteren Zweifeln über den Umfang der geschuldeten Leistungen des Auftragnehmers und den Umfang der hierfür zahlbaren Vergütung des Auftraggebers kann im Vorhinein nur so entgegengewirkt werden. Sollten derartige Zweifel über den Umfang der Leistungspflichten des Auftragnehmers oder die hierfür zahlbare Vergütung im Nachhinein entstehen, hat eine möglichst klare **Rangfolgeregelung** diese Zweifel und damit einhergehende Diskussionen auszuräumen. Ergänzend gilt die Rangfolgeregelung des § 1 Abs. 2 VOB/B.

2.2.3 Auslegung

Fehlt es an vertraglichen Vereinbarungen oder sind getroffene vertragliche Vereinbarungen unklar, kann – bei Geltungsvereinbarung der VOB/B – auf die Auslegungsregel des § 1 Abs. 2 VOB/B zurückgegriffen werden.

Verbleiben auch hiernach immer noch Unklarheiten, sind diese im Rahmen der Auslegung gem. §§ 133, 157 BGB auszuräumen.

Im Rahmen der Auslegung des Vertragsinhalts des Bauvertrags gehen regelmäßig die spezielleren Vereinbarungen der Parteien den allgemeinen Vereinbarungen vor.

> **Praxisbeispiel**
>
> *Wenn ein Vertragsbestandteil eines Bauvertrags eine vierjährige Verjährungsfrist für Mängelansprüche erwähnt und ein anderer Vertragsbestandteil desselben Bauvertrags von einer fünfjährigen Verjährungsfrist für Mängelansprüche ausgeht, ist die vereinbarte Reihen- und Rangfolgeregelung des Bauvertrags dieser Vertragsbestandteile entscheidend.*

Ist die vertraglich vereinbarte Reihen- und Rangfolgeregelung des Bauvertrags nicht geeignet, diesen vertraglichen Widerspruch aufzulösen, so ist der Widerspruch im Bauvertrag gem. § 1 Abs. 2 VOB/B auszuräumen. Hilft auch § 1 Abs. 2 VOB/B im konkreten Einzelfall nicht weiter, etwa weil die sich widersprechenden Regelungen nicht in unterschiedlichen Vertragsbestandteilen, sondern im Bauvertrag selbst oder in einer einzelnen Anlage enthalten sind, so sind die allgemeinen Auslegungsgrundsätze gem. §§ 133, 157 BGB anwendbar. Hiernach ist durch Auslegung der wirkliche Parteiwille zu ermitteln. Zur Ermittlung dieses wirklichen Parteiwillens können z. B. die vorvertragliche Korrespondenz der Parteien, Verhandlungsprotokolle, Erklärungen der Vertragspartner während der Verhandlungen, Vertragsbestimmungen etc., herangezogen werden. Grenze der Auslegung gem. §§ 133, 157 BGB ist stets der maximal mögliche Wortsinn der vertraglichen Vereinbarung. Ist auch unter Auslegung der bauvertraglichen Vereinbarungen gem. §§ 133, 157 BGB der wirkliche Parteiwille nicht ermittelbar, so kann bei einseitiger Vorgabe eines vorformulierten Vertragstextes schließlich noch auf die Unklarheitenregelung des § 305c Abs. 2 BGB zurückgegriffen werden. Unklarheiten, die bei einseitig vorformulierten Vertragstexten, die den Charakter allgemeiner Geschäftsbedingungen aufweisen, bestehen, gehen gem. § 305c Abs. 2 BGB stets zu Lasten des Verwenders. Es wird dann die für den Verwender der allgemeinen Geschäftsbedingungen ungünstigste Auslegung und die für seinen Vertragspartner, den Klauselgegner günstigste Auslegung zugrunde gelegt.

Praxisbeispiel

Die Bestimmungen eines Bauvertrags entstammen einem Vertragsmuster des Auftraggebers. Im Bauvertrag selbst sind widersprüchliche Regelungen zur Vertragserfüllungssicherheit des Auftragnehmers enthalten.

§ 1 Abs. 2 VOB/B hilft zur Ausräumung des Widerspruchs nicht weiter, da die sich widersprechenden Regelungen im Bauvertrag selbst enthalten sind. Der wirkliche Parteiwille gem. den §§ 133, 157 BGB ist ebenfalls nicht ermittelbar. Da der verwendete Bauvertrag auf ein Muster des Auftraggebers zurückgeht, ist nach der Unklarheitenregelung des § 305c Abs. 2 BGB die dem Auftragnehmer (Klauselgegner) günstigste Fassung der Vertragsbestimmungen zugrunde zu legen.

2.2.4 Leistungsbeschreibung mit Leistungsverzeichnis

Einer der wichtigsten Vertragsbestandteile eines jeden Bauvertrags ist regelmäßig die Leistungsbeschreibung. Leistungsbeschreibungen existieren als Leistungsbeschreibung mit Leistungsverzeichnis (§ 7b VOB/A, § 7b EU VOB/A) und als Leistungsbeschreibung mit Leistungsprogramm, d. h. als funktionale Leistungsbeschreibung (§ 7c VOB/A, § 7c EU VOB/A). Diese umfasst die allgemeine Darstellung der Bauaufgabe (Baubeschreibung) und ein in Teilleistungen gegliedertes Leistungsverzeichnis und ist die wohl häufigste Art der vertraglichen Leistungsbeschreibung.

2.2.5 Funktionale Leistungsbeschreibung

Bei der funktionalen Leistungsbeschreiben wird im Leistungsprogramm die Bauaufgabe nach dem Zweck der fertigen Leistung und der an die Leistung gestellten technischen, wirtschaftlichen, gestalterischen und funktionsbedingten Anforderungen beschrieben. Ein Detailleistungsverzeichnis mit Beschrieb jeglicher einzelner Teilleistung fehlt bei der Leistungsbeschreibung mit Leistungsprogramm häufig. Funktionale

Leistungsbeschreibungen führen leicht zu Unklarheiten und Diskussionen in der Vertragsabwicklung. Da die Funktion einer Bauleistung oftmals auf mehreren Ausführungswegen erreicht werden kann, streiten Auftraggeber und Auftragnehmer bei funktionalen Leistungsverzeichnissen oft darüber, ob eine einzelne Leistung vom Auftragnehmer konkret geschuldet ist oder nicht.

Praxishinweis I

Die Verwendung einer **Leistungsbeschreibung mit Leistungsverzeichnis**, d. h. einer Baubeschreibung mit einem in Teilleistungen gegliederten Leistungsverzeichnis (Detail-Leistungsverzeichnis) beugt Unklarheiten über den geschuldeten Umfang der auszuführenden Leistung und den daraus entstehenden Nachtragsdiskussionen vor. Die Verwendung eines Detail-Leistungsverzeichnisses ist aus Gründen der präventiven Nachtragsabwehr insoweit stets vorzuziehen. Dies gilt sowohl beim Einheitspreis- als auch beim Pauschalpreisvertrag.

Praxishinweis II

Sinnvoll aus Auftraggebersicht ist es ferner, dem Detail-Leistungsverzeichnis einen **allgemeinen Leistungsbeschrieb** voranzustellen. Dieser voranzustellende allgemeine Leistungsbeschrieb sollte zusätzlich funktionale Elemente, d. h. eine Beschreibung der Funktion der zu erbringenden Leistung, aufweisen.

So können z. B. die geschuldeten Sichtbetonqualitäten in einer Vorbemerkung des Leistungsverzeichnisses allgemein funktional beschrieben werden. Im sich anschließenden Detail-Leistungsverzeichnis sind sodann für dieses Gewerk die vertraglich geschuldeten Einzelleistungen aufgegliedert.

Bei Auslegungsschwierigkeiten oder Unklarheiten des Detail-Leistungsverzeichnisses kann dann immer noch auf die Vorbemerkungen des Leistungsverzeichnisses selbst, d. h. die darin enthaltene allgemeine Leistungsbeschreibung mit funktionalen Elementen zurückgegriffen werden. Auch dies ist im Rahmen der präventiven Nachtragsabwehr aus Auftraggebersicht sinnvoll.

3 Vergütung

3.1 Grundsätze der Vergütung

Der Auftraggeber eines Werkvertrags ist gemäß § 631 Abs. 1 BGB verpflichtet, für die Herstellung des vereinbarten Werks die vereinbarte Vergütung zu zahlen. Maßgeblich für die Vergütung ist demnach der Inhalt der vertraglichen Vereinbarung darüber, welche Leistungen der Auftragnehmer zu erbringen hat und in welcher Höhe diese Leistungen zu vergüten sind.

In diesem Zusammenhang ist ferner von Bedeutung, ob die Vertragsparteien eine Vergütung nach Einheitspreisen, einen Pauschalvertrag oder die Vergütung nach Stundenlohn vereinbart haben. Darüber hinaus richtet sich die Vergütung nach den weiteren vertraglichen Vereinbarungen wie Preisklauseln, Nachlässen und Skonti.

Sofern die Vertragsparteien keine Vergütung vereinbart haben, hat der Unternehmer gemäß § 632 Abs. 2 BGB Anspruch auf »*übliche*« Vergütung. Üblich ist eine Vergütung, die für Bauleistungen gleicher Art und Güte sowie gleichen Umfangs nach allgemein anerkannter Auffassung gezahlt werden muss. Indes handelt es sich um Ausnahmefälle, in denen die Vertragsparteien keine Vergütungsvereinbarung getroffen haben und sich die Vergütung daher nach der üblichen Vergütung bestimmt. In aller Regel enthalten Bauverträge mehr oder weniger umfassende Regelungen zur Vergütung; in den meisten Fällen führt vielmehr der Inhalt dieser Vergütungsabsprachen zu Streit.

3.1.1 Leistungssoll als Grundlage des Vergütungsanspruchs

Gemäß § 2 Abs. 1 VOB/B werden durch die vereinbarten Preise alle Leistungen abgegolten, die nach der Leistungsbeschreibung, den Besonderen Vertragsbedingungen, den Zusätzlichen Vertragsbedingungen, den Zusätzlichen Technischen Vertragsbedingungen, den Allgemeinen Technischen Vertragsbedingungen für Bauleistungen und der gewerblichen Verkehrssitte zur vertraglichen Leistung gehören. Sofern der Auftragnehmer demnach ausschließlich die mit der vereinbarten Vergütung abgegoltenen Leistungen erbringt, ändert sich die vereinbarte Vergütung nicht. Dies gilt sowohl beim Einheitspreisvertrag als auch beim Pauschalvertrag. Irrelevant ist, in welcher Höhe der Auftragnehmer tatsächlich Kosten zur Erbringung der vertraglich vereinbarten Leistung aufwenden muss. Maßgeblich für den Vergütungsanspruch ist demnach der Umfang der vereinbarten und mit der Vergütung abgegoltenen Leistungen, das sogenannte Leistungssoll.

Das Leistungssoll wird anhand des Vertrags einschließlich seiner Vertragsbestandteile bestimmt. Ausschlaggebend für das Leistungssoll sind insbesondere folgende Vertragsbestandteile:

- der Vertragstext,
- ggf. das Verhandlungsprotokoll,
- die Leistungsbeschreibung,
- das Leistungsverzeichnis,
- Gutachten (z. B. Bodengutachten, Schadstoffgutachten sowie Baugrundgutachten),
- die dem Vertrag als Anlagen beigefügten Pläne sowie
- Terminpläne.

Im Interesse beider Parteien sind die Vertragsbestandteile eindeutig zu bezeichnen und dem Vertrag als Anlagen beizufügen.

Gelegentlich stellt sich nach Vertragsschluss heraus, dass die Angaben einer Vertragsanlage in Widerspruch zu anderen Anlagen stehen. Für die Bestimmung des Leistungssolls kann es daher darauf ankommen, ob der Inhalt einer bestimmten Anlage vorrangig oder nachrangig zum Inhalt einer anderen Anlage gilt. Daher ist im Bauvertrag eine Rangfolge der Vertragsbestandteile festzulegen. Ohne vertragliche Rangfolgeregelung geht die spezielle Vertragsregelung der allgemeineren vor.

> **Praxishinweis**
>
> Ein **Widerspruch zwischen verschiedenen Vertragsbestandteilen** liegt vor, wenn in verschiedenen Anlagen beispielsweise unterschiedliche Qualitätsangaben für bestimmte Bauteile enthalten sind. In diesem Fall sind für das Leistungssoll die Qualitätsangaben des vorrangigen Vertragsbestandteils maßgeblich. Demgegenüber liegt kein Widerspruch vor, wenn ein nachrangiger Vertragsbestandteil gegenüber den Angaben eines vorrangigen Vertragsbestandteils lediglich Ergänzungen enthält.
>
> Empfehlung: Zur Vermeidung von Missverständnissen ist es empfehlenswert, in der Rangfolgeregelung des Vertrags ergänzend klarzustellen, dass Ergänzungen keinen Widerspruch darstellen.

Sofern der Auftraggeber die Leistung detailliert auf Grundlage einer Leistungsbeschreibung mit Leistungsverzeichnis ausschreibt, ist er verpflichtet, die Bauleistung eindeutig und erschöpfend zu beschreiben. Dies gilt sowohl für die Leistungsbeschreibung mit Leistungsverzeichnis als auch für die Leistungsbeschreibung mit Leistungsprogramm (funktionale Leistungsbeschreibung).

Die Vertragsgrundlagen sind nach dem objektiven Empfängerhorizont der potenziellen Bieter auszulegen. Maßgeblich für diese Auslegung der Vertragsgrundlagen ist, wie die Bieter die Ausschreibungsunterlagen verstehen konnten, um ihre Preise sicher und ohne umfangreiche Vorarbeiten berechnen zu können. Auch darf sich der Auftragnehmer grundsätzlich darauf verlassen, dass der Auftraggeber die Leistung richtig und vollständig in den Ausschreibungsunterlagen beschreibt. Er ist daher nicht verpflichtet, vor Vertragsschluss die Angaben des Auftraggebers in den Ausschreibungsunterlagen auf Richtigkeit und Vollständigkeit zu überprüfen. Nach der Rechtsprechung darf ein Bieter jedoch ein erkennbar lückenhaftes Leistungsverzeichnis nicht hinnehmen, sondern muss etwaige Zweifelsfragen vor Abgabe eines Angebots klären. Sofern der Bieter diese Klärung trotz erkennbarer Lücken nicht vornimmt, ist seine Kalkulation spekulativ bzw. frivol, sodass er im Hinblick auf wegen dieser Lückenhaftigkeit erforderliche, zusätzliche Leistungen nicht schutzwürdig ist.

In VOB/B-Verträgen werden gemäß § 2 Abs. 1 VOB/B auch die Allgemeinen Technischen Vertragsbedingungen für Bauleistungen (VOB/C) und damit auch die DIN 18299 ff. Vertragsgrundlage. Öffentliche Auftraggeber haben die Hinweise im jeweiligen Abschnitt 0 der DIN 18299 ff., die Hinweise für das Aufstellen der Leistungsbeschreibung enthalten, zwingend zu beachten. Auch für die Auslegung von Verträgen privater Bauherren sind die DIN 18299 ff. bei der Auslegung der Leistungsbeschreibung heranzuziehen. Sofern in der Leistungsbeschreibung Angaben fehlen, die nach Abschnitt 0 der DIN 18299 ff. bei der Leistungsbeschreibung zu berücksichtigen sind, kann der Auftragnehmer daraus den Rückschluss ziehen, dass die entsprechende Leistung nicht ausgeführt werden muss. Stellt sich während der Bauausführung heraus, dass die betreffende Leistung gleichwohl erforderlich ist, ist diese Leistung nicht Gegenstand des hauptvertraglich geschuldeten Leistungssolls. Vielmehr begründet die Ausführung der betreffenden Leistung eine Abweichung des Leistungsist vom Leistungssoll, und der Auftragnehmer kann für deren Ausführung einen Nachtragsanspruch geltend machen. Etwas anderes gilt nach der Rechtsprechung nur dann, wenn sich für den Auftragnehmer im Zuge der Angebotsbearbeitung aufgrund der besonderen Umstände des Einzelfalls aufdrängen musste, dass die betreffende Leistung gleichwohl auszuführen ist.

> **Praxisbeispiel**
>
> *Nach Abschnitt 0.1.20 und 0.2.13 der DIN 18299 ist der Auftraggeber gehalten, Angaben zur Art und zum Umfang von Schadstoffbelastungen z. B. des Bodens in die Leistungsbeschreibung aufzunehmen. Ohne Angaben in der Leistungsbeschreibung zu derartigen Schadstoffbelastungen kann der Auftragnehmer grundsätzlich davon ausgehen, dass keine Schadstoffbelastung vorhanden ist und im Zusammenhang mit der Schadstoffbelastung auch keine Leistungen auszuführen sind. Etwas anderes gilt jedoch, wenn anhand der weiteren Ausschreibungsunterlagen für einen fachkundigen Bieter zweifelsfrei erkennbar war, dass eine Schadstoffbelastung vorliegt. So kann sich eine Schadstoffbelastung aus der Beschreibung der Baumaßnahme oder aus bei der Ausschreibung vorliegenden Gutachten ergeben.*

Für die Bestimmung des Inhalts des Leistungssolls kann ferner Abschnitt 4 der DIN 18299 ff. bei der Vertragsauslegung herangezogen werden. In den Abschnitten 4 der DIN 18299 ff. ist im Einzelnen festgelegt, welche Leistungen Nebenleistungen darstellen, die im Vertragspreis enthalten sind, und bei welchen Leistungen es sich um Besondere Leistungen handelt, die der Auftraggeber gesondert vergüten muss.

Nebenleistungen gehören auch ohne Erwähnung im Vertrag und in den Vertragsunterlagen zum hauptvertraglich geschuldeten Leistungssoll. Die Ausführung von Nebenleistungen begründet daher keinen Nachtragsanspruch.

Besondere Leistungen gehören nur dann zum Leistungssoll, wenn sie in der Leistungsbeschreibung besonders erwähnt werden.

3.1.2 Preisklauseln

Grundsätzlich stellt der vertraglich vereinbarte Preis – die Vergütung – immer einen Festpreis dar, der sich daher während der Laufzeit des Vertrags nicht verändert. Dies gilt beim Einheitspreisvertrag, beim Pauschalvertrag sowie beim Stundenlohnvertrag. Nur im Falle einer Störung der Geschäftsgrundlage kann auch bei ansonsten unverändertem Leistungssoll ausnahmsweise ein Anspruch des Auftragnehmers auf Anpassung der Vergütung bestehen. Ferner sind beim Einheitspreisvertrag die Preisänderungen im Falle einer Mengenmehrung oder Mengenminderung zu berücksichtigen.

Mit sogenannten Preisklauseln – auch Preisgleitklauseln genannt – können die Vertragsparteien eines Bauvertrags vertraglich regeln, ob bzw. in welcher Hinsicht sich die vereinbarte Vergütung aufgrund bestimmter Umstände, nämlich bei Veränderung einer Bezugsgröße ändert. So ist in § 9d VOB/A vorgesehen, dass der öffentliche Auftraggeber solche Änderungsmöglichkeiten der Vergütung ausschreiben und vereinbaren muss, sofern »*wesentliche Änderungen der Preisermittlungsgrundlagen zu erwarten*« sind, deren Eintritt oder Ausmaß ungewiss ist. Insbesondere in Bauverträgen mit langer Ausführungsdauer werden daher gelegentlich derartige Regelungen in Form von Lohn- oder Materialgleitklauseln aufgenommen.

In Allgemeinen Geschäftsbedingungen müssen Lohn- und Materialpreisklauseln klar gefasst sein und dürfen keine unangemessene Benachteiligung des Vertragspartners begründen.

> **Praxisbeispiel**
>
> *Preiserhöhungsklauseln für die Zeit von vier Monaten nach Vertragsschluss sind in Allgemeinen Geschäftsbedingungen unzulässig (§ 309 Nr. 1 BGB). Nach der Rechtsprechung ist daher eine Klausel in Allgemeinen Geschäftsbedingungen des Auftragnehmers unwirksam, in der die Preise grundsätzlich als »**freibleibend**« bezeichnet sind und der Auftragnehmer berechtigt ist, bei einer Steigerung von Materialpreisen, Löhnen und Gehältern sowie Herstellungs- und Transportkosten die am Tag der Lieferung gültigen Preise zu berechnen.*

Viele Bauverträge enthalten eine Regelung, nach der die dem Angebot des Auftragnehmers zugrunde liegenden Preise ausnahmslos Festpreise sind und für die gesamte Vertragsdauer verbindlich bleiben. Sofern diese Regelung Bestandteil von Allgemeinen Geschäftsbedingungen des Auftraggebers ist, ist diese wegen unangemessener Benachteiligung des Auftragnehmers unwirksam, weil auch im Fall einer Störung der Geschäftsgrundlage eine Vergütungsanpassung ausgeschlossen wäre.

Üblich sind Kostenumlageklauseln, die den Auftraggeber berechtigen, für eine von ihm abgeschlossene Versicherung oder für bestimmte Leistungen wie Wasser oder Strom einen prozentualen Abzug von der vereinbarten Vergütung vorzunehmen.

> **Praxishinweis**
>
> **Umlageklauseln** für Abfall- und Bauschuttbeseitigung in Allgemeinen Geschäftsbedingungen des Auftraggebers sind kritisch zu hinterfragen. Die Beseitigung von Abfall ist gemäß Ziff. 4.1.11 der DIN 18299 eine Nebenleistung des Auftragnehmers und daher nicht gesondert zu vergüten. Demzufolge stellt das Hinterlassen von Abfall oder Bauschutt eine mangelhafte Leistung des Auftragnehmers dar. Eine Umlageklausel in AGB des Auftraggebers, die einen prozentualen Abzug von der Vergütung vorsieht, ohne dass der Auftragnehmer mit der Abfallbeseitigung in Verzug war und ohne dass der Abfall seinem Leistungsbereich zugeordnet werden muss, ist daher unwirksam.

3.1.3 Nachlass

Bei einem Nachlass handelt es sich um eine vertraglich vereinbarte Kürzung des Vertragspreises bei unveränderter Leistung des Auftragnehmers. In aller Regel wird in Bauverträgen ein prozentualer Nachlass vereinbart. Die Vertragsparteien können jedoch auch eine konkrete Summe als Nachlass festlegen.

> **Praxishinweis**
>
> Die Erstreckung von **Nachlässen** auf die Vergütung für Nachtragsleistungen muss vertraglich vereinbart werden. Derartige Regelungen sind daher in den allermeisten Fällen Bestandteil von Allgemeinen Geschäftsbedingungen des Auftraggebers.

3.1.4 Skonto

Eine Skontoregelung ermöglicht dem Auftraggeber, die Abrechnungssumme um einen festgelegten Prozentsatz zu kürzen, sofern die Zahlung innerhalb einer kurzen Frist erfolgt.

> **Praxishinweis**
>
> Ein **Skontoabzug** ist nur berechtigt, wenn der Auftraggeber die Forderung in berechtigter Höhe vollständig bezahlt. Bei unberechtigten Kürzungen auch nur einzelner Rechnungspositionen entfällt daher für die betreffende Zahlung vollständig die Berechtigung des Auftraggebers, einen Skontoabzug vorzunehmen.

Für die Rechtzeitigkeit der Zahlung kommt es auch für den Skontoabzug auf die rechtzeitige Zahlung durch den Auftraggeber und nicht auf den Zahlungseingang beim Auftragnehmer an.

3.1.5 Kostenanschlag und Vorarbeiten

Gelegentlich erstellt ein Unternehmer Pläne, Zeichnungen, Mengenberechnungen sowie Leistungsverzeichnisse, ohne dass es nachfolgend zum Vertragsschluss kommt, weil der Bauherr entweder insgesamt von dem Projekt Abstand nimmt oder einen Dritten beauftragt. Dem Unternehmer sind für diese Vorarbeiten Kosten entstanden, die im Falle einer Beauftragung Gegenstand der vereinbarten Vergütung gewesen wären.

Ein Vergütungsanspruch des Auftragnehmers für derartige Vorarbeiten setzt voraus, dass die Vertragsparteien über die Vergütungspflicht dieser Leistungen einen Vertrag geschlossen haben. In aller Regel fehlt jedoch auf Seiten des Bauherrn der Wille zum Abschluss einer derartigen Vereinbarung, sodass der Unternehmer für diese Vorleistungen keinen Vergütungsanspruch geltend machen kann.

Dementsprechend ist in § 632 Abs. 3 BGB geregelt, dass ein »*Kostenanschlag*« im Zweifel nicht zu vergüten ist. Zweck dieser Regelung ist, einen Streit der Parteien über eine Vergütung dieser Vorarbeiten gar nicht aufkommen zu lassen. Demnach besteht kein Vergütungsanspruch des Unternehmers für derartige Vorarbeiten, sofern nicht eine entsprechende vertragliche Vereinbarung getroffen wurde. Für eine entsprechende Vereinbarung ist der Unternehmer darlegungs- und beweispflichtig.

3.2 Einheitspreisvertrag

Ein Einheitspreisvertrag ist dadurch gekennzeichnet, dass die Gesamtvergütung durch die Summe der Vergütung für Teilleistungen berechnet wird. Diese Teilleistungen führt der Auftraggeber im Leistungsverzeichnis mit einzelnen Leistungspositionen unter verschiedenen Ordnungsnummern auf.

Jede Leistungsposition enthält eine Mengenangabe (sogenannter Vordersatz) mit einer Maßeinheit (Maß, Gewicht, Stückzahl). Bei dieser im Leistungsverzeichnis ausgeschriebenen Mengenangabe handelt es sich nicht um die Abrechnungsmenge. Vielmehr wird die Vergütung auf Grundlage der tatsächlichen Menge errechnet.

Neben der Mengenangabe enthält das Leistungsverzeichnis für jede Leistungsposition eine Leistungsbeschreibung. Diese Beschreibung ist maßgeblich für die Bestimmung des Leistungssolls der betreffenden Position hinsichtlich Leistungsinhalt und Bauumständen. Eine davon abweichende Ausführung kann einen Mehrvergütungsanspruch des Auftragnehmers gemäß § 2 Abs. 5, 6 oder 8 VOB/B begründen.

> **Praxishinweis**
>
> Grundsätzlich soll eine Teilleistung, die Gegenstand einer Leistungsposition ist, so detailliert wie möglich beschrieben sein, sodass der Auftragnehmer auf Grundlage dieser Beschreibung in der Lage ist, den Preis zu kalkulieren und die Leistung zu erbringen. In der Praxis enthalten viele Leistungsverzeichnisse Leistungspositionen mit einer pauschalen Leistungsbeschreibung. Indem der Bieter hierfür einen Preis anbietet, verdeutlicht er, dass die Leistung so hinreichend beschrieben ist, dass er den Preis kalkulieren kann. Einen Mehrvergütungsanspruch kann er nach Vertragsschluss dann nicht damit begründen, dass die Leistung angeblich nicht hinreichend beschrieben war. Sofern er sich zur Preiskalkulation mangels ausreichender Leistungsbeschreibung nicht in der Lage sieht, muss er in der Angebotsphase eine Klärung herbeiführen.

Auf Grundlage der jeweiligen Leistungsbeschreibung einer Leistungsposition vereinbarten die Vertragsparteien für die ausgeschriebene Menge (Vordersatz) einen Einheitspreis. Die Vergütung wird für jede einzelne Leistungsposition auf Grundlage der tatsächlich erbrachten Menge ermittelt, die mit dem vereinbarten Einheitspreis multipliziert wird.

Die VOB/B enthält keine Vorgaben für die Preisbestandteile und die Kalkulationsmethode der vereinbarten Preise. In aller Regel setzen sich die Einheitspreise aus Einzelkosten der Teilleistung, Baustellengemeinkosten, Allgemeine Geschäftskosten sowie Wagnis einschließlich Gewinn zusammen:

- Bei den Einzelkosten der Teilleistung handelt es sich um die Kosten, die unmittelbar für die Leistung einer Position des Leistungsverzeichnisses entstehen. Diese setzen sich aus Lohnkosten, Gerätekosten, Stoffkosten, Kosten für Nachunternehmerleistungen sowie sonstige Kosten zusammen.
- Baustellengemeinkosten sind Kosten, die für die gesamte Baustelle anfallen. Sie werden auf die Einzelkosten der Teilleistung durch einen Prozentsatz umgelegt. Die Baustellengemeinkosten bilden zusammen mit den Einzelkosten aller Teilleistungen die sogenannten Herstellkosten.
- Bei Allgemeinen Geschäftskosten handelt es sich um Kosten des gesamten Unternehmens, die nicht baustellenbezogen entstehen und prozentual auf die Herstellkosten umgelegt werden.
- Schließlich erfolgt ein prozentualer Zuschlag für Wagnis und Gewinn. Bei dem Zuschlag für Wagnis handelt es sich nicht um einen eigenständigen Kostenfaktor. Vielmehr ist Wagnis Teil des Unternehmensrisikos und damit Bestandteil des Unternehmensgewinns oder -verlustes. Gleichwohl werden üblicherweise die Begriffe »*Wagnis und Gewinn*« für diesen Zuschlag verwendet.

Bestandteile von Einheitspreisen

- **Einzelkosten der Teilleistung (EkT)**
  Beispiele:
    - Lohnkosten
    - Gerätekosten
    - Materialkosten
    - Nachunternehmerkosten
- **Baustellengemeinkosten (BGK)**
  Beispiele:
    - Kran
    - Bauleiter
- **Allgemeine Geschäftskosten (AGK)**
  Beispiele:
    - Lohnkosten für Buchhaltung und Kalkulation
    - Büromiete
    - Versicherung
- **Wagnis und Gewinn**

Die Standardpositionen eines Leistungsverzeichnisses werden auch als Grundpositionen bezeichnet. Sie werden mit Vertragsschluss beauftragt und bilden das Leistungssoll. Hiervon abzugrenzen sind Alternativpositionen, Eventualpositionen sowie Zulagepositionen.

Bei Alternativpositionen handelt es sich um Positionen des Leistungsverzeichnisses, hinsichtlich derer sich der Auftraggeber die Option einräumen lassen möchte, sie anstelle einer ebenfalls ausgeschriebenen Position zu beauftragen. Mit Auftragserteilung trifft der Auftraggeber sodann die Entscheidung, ob die Grundposition oder die Alternativposition Gegenstand des Leistungssolls ist.

Praxishinweis

Eine Vielzahl von **Alternativpositionen** kann zu einer Intransparenz der Ausschreibung führen. Eine Ausschreibung mit einer Häufung von Alternativpositionen begründet daher einen Verstoß gegen das Gebot der eindeutigen und erschöpfenden Leistungsbeschreibung, vgl. § 7 Abs. 1 Nr. 1 VOB/A. Das Vergabehandbuch des Bundes verbietet daher Alternativpositionen.

Eventualpositionen sind Positionen des Leistungsverzeichnisses, deren Beauftragung sich der Auftraggeber während der Bauausführung vorbehalten will, für die aber bereits mit Vertragsschluss ein Einheitspreis vereinbart werden soll. Es handelt sich demnach um eine bereits bei Vertragsschluss vereinbarte Vergütung einer zusätzlichen Leistung. Die Entscheidung über die Ausführung steht dem Auftraggeber während der gesamten Dauer der Bauausführung frei.

Praxishinweis

Das Vergabehandbuch des Bundes verbietet auch **Eventualpositionen**. Zum einen lässt sich der Auftraggeber für Eventualpositionen – entgegen der Vorgabe in § 10 Abs. 4 VOB/A – eine unbestimmt lange Bindefrist einräumen. Zum anderen begründet eine Leistungsbeschreibung mit Eventualpositionen unter Umständen ein ungewöhnliches und unkalkulierbares Wagnis für den Auftragnehmer. Eine Vielzahl von Eventualpositionen kann zur Intransparenz der ausgeschriebenen Leitung führen.

Bei Zulagepositionen wird zusätzlich zu einer bestimmten Grundposition eine Zusatzleistung ausgeschrieben, die während der Ausführung zusätzlich zu der Grundposition voraussichtlich erforderlich ist und daher ausgeführt werden soll.

3.3 Pauschalpreisvertrag

Bei einem Pauschalvertrag vereinbaren die Vertragsparteien einen Pauschalpreis für die Ausführung der vertraglich im Einzelnen definierten Leistung. Demnach erfolgt – im Gegensatz zum Einheitspreisvertrag – keine Vergütung in Abhängigkeit von der tatsächlich ausgeführten Menge.

Eine Form des Pauschalvertrags ist der Detail-Pauschalvertrag, bei dem die Leistung detailliert beschrieben ist. In der Regel erfolgt dies anhand eines Leistungsverzeichnisses mit Leistungsbeschreibung. Ein Detail-Pauschalvertrag kann aber auch auf Grundlage detaillierter Ausführungspläne des Auftraggebers geschlossen werden. Um eine oft aufwendige Abrechnung mit Aufmaß zu vermeiden, vereinbaren die Vertragsparteien für die detailliert beschriebene Leistung einen Pauschalpreis.

> **Praxishinweis**
>
> Da ein **Detail-Pauschalvertrag** auf einer detaillierten Leistungsbeschreibung des Auftraggebers beruht, begründet jede Änderung dieser Leistungsbeschreibung eine geänderte oder zusätzliche Leistung. Gleiches gilt, wenn die Leistung nach den Ausführungsplänen des Auftraggebers nicht errichtet werden kann und für die Fertigstellung daher geänderte oder zusätzliche Leistungen erforderlich sind. Bei einem Detail-Pauschalvertrag können Nachträge daher – wie bei einem Einheitspreisvertrag – nur durch vollständige und richtige Ausschreibungsunterlagen verhindert werden. Ein Detail-Pauschalvertrag unterscheidet sich daher von einem Einheitspreisvertrag nur dadurch, dass kein Aufmaß erstellt werden muss und Diskussionen über die Richtigkeit des Aufmaßes vermieden werden.

Demgegenüber gibt der Auftraggeber bei einem Global-Pauschalvertrag nur wenige oder gar keine Details vor und beschreibt die Leistung nur funktional. Damit überlässt er die Planung ganz oder teilweise dem Auftragnehmer. Die Verantwortlichkeit für Richtigkeit und Vollständigkeit der Planung liegt beim Auftragnehmer. Mit der Übertragung der Planungsverantwortung auf den Auftragnehmer geht einher, dass der Auftraggeber das Leistungsziel in der funktionalen Leistungsbeschreibung so umfassend wie möglich beschreiben muss. Alle späteren Ergänzungen oder Änderungen begründen eine geänderte oder zusätzliche Leistung des Auftragnehmers, für die dieser ggf. einen Mehrvergütungsanspruch geltend machen kann.

> **Praxishinweis**
>
> Die Verantwortlichkeit für den Teil der Leistungen, die in den Vertragsunterlagen detailliert beschrieben sind, verbleibt beim Auftraggeber. Abweichungen hiervon begründen eine geänderte oder zusätzliche Leistung. Sofern der Auftragnehmer auch für diese detailliert beschriebenen Leistungen, beispielsweise für Ausführungspläne, das Risiko für Nachtragsleistungen übernehmen soll, sind derartige Regelungen in sogenannten **Komplettheitsklauseln** in Allgemeinen Geschäftsbedingungen des Auftraggebers in aller Regel unwirksam.

In der Praxis treten vielfältige Mischformen zwischen Detail-Pauschalverträgen und Global-Pauschalverträgen auf. Beispielsweise ist es gängige Praxis, dass der Auftraggeber einen Teil der Planung mit unterschiedlichen Detaillierungsgraden vor Auftragserteilung hat erstellen lassen und der Vertrag auf Grundlage auch dieser Pläne geschlossen wird. Die beim Auftragnehmer beauftragten Leistungen umfassen auch die Komplettierung der Planung.

4 Nachträge

Der Auftragnehmer hat zusätzlich zu den bei Vertragsschluss vereinbarten Preisen einen Vergütungsanspruch für die Ausführung einer Leistung, wenn diese nicht Gegenstand des hauptvertraglich geschuldeten Leistungssolls ist. Voraussetzung eines Nachtragsanspruchs ist demnach eine Abweichung des Leistungsist vom Leistungssoll. Darüber hinaus muss die Ausführung der Nachtragsleistung auf einer Anordnung des Auftraggebers beruhen oder für die Erreichung des Vertragsziels erforderlich sein.

Ferner erfolgt eine Anpassung der vereinbarten Einheitspreise, wenn die tatsächlich ausgeführten Mengen von den ausgeschriebenen Mengen um mehr als 10 % abweichen.

Übersicht Preisanpassung und Nachträge

- **Vergütung bleibt unverändert**
    - keine Mengenänderung
    - keine geänderte Leistung
    - keine zusätzliche Leistung
- **Preisanpassung gem. § 2 Abs. 3 VOB/B**
    - Mehr- oder Mindermengen von mehr als 110 %
    - oder weniger als 90 % der ausgeschriebenen Leistung
    - keine geänderte/zusätzliche Leistung
- **Geänderte Leistung auf Anordnung des Auftraggebers, § 2 Abs. 5 VOB/B**
    - Abweichung Leistungsist vom Leistungssoll
    - Anordnung des Auftraggebers
    - → zusätzlicher Vergütungsanspruch
- **Zusätzliche Leistung auf Anordnung des Auftraggebers, § 2 Abs. 6 VOB/B**
    - Abweichung Leistungsist vom Leistungssoll
    - Anordnung des Auftraggebers
    - → zusätzlicher Vergütungsanspruch
- **Zusätzliche Leistung ohne Anordnung des Auftraggebers, § 2 Abs. 8 VOB/B**
    - Auftraggeber erkennt an oder
    - Leistung entspricht mutmaßlichem Willen des Auftraggebers
    - → zusätzlicher Vergütungsanspruch

4.1 Anordnungsrecht des Auftraggebers

Der Auftraggeber hat gemäß § 1 Abs. 3 VOB/B die Befugnis, Änderungen des Bauentwurfs anzuordnen. Ferner kann er gemäß § 1 Abs. 4 Satz 1 VOB/B nicht vereinbarte Leistungen, die zur Ausführung der vertraglichen Leistung erforderlich werden, anordnen, sofern der Betrieb des Auftragnehmers auf derartige Leistungen eingestellt ist. Der Auftragnehmer muss derartigen Anordnungen des Auftraggebers Folge leisten, kann jedoch gemäß § 2 Abs. 5 und 6 VOB/B für die geänderte oder zusätzliche Leistung einen neuen Preis unter Berücksichtigung der Mehr- oder Minderkosten geltend machen.

Die Anordnungsbefugnis des Auftraggebers gemäß § 1 Abs. 3 VOB/B umfasst Änderungen des Bauentwurfs. Bei derartigen Änderungen handelt es sich um Vorgaben des Auftraggebers in bautechnischer Hinsicht. Typisch sind Änderungen der Planung oder sonstige Änderungen der Leistungsinhalte. Das Anordnungsrecht des Auftraggebers bezieht sich demnach grundsätzlich auf die Gesamtheit seiner Vorgaben für die bautechnische Leistung, die in den Vertragsgrundlagen beschrieben ist. Sinn und Zweck dieser Regelung ist es, dem Auftraggeber die Möglichkeit einzuräumen, seine Planung sowie die Leistungsbeschreibung nach Vertragsschluss etwa veränderten Gegebenheiten oder veränderten Vorstellungen anzupassen.

Demgegenüber ist der Auftraggeber nicht befugt, Änderungen anzuordnen, die die Dispositionsbefugnis des Auftragnehmers betreffen.

> **Praxishinweis**
>
> Kontrovers wird diskutiert, ob sich die Anordnungsbefugnis des Auftraggebers auch auf Änderungen der **Bauzeit** erstreckt. Nach überwiegender Auffassung in der Literatur unterfällt der Bauablauf der Dispositionsbefugnis des Auftragnehmers, sodass sich das Anordnungsrecht des Auftraggebers nicht auf Änderungen der Bauzeit erstreckt. Die Dispositionsbefugnis des Auftragnehmers betrifft insbesondere den Einsatz von Personal und Geräten. So kann der Personaleinsatz aufgrund einer Anordnung des Auftraggebers nicht beliebig verstärkt werden, wenn dem Auftragnehmer kein Personal zur Verfügung steht, das er auf der Baustelle des Auftraggebers einsetzen kann. Der Auftraggeber kann daher keine Beschleunigungsmaßnahmen anordnen.

Anordnungen der Bauzeit, insbesondere die Ausführung von Beschleunigungsmaßnahmen, sind daher unzulässig. Davon zu unterscheiden sind gemäß § 1 Abs. 3 VOB/B zulässige Anordnungen zur Änderung des Bauinhalts, die zugleich auch eine Verlängerung der Bauzeit zur Folge haben.

FAQ: Kann in einem Bauvertrag eine Regelung aufgenommen werden, nach der der Auftragnehmer verpflichtet ist, auf entsprechende Anordnungen des Auftraggebers hin Beschleunigungsmaßnahmen auszuführen?

Antwort: Sofern derartige Regelungen Gegenstand von Allgemeinen Geschäftsbedingungen des Auftraggebers sind, besteht das Risiko, dass sie wegen unangemessener Benachteiligung des Auftragnehmers unzulässig sind. Eine generelle Befugnis des Auftraggebers, Beschleunigungsmaßnahmen anzuordnen, dürfte in Allgemeinen Geschäftsbedingungen des Auftraggebers unzulässig sein, es sei denn, die betreffende Klausel regelt im Einzelnen, wie im Falle einer solchen Anordnung den berechtigten Interessen des Auftragnehmers entsprochen wird. Hierbei handelt es sich jedoch stets um eine Frage des Einzelfalls.

Änderungen außerhalb der Bauentwurfsänderungen kann der Auftraggeber als zusätzliche Leistungen gemäß § 1 Abs. 4 Satz 1 VOB/B anordnen, wenn sie für die Vertragsausführung erforderlich werden. In aller Regel handelt es sich dabei um sogenannte vergessene Leistungen, die für die mangelfreie Fertigstellung der Baumaßnahme erforderlich sind, in den Vertragsunterlagen jedoch nicht beschrieben sind. Die Anordnungsbefugnis des Auftraggebers setzt jedoch voraus, dass der Unternehmer auf die Ausführung dieser Leistung sowohl personell als auch hinsichtlich seiner Ausstattung mit Geräten eingerichtet ist.

Andere Leistungen, die weder unter die Anordnungsbefugnis des § 1 Abs. 3 VOB/B fallen noch als zusätzliche Leistungen gemäß § 1 Abs. 4 Satz 1 VOB/B angeordnet werden können, dürfen dem Auftragnehmer nur mit dessen Zustimmung übertragen werden. Dies ist in § 1 Abs. 4 Satz 2 VOB/B ausdrücklich klargestellt. Demnach ist der Auftragnehmer für die Ausführung von derartigen Leistungen nicht an die vertraglich vereinbarten Konditionen gebunden. Insbesondere kann er einen neuen Preis ohne Bindung an die Preisgrundlagen der vereinbarten Vergütung verlangen.

> **Praxishinweis**
>
> Mit dem seit 01.01.2018 geltenden Bauvertragsrecht wurde in §650b BGB eine Regelung zum **Anordnungsrecht** des Bestellers in das BGB aufgenommen. Nach dieser Regelung sollen die Vertragsparteien bei einer durch den Auftraggeber angeordneten Änderung oder einer Änderung, die zur Erreichung des vereinbarten Werkerfolgs notwendig ist, Einvernehmen über die Änderung und die daraus resultierende Mehr- oder Mindervergütung anstreben (§650b Abs. 1 Satz 1 BGB). Der Unternehmer ist daher verpflichtet, ein Angebot über die Mehr- oder Mindervergütung zu erstellen (§650b Abs. 1 Satz 2 BGB). Sofern die Vertragsparteien binnen 30 Tagen nach Zugang des Änderungsbegehrens beim Unternehmer keine Einigung über die Vergütung für die geänderte Leistung erzielen, kann der Besteller die Änderung in Textform anordnen (§650b Abs. 2 BGB).
>
> Derzeit ist noch ungeklärt, wie sich die Regelung in §650b BGB auf das Anordnungsrecht des Auftraggebers gemäß §1 Abs. 3 und 4 VOB/B auswirkt. Sofern die VOB/B nicht als Ganzes vereinbart ist und daher als Allgemeine Geschäftsbedingung des Auftraggebers der Inhaltskontrolle unterliegt, könnten die Regelungen in §1 Abs. 3 und 4 VOB/B wegen des dort geregelten sofortigen Anordnungsrechts des Auftraggebers ggf. unwirksam sein. Hierzu werden in der Literatur höchst unterschiedliche Auffassungen vertreten. Eine Klärung durch die Rechtsprechung steht aus.

4.2 Preisanpassung bei Mehr- oder Mindermengen

4.2.1 Grundsätze der Preisanpassung gemäß §2 Abs. 3 VOB/B

Bei Einheitspreisverträgen entsprechen die tatsächlich ausgeführten Mengen einer oder mehrerer Positionen des Leistungsverzeichnisses häufig nicht den ausgeschriebenen Mengen, den sogenannten Vordersätzen. Dies kann auf einen Fehler bei der Erstellung der Ausschreibungsunterlagen zurückzuführen sein. In einigen Fällen sind zutreffenden Mengenangaben im Zuge der Ausschreibung aufgrund der Gegebenheiten der Baumaßnahme jedoch äußerst schwierig. Beispielsweise bei Bestandsgebäuden können im Zuge der Erstellung des Leistungsverzeichnisses die voraussichtlich auszuführenden Mengen häufig nicht hinreichend genau ermittelt werden, sodass es im Zuge der Bauausführung zu Mehr- oder Mindermengen kommt.

Mengenänderungen haben teils gravierende Auswirkungen auf die vereinbarten Einheitspreise. Dies gilt insbesondere im Hinblick auf die Zuschläge für Baustellengemeinkosten, Allgemeine Geschäftskosten sowie Wagnis und Gewinn. Mengenminderungen können daher dazu führen, dass der Auftragnehmer wegen der verringerten Menge mit dem vereinbarten Einheitspreis nicht die kalkulierten Deckungsbeiträge erzielen kann und daher eine Unterdeckung der kalkulierten Zuschläge eintritt. Aus den gleichen Gründen kann im Falle einer Mengenmehrung eine Überdeckung eintreten. Mengenänderungen können sich aber auch auf die Einzelkosten der Teilleistungen auswirken.

Gemäß § 2 Abs. 3 Nr. 2 und 3 VOB/B wird bei Überschreitungen und Unterschreitungen von mehr bzw. weniger als 10 % der ausgeschriebenen Menge daher der vereinbarte Einheitspreis angepasst, um Über- und Unterdeckungen zu vermeiden. Dabei kommt es nur auf die unter der jeweiligen Position des Leistungsverzeichnisses ausgeschriebene Menge und die von dem Vordersatz tatsächlich abweichende Menge an.

> **Praxishinweis**
>
> Mit Urteil vom 08.08.2019 hat der Bundesgerichtshof (Az.: VII ZR 34/18) entschieden, dass bei einem Preisanpassungsanspruch nach § 2 Abs. 3 VOB/B auf die tatsächlichen Kosten des Auftragnehmers zuzüglich vereinbarter Zuschläge abzustellen ist. Demgegenüber kommt es nicht darauf an, wie sich die kalkulierten Einzelkosten der Teilleistung aufgrund der Mehr- oder Mindermenge verändern.
>
> Nach dieser jüngsten Rechtsprechung hat der Auftragnehmer demnach darzulegen, welche Kosten ihm für die Ausführung der Mehr- oder Mindermenge entstehen; diese Kosten sind den kalkulierten Kosten gegenüberzustellen. Auf dieser Grundlage ist der Preis bei Mengenabweichungen von mehr als 10 % anzupassen.

Voraussetzung des Preisanpassungsanspruchs gemäß § 2 Abs. 3 VOB/B ist, dass eine Mengenabweichung ohne Veränderung des Leistungssolls eintritt. Dies ist beispielsweise der Fall, wenn der Vordersatz unzutreffend berechnet ist, weil die Verhältnisse vor Ort nicht den Annahmen bei Erstellung der Ausschreibungsunterlagen entsprechen. Demgegenüber findet keine Preisanpassung gemäß § 2 Abs. 3 VOB/B statt, wenn Mengenabweichungen auf Anordnungen des Auftraggebers zur Ausführung einer geänderten oder zusätzlichen Leistung zurückzuführen sind. In diesem Fall errechnet sich der Vergütungsanspruch des Auftragnehmers nach § 2 Abs. 5 oder Abs. 6 VOB/B.

Die Preisanpassung gemäß § 2 Abs. 3 VOB/B erfolgt auf Verlangen einer der Vertragsparteien. Mithin erfolgt keine automatische Preisanpassung.

> **Praxishinweis**
>
> Der Ausschluss eines Preisanpassungsanspruchs gemäß § 2 Abs. 3 VOB/B ist in Allgemeinen Geschäftsbedingungen sowohl des Auftraggebers als auch des Auftragnehmers unzulässig.

Bei der Preisanpassung und der Berechnung einer Überdeckung oder Unterdeckung für die kalkulierten Deckungsbeiträge ist auch die Vergütung für geänderte oder zusätzliche Leistungen einzubeziehen, weil auch die Preise für Nachtragsleistungen die kalkulierten Zuschläge für Allgemeine Geschäftskosten, Baustellengemeinkosten sowie Wagnis und Gewinn umfassen. Eine Ausgleichsberechnung unter Einbeziehung der tatsächlich erwirtschafteten Zuschläge kann daher erst nach Abschluss der Baumaßnahme zu einem Zeitpunkt erfolgen, wenn sämtliche erbrachten Mengen einschließlich der Mengen für geänderte und zusätzliche Leistungen feststehen.

> **Praxishinweis**
>
> Wenn vor Abschluss der Baumaßnahme für einzelne Positionen eine Preisanpassung vereinbart wird, ist in eine solche Vereinbarung ein Vorbehalt bezüglich einer abschließenden Mehr- und Mindermengenausgleichsberechnung aufzunehmen.

4.2.2 Mengenmehrung

Für Mengenmehrungen, die über 10 % der ausgeschriebenen Menge hinausgehen, ist gemäß § 2 Abs. 3 Nr. 2 VOB/B für diese Mehrmenge ein neuer Preis unter Berücksichtigung der Mehr- oder Minderkosten zu vereinbaren. Demzufolge ist die Leistung der betreffenden Position des Leistungsverzeichnisses mit zwei verschiedenen Einheitspreisen abzurechnen: Bis 110 % des Vordersatzes wird die abgerechnete Menge zum vereinbarten Einheitspreis abgerechnet. Ab 110 % des Vordersatzes ist ein neuer Preis zu vereinbaren.

Für die Berechnung des neuen Einheitspreises ab 110 % des Vordersatzes gelten folgende Grundsätze:

- Einzelkosten der Teilleistung: Die direkten Kosten einer Leistung bleiben häufig unverändert, weil ungeachtet der Mengenmehrung keine Änderung der kalkulierten Ansätze für Personal und Geräte eintritt. Möglicherweise ändern sich indes Materialpreise im Falle von Mengenmehrungen, beispielsweise weil der Einkaufspreis für die Mehrmenge aufgrund von Rabatten sinkt. Gleichermaßen kann der Fall eintreten, dass der Auftragnehmer das Material für die Mehrmenge zu einem höheren Preis einkaufen muss, weil Lieferpreise, auf deren Grundlage der Auftragnehmer den Einheitspreis kalkuliert hat, nur für die ausgeschriebene Menge gelten und der Lieferant für die Mehrmenge einen höheren Preis verlangt.
- Baustellengemeinkosten: Baustellengemeinkosten bleiben im Fall der Ausführung von Mehrmengen häufig unverändert. Der neue Preis für die Menge ab 110 % des Vordersatzes wird in diesem Fall daher nicht mit Baustellengemeinkosten beaufschlagt.

- Allgemeine Geschäftskosten: Die Menge ab 110 % des Vordersatzes ist stets mit dem kalkulierten Zuschlag für Allgemeine Geschäftskosten zu beaufschlagen.
- Wagnis und Gewinn: Die Mehrmenge ab 110 % des Vordersatzes ist ebenfalls mit dem kalkulierten Zuschlag für Wagnis und Gewinn zu beaufschlagen.

Indem nach der jüngsten Rechtsprechung nunmehr auf die tatsächlichen Kosten der Mehrmenge abzustellen ist, hat sich die oft streitige Konstellation erledigt, wie Mengenmehrungen abzurechnen sind, deren Einheitspreise weit oberhalb des marktüblichen Preises liegen. Aus Sicht des Auftraggebers bestand bei weit oberhalb des üblichen Preises liegenden Einheitspreisen der Verdacht, dass der Auftragnehmer die Mengenmehrung vorausgesehen und deshalb gezielt einen hohen Einheitspreis angeboten hatte. Auch nach der bisherigen Rechtsprechung war eine Korrektur des hohen Einheitspreises vorzunehmen, wenn die betreffende Vergütung den üblichen Preis um ein Vielfaches übersteigt und ein auffälliges Missverhältnis im Vergleich zur Gesamtauftragssumme besteht, das wucherähnlich ist und daher von der Rechtsordnung nicht mehr hingenommen werden muss. Aufgrund der jüngsten Rechtsprechung des Bundesgerichtshofs kommt es auf ein auffälliges Missverhältnis im Vergleich zur Gesamtsumme nicht mehr an.

4.2.3 Mengenminderung

Sofern im Zuge der Leistungserbringung eine über 10 % hinausgehende Unterschreitung der Mengenansätze eintritt, ist für die tatsächlich ausgeführte, geringere Menge ein neuer Einheitspreis zu bilden.

Demnach wird die Mindermenge insgesamt mit dem neuen Einheitspreis abgerechnet. Dieser neue Einheitspreis wird wie folgt gebildet:

- Einzelkosten der Teilleistung: Diese bleiben bei einer Mengenreduzierung in aller Regel unverändert. Möglicherweise können sich jedoch die Materialkosten verringern, wenn der Auftragnehmer diese kurzfristig abbauen kann, indem er Material ohne Mehrkosten abbestellt. Sofern diese Kosten nicht kurzfristig abbaubar sind, werden sie voll ausgeglichen.
- Baustellengemeinkosten bleiben im Falle von Mengenreduzierungen in aller Regel unverändert. Daher wird der infolge der Mengenreduzierung ausfallende Betrag der Baustellengemeinkosten voll ausgeglichen.
- Allgemeine Geschäftskosten: Die infolge der Mengenreduzierung nicht zu erzielenden Allgemeinen Geschäftskosten werden stets voll ausgeglichen.
- Wagnis und Gewinn: Die infolge der Mengenreduzierung nicht zu erzielenden Beträge für Wagnis und Gewinn werden ebenfalls voll ausgeglichen.

> **FAQ:** Wie werden Positionen abgerechnet, die gar nicht zur Ausführung gekommen sind, sodass in der Schlussrechnung die Menge der betreffenden Position mit Null angegeben ist?
>
> **Antwort:** Wenn die unter einer Position des Leistungsverzeichnisses ausgeschriebene Leistung gar nicht zur Ausführung kommt (sogenannte Nullposition), erfolgt eine Preisanpassung gemäß § 2 Abs. 3 VOB/B, sofern der Entfall dieser Leistung nicht auf einer Entscheidung des Auftraggebers beruht. Dies ist beispielsweise der Fall, wenn sich im Zuge der Bauausführung herausstellt, dass die betreffende Position entbehrlich ist.
>
> Davon zu unterscheiden sind Fälle, in denen der Entfall einer Leistung auf einer Entscheidung des Auftraggebers beruht. Hierbei handelt es sich um eine Teilkündigung gemäß § 8 Abs. 1 Nr. 1 VOB/B, sodass der Auftragnehmer für die Leistung der teilgekündigten Positionen einen Vergütungsanspruch für nicht erbrachte Leistungen geltend machen kann.

Sofern der Auftragnehmer durch Überdeckung an anderer Stelle, d. h. durch die Ausführung von Mehrmengen bei anderen Positionen des Leistungsverzeichnisses oder durch die Ausführung von zusätzlichen und geänderten Leistungen einen Ausgleich für die kalkulierten Zuschläge erhält, ist dies in die gesamte Ausgleichsberechnung einzubeziehen. Dies hat zur Folge, dass auch im Falle von Mindermengen bei mehreren Positionen des Leistungsverzeichnisses die Ausgleichsberechnung nicht zwingend dazu führt, dass der Auftraggeber aufgrund der Ausgleichsberechnung einen zusätzlichen Betrag zu zahlen hat.

4.3   Geänderte Leistungen, § 2 Abs. 5 VOB/B

Für die Ausführung geänderter Leistungen, die der Auftragnehmer auf Anordnung des Auftraggebers ausführt, ist gemäß § 2 Abs. 5 VOB/B ein neuer Preis unter Berücksichtigung der Mehr- oder Minderkosten zu vereinbaren.

Voraussetzung eines Mehrvergütungsanspruchs des Auftragnehmers für die Ausführung einer geänderten Leistung ist demnach, dass eine geänderte Leistung und damit eine Abweichung des Leistungsist vom Leistungssoll vorliegt. Ferner muss die Ausführung der geänderten Leistung auf einer Anordnung des Auftraggebers beruhen.

> **FAQ:** Muss vor Ausführung einer geänderten Leistung ein Mehrvergütungsanspruch gegenüber dem Auftraggeber angekündigt werden?
>
> **Antwort:** § 2 Abs. 5 VOB/B enthält kein Ankündigungserfordernis. Daher ist eine Mehrkostenanzeige vor Ausführung einer geänderten Leistung grundsätzlich nicht erforderlich. Auch ist zu berücksichtigen, dass im Fall einer zusätzlichen Leistung gemäß § 2 Abs. 6 VOB/B die dort vorgesehene Ankündigung nach der Rechtsprechung keine Anspruchsvoraussetzung eines Mehrvergütungsanspruchs darstellt. Allerdings enthalten Allgemeine Geschäftsbedingungen oder Vertragsmuster von Auftraggebern häufig eine Regelung, dass sowohl bei geänderten als auch bei zusätzlichen Leistungen ein Mehrvergütungsanspruch vor Ausführungsbeginn anzukündigen ist. Derartige, von der VOB/B abweichende Anspruchsvoraussetzungen sind demnach zu beachten.

4.3.1 Abweichung Leistungsist vom Leistungssoll

Ein Nachtragsanspruch besteht, wenn die ausgeführte, geänderte Leistung, das sogenannte Leistungsist, von der hauptvertraglich geschuldeten Leistung, dem Leistungssoll, abweicht. Die Beurteilung eines Nachtragsanspruchs wegen geänderter Leistung setzt demnach eine Überprüfung voraus, was Gegenstand des Leistungssolls ist und ob eine Leistung des Auftragnehmers vom Leistungssoll abweicht.

Die Abweichung muss zudem dem Risikobereich des Auftraggebers zuzuordnen sein. Da Vorunternehmerleistungen zum Risikobereich des Auftraggebers zählen, hat der Auftragnehmer einen zusätzlichen Vergütungsanspruch für die Ausführung einer geänderten Leistung, wenn der Auftraggeber wegen der Leistungen eines Vorunternehmers eine geänderte Leistung anordnet.

Geänderte Leistungen sind in vielen Fällen auf geänderte Bauumstände aus der Risikosphäre des Auftraggebers zurückzuführen.

> **Praxisbeispiele**
>
> *Abweichend von den Angaben in den Vertragsunterlagen weist ein Bestandsgebäude andere Schadstoffbelastungen auf, sodass während der Ausführung der Abbruchmaßnahmen weitere Schutzmaßnahmen und eine abweichende Entsorgung der Materialien erforderlich sind.*
>
> *Eine in den Vertragsunterlagen genannte Zufahrtsmöglichkeit zur Baustelle steht tatsächlich nicht zur Verfügung. Der Unternehmer muss eine andere Zufahrt nehmen, die eine Umstellung einzelner Maßnahmen des Bauablaufs zur Folge hat.*

Ein weiterer typischer Fall einer geänderten Leistung tritt ein, wenn der Auftraggeber nach Vertragsschluss eine Planänderung veranlasst und daher abweichend von den Planunterlagen gebaut werden soll, die Vertragsbestandteil sind.

4.3.2 Anordnung des Auftraggebers

Bei einer Anordnung handelt es sich um eine Aufforderung des Auftraggebers an den Auftragnehmer, eine geänderte Leistung auszuführen. Anordnungen des Auftraggebers erfolgen in verschiedenen Erscheinungsformen, weil sich die Umstände, die zu Anordnungen des Auftraggebers führen, vielfach unterscheiden.

Der Auftraggeber kann geänderte Leistungen ausdrücklich anordnen. Dies erfolgt beispielsweise durch eine schriftliche oder mündliche Aufforderung, eine Leistung abweichend vom Inhalt des Vertrags auszuführen. Ausdrückliche Anordnungen erfolgen vielfach durch die Übersendung von Planunterlagen mit der Aufforderung, diese umzusetzen. Wenn deren Umsetzung zu Änderungen des Leistungsinhalts führt, liegt in der Übersendung eine Anordnung zur Ausführung der geänderten Leistung.

Häufig erfolgen Anordnungen des Auftraggebers konkludent, d. h. durch schlüssiges Verhalten. Beispielsweise kann die ausdrückliche Anordnung zur Ausführung einer geänderten Leistung dazu führen, dass zugleich eine weitere Änderung auszuführen ist. Für diese weitere Änderung, die der Auftraggeber nicht ausdrücklich angeordnet hat, liegt eine konkludente Anordnung vor.

Anordnungen können im Ausnahmefall auch stillschweigend erfolgen. Dies ist dann der Fall, wenn der Auftraggeber den Auftragnehmer eine Leistung erbringen lässt, er sich dazu nicht äußert, obwohl er Kenntnis von der Leistungserbringung hat und er hätte handeln können.

> **FAQ:** Liegt eine Anordnung des Auftraggebers vor, wenn der Auftraggeber den Auftragggeber zwar zur Leistungserbringung auffordert, zugleich aber klarstellt, diese Leistung sei nach seiner Auffassung hauptvertraglich geschuldet und begründe daher keinen Mehrvergütungsanspruch?
>
> **Antwort:** Eine Anordnung setzt nicht voraus, dass der Auftraggeber zum Ausdruck bringt, mit seinem Verhalten das Leistungssoll zu verändern. Der Auftraggeber kann daher einen Nachtragsanspruch des Auftragnehmers nicht mit dem Argument ablehnen, er habe im Zuge der Anordnung nicht gewusst, dass die Ausführung der angeordneten Leistung nicht vom Leistungssoll erfasst ist. Maßgeblich ist vielmehr allein, ob eine bestimmte Leistung nach dem Willen des Auftraggebers ausgeführt werden soll.

4.3.3 Vergütung der geänderten Leistung

§ 2 Abs. 5 VOB/B sieht vor, dass die Parteien für die geänderte Leistung einen neuen Preis vereinbaren, und zwar unter Berücksichtigung der Mehr- oder Minderkosten infolge der Leistungsänderung.

Im Einzelnen setzt sich die Vergütung einer geänderten Leistung wie folgt zusammen:

- Einzelkosten der geänderten Teilleistung
- Berücksichtigung entfallender Teilleistungen: Bei der Bildung des Nachtragspreises sind entfallende Leistungselemente zu berücksichtigen, die aufgrund der geänderten Leistung nicht ausgeführt werden müssen. Der Auftragnehmer hat daher im Nachtragsangebot dazulegen, welche Teilleistungen infolge der Leistungsänderung entfallen und wie diese Minderkosten auf Grundlage der Urkalkulation zu bewerten sind.
- Baustellengemeinkosten: Grundsätzlich werden die Einzelkosten der Teilleistung für eine geänderte Leistung nicht gesondert mit Baustellengemeinkosten beaufschlagt. Etwas anderes gilt, sofern die geänderte Leistung zu einer Veränderung der Baustellengemeinkosten führt, beispielsweise wenn die Ausführung der geänderten Leistung zu einer längeren Bauzeit und daher zu einer längeren Vorhaltung der Baustelleneinrichtung führt.
- Allgemeine Geschäftskosten: Zuschlag in vereinbarter Höhe
- Wagnis und Gewinn: Zuschlag in vereinbarter Höhe

Praxishinweis

Nach bisher überwiegender Auffassung wird der Preis für die geänderte Leistung ermittelt, indem auch die Preisansätze für Einzelkosten der Teilleistung auf Grundlage der Urkalkulation fortgeschrieben werden.

Nach einem Urteil des Kammergerichts vom 27.08.2019 (Az.: 21 U 160/18) ist für die Kosten der geänderten Leistungen nicht auf die Urkalkulation, sondern auf die tatsächlichen Kosten abzustellen, die dem Auftragnehmer für die Ausführung der geänderten Leistung entstehenden. Der Bundesgerichtshof hat diese Frage bislang noch nicht geklärt.

Die Bildung des Nachtragspreises für eine geänderte Leistung entsprechend der vorstehenden Grundsätze gilt auch dann, wenn der Auftragnehmer für diese Leistung einen Nachunternehmer einsetzt. Sofern sich die jüngste Rechtsprechung durchsetzt, dass es für die geänderten Leistungen auf die dem Auftragnehmer entstehenden tatsächlichen Kosten ankommt, müsste er ein Angebot seines Nachunternehmers für die Ausführung der geänderten Leistung vorlegen. Diese Kosten wären mit den vereinbarten Zuschlägen zu beaufschlagen.

> **Praxishinweis**
>
> Nach der bisherigen Rechtslage genügte die Vorlage eines Nachtragsangebots des Nachunternehmers für die Darlegung des Nachtragspreises einer geänderten Leistung nicht, weil dem Nachtragsangebot des Nachunternehmers allein nicht zu entnehmen ist, ob es der Urkalkulation des Auftragnehmers entspricht. Dies dürfte sich mit der neuesten Rechtsprechung aller Voraussicht nach ändern.

Die Vereinbarung eines Preises für die geänderte Leistung ist nicht Anspruchsvoraussetzung. Vielmehr ist der Auftraggeber zur Anordnung einer geänderten Leistung befugt. Der Auftragnehmer muss die geänderte Leistung ausführen und kann dafür einen Mehrvergütungsanspruch geltend machen.

> **FAQ:** Hat der Auftragnehmer ein Leistungsverweigerungsrecht, solange keine Preisvereinbarung für die geänderte Leistung zustande kommt?
>
> **Antwort:** Grundsätzlich hat der Auftragnehmer kein Leistungsverweigerungsrecht für die Ausführung einer geänderten Leistung, auch wenn vor oder während der Ausführung keine Preisvereinbarung zustande gekommen ist. Vielmehr ist der Auftragnehmer wegen des Kooperationsgebots gehalten, die angeordnete Leistung auszuführen. Ein Leistungsverweigerungsrecht besteht erst dann, wenn der Auftragnehmer die Voraussetzungen eines zusätzlichen Vergütungsanspruchs für eine geänderte Leistung nachvollziehbar dargelegt hat, der Auftraggeber ausreichend Gelegenheit hatte, diese Darlegung zu prüfen und eine Vergütung für die geänderte Leistung dem Grunde nach endgültig und ernsthaft verweigert.

4.4 Zusätzliche Leistungen, § 2 Abs. 6 VOB/B

Gemäß § 2 Abs. 6 Nr. 1 VOB/B hat der Auftragnehmer einen zusätzlichen Vergütungsanspruch, wenn der Auftraggeber eine im Vertrag nicht vorgesehene Leistung fordert. Voraussetzung eines zusätzlichen Vergütungsanspruchs des Auftragnehmers ist demzufolge die Ausführung einer Leistung, die eine Abweichung des Leistungsist vom Leistungssoll darstellt und auf einer Anordnung des Auftraggebers beruht.

Anders als § 2 Abs. 5 VOB/B erfasst § 2 Abs. 6 VOB/B die Ausführung von Leistungen, für die im Vertrag keine annähernd vergleichbaren Leistungspositionen existieren.

4.4.1 Abweichung Leistungsist vom Leistungssoll

Voraussetzung eines Mehrvergütungsanspruchs gemäß § 2 Abs. 6 Nr. 1 VOB/B ist die Ausführung einer Leistung abweichend von den hauptvertraglich geschuldeten Leistungen. Auch insoweit muss demnach eine Abweichung des Leistungsist vom

Leistungssoll vorliegen. Wie bei den anderen Nachtragsansprüchen ist folglich eine Überprüfung erforderlich, was Gegenstand des Leistungssolls ist und ob die in Rede stehende Leistung des Auftragnehmers hiervon abweicht.

Für einen Nachtragsanspruch gemäß § 2 Abs. 6 Nr. 1 VOB/B gilt gleichermaßen, dass die Abweichung dem Risikobereich des Auftraggebers zuzuordnen sein muss.

Eine zusätzliche Leistung liegt beispielsweise vor, wenn der Auftraggeber die Ausführung einer Leistung anordnet, die zu einer Mengenmehrung gegenüber der ausgeschriebenen Menge führt oder wenn im Leistungsverzeichnis keine vergleichbare Leistung existiert.

> **Praxishinweis**
>
> Die Unterscheidung zwischen einer geänderten und einer zusätzlichen Leistung ist oft schwierig, zumal angeordnete zusätzliche Leistungen immer auf einer Planänderung beruhen. Da die Voraussetzungen eines Mehrvergütungsanspruchs gemäß § 2 Abs. 5 und Abs. 6 VOB/B identisch sind (Abweichung Leistungsist vom Leistungssoll, Anordnung des Auftraggebers) und sich auch die Berechnung der Höhe des Mehrvergütungsanspruchs nicht unterscheidet, ist die Zuordnung als geänderte oder zusätzliche Leistung akademisch und für die Praxis ohne Bedeutung.

4.4.2 Anordnung des Auftraggebers

Auch die Ausführung einer zusätzlichen Leistung muss auf einer Anordnung des Auftraggebers beruhen. Es gelten die gleichen Grundsätze wie zur Anordnung einer geänderten Leistung gemäß § 2 Abs. 5 VOB/B. Der Auftraggeber kann eine Leistung demnach ausdrücklich oder konkludent anordnen.

4.4.3 Ankündigungserfordernis

Nach dem Wortlaut des § 2 Abs. 6 Nr. 1 VOB/B ist der zusätzliche Vergütungsanspruch für die Ausführung einer zusätzlichen Leistung daran geknüpft, dass der Auftragnehmer ihn dem Auftraggeber vor Ausführung der Leistung angekündigt hat.

Nach der Rechtsprechung handelt es sich bei einer Ankündigung jedoch nicht um eine Anspruchsvoraussetzung. Grund hierfür ist, dass § 2 Abs. 5 VOB/B für geänderte Leistungen keine derartige Ankündigungspflicht vorsieht. Darüber hinaus hat der Auftragnehmer auch ohne Anordnung des Auftraggebers und ohne Ankündigung einen zusätzlichen Vergütungsanspruch gemäß § 2 Abs. 8 Nr. 3 VOB/B i. V. m. § 683 BGB. Sofern im Vertrag die Ankündigung eines Mehrvergütungsanspruchs demnach nicht ausdrücklich als Anspruchsvoraussetzung vereinbart ist, steht eine unterbliebene Ankündigung der Geltendmachung eines Nachtragsanspruchs nicht entgegen.

4.4.4 Vergütung der zusätzlichen Leistung

Die Vergütung einer zusätzlichen Leistung bestimmt sich gemäß § 2 Abs. 6 Nr. 2 VOB/B nach den Grundsätzen der Preisermittlung für die vertragliche Leistung und den besonderen Kosten der geforderten Leistung. Diese Vergütung ist möglichst vor Beginn der Ausführung zu vereinbaren.

Der Nachtragspreis einer geänderten Leistung setzt sich aus folgenden Preisbestandteilen zusammen:

- Einzelkosten der zusätzlichen Teilleistung
- Baustellengemeinkosten: Auch bei zusätzlichen Leistungen werden die Einzelkosten der Teilleistung nur dann mit Baustellengemeinkosten beaufschlagt, wenn die zusätzliche Leistung zu einer Veränderung der Baustellengemeinkosten führt, beispielsweise wenn deren Ausführung eine längere Bauzeit und daher zu eine längere Vorhaltung der Baustelleneinrichtung zur Folge hat.
- Allgemeine Geschäftskosten: Zuschlag in vereinbarter Höhe
- Wagnis und Gewinn: Zuschlag in vereinbarter Höhe

> **Praxishinweis**
>
> Nach bisher überwiegender Auffassung war bei zusätzlichen Leistungen die Nachtragsvergütung unter Fortschreibung der Preisansätze der Urkalkulation zu bilden. Möglicherweise erfolgt auch zu diesen Grundsätzen eine Korrektur durch die Rechtsprechung, zumal nach dem Wortlaut des § 2 Abs. 6 Nr. 2 VOB/B die »*besonderen Kosten der geforderten Leistung*« zu berücksichtigen sind. Demnach könnte es auch bei zusätzlichen Leistungen auf die tatsächlichen Kosten ankommen, die dem Auftragnehmer im Zusammenhang mit der Ausführung der zusätzlichen Leistung entstehen. Auch insoweit bleibt die Fortentwicklung der Rechtsprechung abzuwarten.

4.5 Nachträge bei Pauschalverträgen, § 2 Abs. 7 VOB/B

Bei Pauschalverträgen ist die Höhe der Vergütung grundsätzlich unabhängig von der tatsächlich ausgeführten Menge, § 2 Abs. 7 Nr. 1 Satz 1 VOB/B. Kennzeichen eines Pauschalvertrags ist demnach, dass der Auftragnehmer das Mengenermittlungsrisiko übernimmt.

4.5.1 Mengenänderungen grundsätzliche ohne Auswirkungen auf den Pauschalpreis

Mengenänderungen eines Pauschalvertrags führen grundsätzlich nicht zu einem Nachtragsanspruch des Auftragnehmers. Allerdings kommt es darauf an, wie die Vertragsparteien das Leistungssoll hinsichtlich der vom Auftragnehmer zu erbringenden Quantitäten definiert haben und wer das Risiko für Abweichungen trägt.

Sofern der Auftragnehmer die Mengen selbst ermittelt, beispielsweise aufgrund von Plänen des Auftraggebers, übernimmt der Auftragnehmer das Risiko der Mengenermittlung. Gleiches gilt, wenn Unterlagen zur Mengenermittlung fehlen und es dem Auftragnehmer überlassen ist, die im Zuge der Ausführung erforderlichen Mengen selbst zu ermitteln. Nimmt der Auftraggeber demgegenüber Mengenangaben vor, ohne dass der Auftragnehmer die richtigen Mengen ermitteln kann und ohne dass diesem das Risiko der zutreffenden Mengenermittlung übertragen wird, bestimmt die Mengenangabe des Auftraggebers das Leistungssoll; letztlich haben die Vertragsparteien in dieser Konstellation faktisch einen Einheitspreisvertrag geschlossen. Eine von den Mengenangaben des Auftraggebers abweichende Menge kann daher einen Nachtragsanspruch des Auftragnehmers begründen.

Ferner kann gemäß § 2 Abs. 7 Nr. 1 Satz 2 VOB/B in Ausnahmefällen das Festhalten an der Pauschalsumme nicht zumutbar sein mit der Folge, dass der Pauschalpreis anzupassen ist. Das ist dann der Fall, wenn einer Vertragspartei wegen der Störung der Geschäftsgrundlage das Festhalten am Vertrag wegen schwerwiegender Veränderungen nicht zumutbar ist. Dabei ist auf den Einzelfall abzustellen, ohne dass starre Grenzen herangezogen werden können. Mehrkosten von mehr als 20 % der gesamten Pauschalvergütung können möglicherweise zu einer Störung der Geschäftsgrundlage und daher zu einer Preisanpassung führen.

> **Praxishinweis**
>
> Eine Anpassung des Pauschalpreises wegen **Wegfall der Geschäftsgrundlage**, ohne dass eine Leistungsist-Leistungssoll-Abweichung vorliegt, erfolgt nur in absoluten Ausnahmefällen. Vielmehr sind Nachträge eines Pauschalvertrags in aller Regel darauf zurückzuführen, dass der Auftragnehmer Leistungen ausführt, die von den Angaben in den Vertragsunterlagen abweichen.

4.5.2 Geänderte oder zusätzliche Leistungen im Pauschalvertrag

Auch beim Pauschalvertrag begründet jede Abweichung des Leistungsist vom Leistungssoll, die der Auftraggeber anordnet, einen Mehrvergütungsanspruch des Auftragnehmers gemäß § 2 Abs. 5 oder Abs. 6 VOB/B. Demnach erfolgt gemäß § 2

Abs. 7 Nr. 2 VOB/B eine Abänderung des Pauschalpreises, wenn der Auftragnehmer auf Anordnung des Auftraggebers geänderte oder zusätzliche Leistungen erbringt.

> **Praxishinweis**
>
> Beim **Global-Pauschalvertrag** wird das Leistungssoll nur durch Zielvorgaben des Auftraggebers bestimmt ohne ergänzende detaillierte Angaben zum Leistungssoll. In dieser Vertragskonstellation liegt eine Abweichung des Leistungsist vom Leistungssoll nur dann vor, wenn der Auftraggeber diese Zielvorgaben verändert.

Vielfach enthalten Pauschalverträge sogenannte Komplettheitsklauseln. Diese verpflichten den Auftragnehmer dazu, als Gegenstand des hauptvertraglich geschuldeten Leistungssolls auch solche Leistungen auszuführen, die in den Vertragsunterlagen nicht beschrieben sind. Mithin wird der Auftragnehmer verpflichtet, die ausgeschriebene Leistung »*zu komplettieren*«. Bei einem Detail-Pauschalvertrag, bei dem der Auftraggeber das Leistungssoll vollständig beschreibt, sind derartige Komplettheitsklauseln in Allgemeinen Geschäftsbedingungen des Auftraggebers in aller Regel unwirksam, weil damit trotz der detaillierten Vorgaben des Auftraggebers die Verantwortlichkeit für die Richtigkeit und Vollständigkeit der Vertragsunterlagen auf den Auftragnehmer übertragen wird. Sofern dagegen einem Auftragnehmer in einem Pauschalvertrag die Erstellung sowohl der Entwurfs- als auch die Ausführungsplanung übertragen wurde, ist die Komplettierungsverpflichtung des Auftragnehmers nur Ausdruck dafür, dass der Auftragnehmer mit dieser Planungsaufgabe auch die Funktionsfähigkeit des Projekts übernommen hat. Da die Funktionsfähigkeit das Ergebnis der gesamten Planung ist, kann in dieser Konstellation auch in Allgemeinen Geschäftsbedingungen des Auftraggebers eine Komplettierungsverpflichtung des Auftragnehmers wirksam vereinbart werden.

4.6 Leistungen ohne Auftrag, § 2 Abs. 8 VOB/B

Sofern der Auftragnehmer eine hauptvertraglich nicht geschuldete Leistung ohne Auftrag des Auftraggebers oder unter eigenmächtiger Abweichung vom Auftrag erbringt, bemisst sich ein Mehrvergütungsanspruch nach Maßgabe des § 2 Abs. 8 VOB/B.

Grundsätzlich erhält der Auftragnehmer für Leistungen, die er ohne Auftrag oder unter eigenmächtiger Abweichung vom Auftrag ausführt, keine zusätzliche Vergütung. Vielmehr muss er diese Leistung auf Verlangen des Auftraggebers innerhalb einer angemessenen Frist beseitigen. Sofern der Auftragnehmer die Leistung nicht beseitigt, kann der Auftraggeber auf Kosten des Auftragnehmers die Leistung beseitigen lassen. Auch haftet der Auftragnehmer für Schäden, die dem Auftraggeber in diesem Zusammenhang entstehen.

Abweichend von diesem Grundsatz besteht ein zusätzlicher Vergütungsanspruch des Auftragnehmers für ohne Auftrag erbrachte Leistungen unter den in § 2 Abs. 8 Nr. 2 und 3 VOB/B geregelten Voraussetzungen.

4.6.1 Nachträgliches Anerkenntnis des Auftraggebers, § 2 Abs. 8 Nr. 2 Satz 1 VOB/B

Der Auftragnehmer hat einen zusätzlichen Vergütungsanspruch für die Ausführung einer hauptvertraglich nicht geschuldeten Leistung, wenn der Auftraggeber diese Leistung nachträglich anerkennt.

Ein Anerkenntnis in diesem Sinn liegt beispielsweise in folgenden Fällen vor:

- Zahlung des Auftraggebers auf eine als Nachtrag gekennzeichnete Leistung
- Abnahme der betreffenden Leistung
- Mängelrüge des Auftraggebers, die sich auf die hauptvertraglich nicht geschuldete Leistung bezieht.

4.6.2 Notwendige Leistung, die dem Willen des Auftraggebers entspricht und die der Auftragnehmer angezeigt hat, § 2 Abs. 8 Nr. 2 Satz 2 VOB/B

Gemäß § 2 Abs. 8 Nr. 2 Satz 2 VOB/B erhält der Auftragnehmer für hauptvertraglich nicht geschuldete Leistungen, die er ohne Auftrag ausgeführt hat, eine zusätzliche Vergütung, wenn die Leistung

- notwendig war,
- dem wirklichen oder mutmaßlichen Willen des Auftraggebers entsprach und
- wenn der Auftragnehmer die Leistung unverzüglich dem Auftraggeber angezeigt hat.

In aller Regel zeigt der Auftragnehmer eine Leistung, die er ohne Auftrag erbringt, gerade nicht dem Auftraggeber an. Vielmehr ist die Ausführung von ohne Auftrag erbrachten Nachtragsleistungen typischerweise dadurch gekennzeichnet, dass der Auftragnehmer erst im Nachgang, unter Umständen erst bei der Vorbereitung zur Schlussrechnungslegung feststellt, dass er ohne Auftrag eine Leistung erbracht hat, die nicht Gegenstand des Hauptvertrags ist. § 2 Abs. 8 Nr. 2 Satz 2 VOB/B ist daher ohne praktische Bedeutung.

4.6.3 Geschäftsführung ohne Auftrag, § 2 Abs. 8 Nr. 3 VOB/B

Gemäß § 2 Abs. 8 Nr. 3 VOB/B bleiben »*die gesetzlichen Vorschriften über die Geschäftsführung ohne Auftrag unberührt*«. Der Auftragnehmer hat demnach für eine ohne Auftrag erbrachte Leistung einen Mehrvergütungsanspruch nach den Vorschriften des BGB über die Geschäftsführung ohne Auftrag. Gemäß § 683 BGB hat der Auftragnehmer bei berechtigter Geschäftsführung ohne Auftrag einen Anspruch auf Ersatz der ihm entstandenen Aufwendungen.

Ein Mehrvergütungsanspruch wegen Geschäftsführung ohne Auftrag gemäß § 2 Abs. 8 Nr. 3 VOB/B i. V. m. § 683 BGB hat folgende Voraussetzungen:

- Die Leistungserbringung muss interessengemäß gewesen sein. Dies ist bei notwendigen Leistungen sowie bei Leistungen der Fall, die subjektiv im Interesse des Auftraggebers standen.
- Ferner muss die Nachtragsleistung dem wirklichen oder mutmaßlichen Willen des Auftraggebers entsprochen haben. Maßgeblich für diesen Willen des Auftraggebers ist, was er bei objektiver Betrachtung vernünftigerweise entschieden hätte.

Die Voraussetzungen des § 2 Abs. 8 Nr. 3 VOB/B liegen in der Regel bei Leistungen vor, die nicht Gegenstand des Hauptvertrags sind, deren Ausführung jedoch für den Werkerfolg erforderlich sind. In diesem Fall liegt in der Regel der mutmaßliche Wille des Auftraggebers zur Ausführung dieser Leistung vor.

> **Praxisbeispiel**
>
> *In einem Leistungsverzeichnis sind nicht alle Leistungen aufgeführt, die für eine mangelfreie Ausführung nach den allgemein anerkannten Regeln der Technik erforderlich sind. Der Auftragnehmer erbringt diese hauptvertraglich nicht geschuldeten Leistungen, ohne dies mit dem Auftraggeber zuvor abzustimmen. Da die Ausführung einer mangelfreien Leistung nach den Erfordernissen der allgemein anerkannten Regeln der Technik dem mutmaßlichen oder wirklichen Willen des Auftraggebers entspricht, liegen die Voraussetzungen des § 2 Abs. 8 Nr. 3 VOB/B vor.*

Die Höhe eines Mehrvergütungsanspruch gemäß § 2 Abs. 8 Nr. 3 VOB/B bemisst sich nach Maßgabe eines zusätzlichen Vergütungsanspruchs für geänderte oder zusätzliche Leistungen gemäß § 2 Abs. 5 und 6 VOB/B.

4.7 Stundenlohnarbeiten

Gemäß § 2 Abs. 10 VOB/B kann der Auftragnehmer Vergütung auf Stundenlohnbasis verlangen, wenn diese als solche vor ihrem Beginn ausdrücklich vereinbart worden sind.

Voraussetzung für die Abrechnung von Stundenlohnarbeiten ist demnach

- eine ausdrückliche Vereinbarung von Stundenlohnarbeiten
- vor Ausführungsbeginn.

Eine ausdrückliche Vereinbarung vor Ausführungsbeginn muss sich auf die Ausführung konkret bestimmter Arbeiten und deren Abrechnung nach Stundenlohn beziehen.

Die in der Praxis häufig auftretende Handhabung, dass der Auftragnehmer ohne vorherige Abstimmung mit dem Auftraggeber hauptvertraglich nicht geschuldete Leistungen erbringt und die Stundenlohnzettel durch die Bauleitung nachträglich abzeichnen lässt, genügen diesen Anforderungen nicht. Zum einen liegt keine Vereinbarung vor Ausführungsbeginn vor, zum anderen ist der Bauleiter des Architekten ohne besondere Vollmacht nicht bevollmächtigt, Leistungen nach Stundenlohn zu beauftragen.

> **FAQ:** Liegt eine Vereinbarung für Stundenlohnarbeiten im Sinne von § 2 Abs. 10 VOB/B vor, wenn im Leistungsverzeichnis eines Einheitspreisvertrags eine Position mit einer bestimmten Anzahl von Stundenlohnarbeiten vorgesehen ist?
>
> **Antwort:** Eine derartige Position in einem Leistungsverzeichnis ersetzt nicht die nach § 2 Abs. 10 VOB/B erforderliche Beauftragung vor Ausführungsbeginn. Vielmehr dienen derartige Positionen nur der Budgetierung des Auftraggebers, indem er für die Kosten der Baumaßnahme die voraussichtlich anfallenden Stundenlohnarbeiten einbeziehen kann.
>
> **Empfehlung:** Häufig werden nach Stundenlohn abgerechnete Leistungen, für die keine Vereinbarung vor Ausführungsbeginn getroffen wurde, nicht durch den Auftraggeber oder den Architekten moniert, solange sich die Summe im Rahmen dessen hält, was im Leistungsverzeichnis als voraussichtlich anfallende Stundenlohnarbeiten vorgesehen ist. Streit über die Abrechnung entsteht erst, wenn diese Summe überschritten wird. Es sollte vermieden werden, dass sich zu Beginn der Baumaßnahme eine Abrechnung nach Stundenlohn »einschleicht«, ohne dass die Voraussetzungen des § 2 Abs. 10 VOB/B eingehalten werden. Dadurch kann im späteren Verlauf der Baumaßnahme Streit mit dem Auftragnehmer über die Abrechnung bereits erbrachter Leistungen verhindert werden, der angesichts des Streitvolumens oftmals zu schwerwiegenden Meinungsverschiedenheiten führt. Nach Auftragserteilung sollten daher sowohl der Architekt als auch die bauausführenden Unternehmen auf die Einhaltung der Vorgaben des § 2 Abs. 10 VOB/B hingewiesen werden.

Bauverträge enthalten in vielen Fällen ergänzende Regelungen zur Abrechnung von Stundenlohnarbeiten. Auch diese Regelungen ersetzen nicht die nach § 2 Abs. 10 VOB/B erforderliche Vereinbarung vor Ausführungsbeginn.

> **Praxishinweis**
>
> Sofern vor Ausführungsbeginn keine Vereinbarung gemäß § 2 Abs. 10 VOB/B getroffen wurde, hat dies nicht zwangsläufig zur Folge, dass der Auftragnehmer für die betreffende Leistung keinen Mehrvergütungsanspruch geltend machen kann. Vielmehr liegen in den meisten Fällen die Voraussetzung zur Geltendmachung eines zusätzlichen Vergütungsanspruchs gemäß § 2 Abs. 5, Abs. 6 oder Abs. 8 Nr. 3 VOB/B vor. Der Auftragnehmer kann diese Leistungen nur nicht auf Basis erbrachter Stunden abrechnen.

Haben die Vertragsparteien eine Vereinbarung über die Vergütung von Leistungen nach Stundenlohn § 2 Abs. 10 VOB/B getroffen, gelten für deren Beurteilung und Abrechnung die Regelungen des § 15 VOB/B.

4.8 Nachtragsvereinbarungen

Nachtragsvereinbarungen werden in aller Regel auf Grundlage eines Nachtragsangebots des Auftragnehmers geschlossen. Bei einem Einheitspreisvertrag werden dabei üblicherweise für einzelne Nachtragsleistungen Nachtragspreise vereinbart. Diese setzen sich durch Einzelkosten der Teilleistung einschließlich Zuschläge für Baustellengemeinkosten, Allgemeine Geschäftskosten sowie Wagnis und Gewinn zusammen. Die Abrechnung erfolgt sodann nach den tatsächlich erbrachten Mengen zu den vereinbarten Nachtragspreisen.

Zu der nach § 2 Abs. 5 und 6 VOB/B zu berechnenden Vergütung zählen auch die Folgekosten der geänderten oder zusätzlichen Leistung. Mit Abschluss einer Nachtragsvereinbarung sind daher grundsätzlich auch diese Folgekosten mit abgegolten. Stellt sich im Nachgang heraus, dass der Auftragnehmer bei anderen Positionen entstehende Kosten oder durch die Nachtragsleistung entstehende zeitabhängige Kosten bei seinem Nachtragsangebot nicht berücksichtigt hat, kommt es für den Geltungsumfang der Nachtragsvereinbarung auf den Einzelfall an. Sofern die Nachtragsvereinbarung ausdrücklich auch alle Folgekosten einbezieht, sind diese mit der vereinbarten Nachtragsvergütung abgegolten. Ergibt sich demgegenüber aus der Berechnung der Nachtragsvergütung im Nachtragsangebot, dass bestimmte Folgekosten nicht enthalten sind, sind diese Folgekosten in der vereinbarten Nachtragsvergütung nicht erfasst und können daher zusätzlich durch den Auftragnehmer beansprucht werden.

FAQ: Was gilt, wenn nach Abschluss einer Nachtragsvereinbarung festgestellt wird, dass eine Leistung, für die mit dieser Nachtragsvereinbarung eine zusätzliche Vergütung vereinbart wird, entgegen der Annahme bei Abschluss der Vereinbarung tatsächlich Gegenstand des Leistungssolls ist?

Antwort: Grundsätzlich ist der Auftraggeber in dieser Konstellation an eine Nachtragsvereinbarung nicht gebunden, auch wenn diese verbindlich abgeschlossen wurde. Selbst wenn er auf eine solche Nachtragsvereinbarung Zahlung geleistet hat, kann er die gezahlte Vergütung zurückverlangen. Etwas anderes gilt, wenn die Nachtragsvereinbarung als Vergleich geschlossen wurde, um Streit über die Ausführung einer bestimmten Leistung und das Vorliegen eines Nachtragsanspruchs beizulegen.

Sofern die Ausführung der Nachtragsleistung mit einer Bauzeitverlängerung verbunden ist, der Auftragnehmer die Dauer dieser Bauzeitverlängerung jedoch im Vorhinein nicht beziffern kann, muss er in der Nachtragsvereinbarung einen Vorbehalt aufnehmen, dass die Nachtragsvereinbarung Folgekosten einschließlich der bauzeitlichen Aspekte nicht umfasst. Demgegenüber ist es für den Auftraggeber empfehlenswert, mit einer Nachtragsvereinbarung auch Mehrkosten der Bauzeitverlängerung abzugelten.

5 Ausführungsfristen, Baubehinderungen, Vertragsstrafen

5.1 Ausführungsfristen

5.1.1 Verbindliche Vertragsfristen

§ 5 Abs. 1 VOB/B differenziert zwischen verbindlichen Fristen, den Vertragsfristen und unverbindlichen Fristen. Gem. § 5 Abs. 1 S. 2 VOB/B sind die in einem Bauzeitenplan enthaltenen Einzelfristen nur dann Vertragsfristen, d. h. verbindliche Fristen, wenn dies im Bauvertrag ausdrücklich vereinbart ist.

Ausführungsfristen, d. h. der Ausführungsbeginntermin, der Fertigstellungstermin und Einzelfristen, z. B. in einem Bauzeitenplan, müssen demnach im Bauvertrag als verbindliche Vertragsfristen vereinbart werden. Dies geschieht in aller Regel durch die Formulierung:

> »Der in diesem Bauvertrag vereinbarte Beginntermin, der Fertigstellungstermin sowie folgende Einzelfristen (…) sind verbindliche Vertragsfristen.«

Bei der vereinbarten Verbindlichkeit einer Frist, d. h. der Vereinbarung einer Frist als Vertragsfrist können Schadensersatzansprüche und Kündigungsgründe infolge der Nichteinhaltung der Frist entstehen.

Der Begriff der »*Ausführungsfrist*« als Vertragsfrist umfasst dabei den Zeitraum zwischen Beginn der Ausführung und vereinbartem Ende der vertraglich geschuldeten Gesamtleistung. Wesentlich für die Vereinbarung der Verbindlichkeit einer Frist, ist die Angabe einer bestimmten, uneingeschränkten, klar gewollten Verpflichtung zur Einhaltung bestimmter Termine oder Zeiträume für die vereinbarte Bauausführung.

Praxisbeispiel

Verbindliche Fristen *werden vereinbart mit dem Passus:* »*Ausführungsfrist vom 31.03.2021 bis zum 30.06.2021*« *oder* »*Ausführungsfrist beginnend ab dem 31.05.2021 innerhalb von 20 Arbeitstagen*« *oder* »*Gesamtbauzeit, die nicht überschritten werden darf, 20 Monate, beginnend ab dem 31.05.2021*«.

5.1.2 Unbestimmte Fristvereinbarungen

Werden im Bauvertrag lediglich ungefähre Angaben zur Bauzeit, insbesondere unter Verwendung der Begriffe »*circa*«, »*etwa*«, »*aller Voraussicht nach*« oder »*Ausführungszeit drei Wochen, je nach Witterung*« aufgenommen, so stellen diese keine verbindlichen Fristen und damit keine verbindlichen Vertragsfristen dar. Bei lediglich ungefähren Angaben zur Bauzeit handelt es sich lediglich um Absichtserklärungen, die keine feste kalendermäßige Fixierung enthalten und deren Verletzung nach dem Willen der Bauvertragsparteien keine Rechtsfolgen auslösen sollen. Schadensersatzansprüche oder Kündigungsgründe können aus dem Verstoß gegen solche Absichtserklärungen regelmäßig nicht hergeleitet werden.

> **Praxishinweis**
>
> Die vertragliche Fristbestimmung »*Baubeginn spätestens zehn Werktage nach Erteilung der Baugenehmigung*« ist nach der Rechtsprechung die Vereinbarung einer **verbindlichen Vertragsfrist**. Um jegliche Missverständnisse auszuschließen, sollten Fristenvereinbarungen in einem Bauvertrag stets den ausdrücklichen Zusatz enthalten, dass die vereinbarten Fristen (einschließlich etwaiger, genau bezeichneter Zwischen- oder Einzelfristen) verbindliche Vertragsfristen i. S. d. § 5 Abs. 1 VOB/B darstellen.

5.1.3 Zwischenfristen

Für den Auftraggeber ist es regelmäßig von großer Bedeutung, Zwischenfristen zu verbindlichen Vertragsfristen in einem Bauvertrag zu erklären. Zwischenfristvereinbarungen werden häufig zur termingerechten Erreichung in sich geschlossener Teile der Bauausführung getroffen. Dies können z. B. »*Fertigstellung Rohfußboden EG*« oder »*Fertigstellung wetterdichte Gebäudehülle*« oder »*Druckprüfung Heizungs- und Trinkwassernetze*« sein. Derartige Zwischen- oder Einzelfristen sollten ebenfalls als verbindliche Vertragsfristen vereinbart werden. Dies deshalb, da deren Überschreitung – wenn sie vertraglich folgenlos ist – im tatsächlichen Bauablauf regelmäßig nicht mehr eingeholt werden kann. Nur durch die Vereinbarung der vertraglichen Verbindlichkeit auch von Zwischen- und Einzelfristen ist für den Auftraggeber sichergestellt, dass bestimmte, wesentliche Teile der Ausführungsleistungen auch zu bestimmten Zeitpunkten erfolgen. Des Weiteren wird nur so sichergestellt, dass bei Versäumnis dieser Zeitpunkte durch den Auftragnehmer Schadensersatzansprüche entstehen oder eine vereinbarte Vertragsstrafe vom Auftraggeber beansprucht werden kann.

> **Praxishinweis**
>
> **Fristvorbehalte** des Auftragnehmers, die in Allgemeinen Geschäftsbedingungen des Auftragnehmers vereinbart werden, verstoßen regelmäßig gegen § 308 Nr. 1 BGB. Gem. § 308 Nr. 1 BGB ist es dem Verwender allgemeiner Geschäftsbedingungen untersagt, sich unangemessen lange oder nicht hinreichend bestimmte Fristen für die Erbringung einer Leistung vorzubehalten. Vorbehalte in Bauvertragsbedingungen, die Allgemeine Geschäftsbedingungen des Auftragnehmers darstellen, sind insoweit stets an § 308 Nr. 1 BGB zu messen.
>
> Behält sich der Auftragnehmer in seinen Allgemeinen Geschäftsbedingungen z. B. vor, eine vereinbarte Frist deswegen nicht einzuhalten, »*wenn erforderliche Materiallieferungen seines Baustofflieferanten nicht erfolgt sind*«, ist dies regelmäßig unwirksam.

5.1.4 Beginn der Ausführung

Häufig entstehen Diskussionen darüber, welche Tätigkeiten des Auftragnehmers zur Einhaltung des in einem Bauvertrag als verbindliche Vertragsfrist vereinbarten Beginntermins erforderlich sind. Oftmals argumentieren Auftragnehmer beim Verstreichenlassen des verbindlich vereinbarten Ausführungsbeginns dahingehend, dass sie bereits bestimmte Vorbereitungshandlungen (Materialbestellungen, Dispositionen zur Baustellenlogistik und des Transports von Baumaschinen und Baumaterial zur Baustelle etc.) getätigt hätten. Der für den Auftraggeber ohne jegliche sichtbare Bautätigkeiten verstrichene Ausführungsbeginntermin sei daher eingehalten worden. Eine für die Einhaltung des Ausführungsbeginntermins vereinbarte Vertragsstrafe sei daher nicht verwirkt worden.

Rechtlich wird unter »*Beginn der Ausführung*« der »*Anfang der Tätigkeit des Auftragnehmers*« verstanden. Dies bedeutet, dass der Beginn der Errichtung der Baustelleneinrichtung zur Fristwahrung ausreichend ist, wenn sich die eigentliche Ausführung unmittelbar an die Baustelleneinrichtung anschließt. Auch die Vorfertigung von Bauteilen, z. B. Fertigbetonteilen, reicht zur Einhaltung des Ausführungsbeginntermins aus. Das lediglich Aufstellen eines Bauzauns reicht dagegen ebenso wie reine Vorbereitungsarbeiten nicht aus, die vertragliche Verpflichtung zur Einhaltung eines bestimmten Ausführungsbeginntermins zu erfüllen.

5.1.5 Fehlende Vereinbarung des Ausführungsbeginns

§ 5 Abs. 2 S. 1 bis 3 VOB/B regelt die Rechte und Pflichten der Bauvertragsparteien, wenn bauvertraglich kein Ausführungsbeginntermin vereinbart ist.

Fehlt es an einer vertraglichen Vereinbarung zum Baubeginn (und ist eine solche vertragliche Vereinbarung zum Baubeginn auch nicht durch Auslegung gemäß den §§ 133, 157 BGB zu ermitteln) so hat der Auftraggeber dem Auftragnehmer auf

Verlangen Auskunft über den voraussichtlichen Beginntermin zu erteilen. Diese Auskunftspflicht des Auftraggebers gem. § 5 Abs. 2 S. 1 VOB/B besteht nur auf Verlangen des Auftragnehmers. Des Weiteren ist der Auftragnehmer bei fehlender Vereinbarung eines Ausführungsbeginntermins gem. § 5 Abs. 2 S. 2 VOB/B verpflichtet, innerhalb von 12 Werktagen nach Aufforderung des Auftraggebers mit der Ausführung zu beginnen.

Die in § 5 Abs. 2 S. 2 VOB/B geregelte Frist zum Ausführungsbeginn innerhalb von 12 Werktagen nach Aufforderung durch den Auftraggeber stellt nach der Rechtsprechung eine verbindliche Vertragsfrist dar. Die Beginnfrist von 12 Werktagen läuft ab Zugang der Aufforderung des Auftraggebers, d. h. ab Zugang einer eindeutigen und inhaltlich zweifelsfreien Erklärung des Auftraggebers an den Auftragnehmer, mit der Ausführung der vertraglichen Leistung zu beginnen. Für die Aufforderung des Auftraggebers zum Ausführungsbeginn ist in der VOB/B keine besondere Form vorgeschrieben. Aus Beweiszwecken sollte die Aufforderung des Auftraggebers an den Auftragnehmer zum Baubeginn demgegenüber stets schriftlich oder in Textform erfolgen.

> **Praxisbeispiel**
>
> *Ist in einem Bauvertrag der vertragliche Ausführungsbeginn nicht oder nur unklar vereinbart, kann der Auftraggeber den Auftragnehmer gem. § 5 Abs. 2 S. 2 VOB/B zur Aufnahme der Bautätigkeiten auffordern. Der Auftragnehmer hat dann innerhalb von 12 Werktagen nach Zugang der Aufforderung durch den Auftraggeber mit der Ausführung zu beginnen.*
>
> *Aus Beweisgründen sollte der Auftraggeber den Zugang dieser Aufforderung beim Auftragnehmer dokumentieren. Nur dann können Beginn und Ablauf der Frist von 12 Werktagen zum Ausführungsbeginn sicher bestimmt werden.*

Fehlt eine Vereinbarung zum Ausführungsbeginntermin in einem Bauvertrag, so hat regelmäßig auch der Auftragnehmer ein starkes Interesse daran, zu wissen, wann er mit der Ausführung zu beginnen hat bzw. mit der Ausführung anfangen kann. Das Unterlassen eines Abrufs des Auftraggebers gem. § 5 Abs. 2 S. 2 VOB/B zum Ausführungsbeginn kann daher die Verletzung einer Nebenpflicht des Auftraggebers aus dem Bauvertrag darstellen. Bei schuldhafter Verzögerung des Abrufs gem. § 5 Abs. 2 S. 2 VOB/B durch den Auftraggeber sind Schadensersatzansprüche des Auftragnehmers gem. § 6 Abs. 6 VOB/B bzw. ein Entschädigungsanspruch gem. § 642 BGB denkbar. Des Gleichen kann unter den Voraussetzungen des § 9 Abs. 1 Nr. 1, Abs. 2 VOB/B ein Recht des Auftragnehmers zur Vertragskündigung entstehen.

> **Praxishinweis**
>
> Zur Streitvermeidung bei Abwicklung eines Bauvertrags sollte insbesondere auch der **Beginntermin** für die Ausführung klar und eindeutig im Bauvertrag vereinbart werden. Eine Anwendung von § 5 Abs. 2 S. 1, 2 VOB/B scheidet dann aus. Unnötige Streitigkeiten im Frühstadium der Bauvertragsabwicklung werden dann vermieden.

5.1.6 Mitteilungspflichten

Gem. § 5 Abs. 2 S. 2 VOB/B hat der Auftragnehmer dem Auftraggeber bei Nichtvereinbarung eines Ausführungsbeginntermins den Beginn der Ausführung anzuzeigen. Diese Anzeige kann auch mündlich erfolgen.

5.1.7 Förderungspflichten

Der Auftragnehmer ist verpflichtet, die Bauausführung stets angemessen zu fördern. Er hat zur Einhaltung seiner Pflicht zur angemessenen Förderung der Ausführung nach der Rechtsprechung alles Erforderliche zu tun, um den zeitlich vorgesehenen Ablauf der Bauarbeiten einzuhalten. Wenn Arbeitskräfte, Geräte, Gerüste, Stoffe oder Bauteile, die der Auftragnehmer auf der Baustelle einsetzt, so unzureichend sind, dass die Ausführungsfristen durch den Auftragnehmer nicht eingehalten werden können, hat der Auftragnehmer gem. § 5 Abs. 3 VOB/B auf Verlangen des Auftraggebers unverzüglich Abhilfe zu schaffen.

> **Praxisbeispiel**
>
> *Vom Auftragnehmer zu stellende Maschinen, Bauteile und Baustoffe müssen so rechtzeitig auf die Baustelle verbracht werden, dass die Einhaltung der vertraglichen Ausführungsfristen sichergestellt ist. Gleiches gilt für die vom Auftragnehmer für das Bauvorhaben eingesetzten Arbeitskräfte. Deren Qualifikation und Anzahl muss der konkreten Bauaufgabe Rechnung tragen. Der Auftragnehmer hat so viele gelernte Arbeitskräfte einzusetzen, wie es für die Einhaltung der bauvertraglich vereinbarten Ausführungsfristen erforderlich ist.*

5.1.8 Abhilfeverlangen

Verletzt der Auftragnehmer diese Pflicht zur Vorhaltung hinreichender Kapazitäten, kann der Auftraggeber gem. § 5 Abs. 3 VOB/B vom Auftragnehmer Abhilfe verlangen. Nach Zugang des Abhilfeverlangens hat der Auftragnehmer »*unverzüglich Abhilfe*« zu schaffen. Unverzüglich ist nur ein Handeln ohne schuldhaftes Zögern, § 121 BGB.

Kommt der Auftragnehmer dem Abhilfeverlangen des Auftraggebers gem. § 5 Abs. 3 VOB/B nicht unverzüglich nach, so kann der Auftraggeber gem. § 5 Abs. 4 VOB/B vorgehen (siehe auch Schaubild):

Der Auftraggeber kann dann gem. § 5 Abs. 4 VOB/B nach seiner Wahl

- bei Aufrechterhaltung des Vertrags Schadensersatz vom Auftragnehmer nach § 6 Abs. 6 VOB/B verlangen oder
- dem Auftragnehmer eine angemessene Frist zur Vertragserfüllung setzen und erklären, dass er nach fruchtlosem Ablauf der Frist den Vertrag kündigen werde (§ 8 Abs. 3 VOB/B).
- Nach ausgesprochener Kündigungsandrohung und Ablauf dieser Nachfrist ist der Auftraggeber dann gem. § 8 Abs. 3 VOB/B zur fristlosen Kündigung des Bauvertrags berechtigt.

Abhilfeverlangen

```
AN setzt Arbeitskräfte/Arbeitsmittel unzureichend ein
                        ▼
Einhaltung von Ausführungsfristen nicht möglich
                        ▼
unverzügliches Abhilfeverlangen des AG
          ▼                              ▼
   AN hilft nicht ab                AN hilft ab
          ▼                              ▼
Nachfristsetzung mit Kündigungs-   keine weitere Reaktion, gegebe-
androhung gemäß § 5 Abs. 4         nenfalls Vereinbarung neuer
VOB/B                              Termine
          ▼
   AN hilft nicht ab
          ▼
   Auftragsentziehung
          ▼
Ausführung der Restleistungen
durch Drittunternehmen auf
Kosten des AN, gegebenenfalls
Schadensersatzansprüche des AG
```

5.1.9 Einhaltung der Ausführungsfristen

Die Einhaltung der vertraglich vereinbarten Ausführungsfristen durch den Auftragnehmer setzt die vollständige Erbringung der Vertragsleistung des Auftragnehmers voraus. Insbesondere wird vom Auftragnehmer eine vertraglich vereinbarte Ausführungsfrist nur dann eingehalten, wenn alle Leistungen des Auftragnehmers innerhalb der Ausführungsfrist abnahmereif fertiggestellt sind.

Die Beräumung der Baustelle innerhalb der vertraglich vereinbarten Ausführungsfristen ist hierzu regelmäßig nicht erforderlich. Dies gilt, wenn sich die Baustellenberäumung an die Vollendung der Bauausführung gleich anschließt und vom Auftragnehmer sodann zügig durchgeführt wird. Ausnahmsweise hat der Auftragnehmer zur Einhaltung einer vertraglich vereinbarten Ausführungsfrist auch sämtliche Arbeiten zur Baustellenberäumung vollständig zu erbringen. Dies dann, wenn sich dies aus dem Vertrag oder aus dem mit dem Vertrag verfolgten Zweck ergibt.

> **Praxisbeispiel**
>
> *Soll nach dem Bauvertrag oder erkennbar nach dem Willen des Auftraggebers unmittelbar nach Abnahme der Bauleistungen des Auftragnehmers die schlüsselfertige Übergabe des abgenommenen Werkes an einen Erwerber oder an den Mieter des Auftraggebers erfolgen, hat der Auftragnehmer zur Einhaltung der vertraglich vereinbarten Ausführungsfrist auch sämtliche Leistungen der Baustellenberäumung innerhalb dieser Ausführungsfrist mit zu erbringen. Verletzt der Auftragnehmer diese Pflicht, macht er sich gegenüber dem Auftraggeber schadensersatzpflichtig.*

Ausführungsfristen können unter den Voraussetzungen des § 6 Abs. 1 bis 5 VOB/B verlängert werden:

5.2 Baubehinderungen

Glaubt sich der Auftragnehmer in der ordnungsgemäßen Ausführung seiner Leistungen behindert, hat er dies gem. § 6 Abs. 1 VOB/B dem Auftraggeber unverzüglich schriftlich anzuzeigen. Unterlässt der Auftragnehmer diese Behinderungsanzeige, so hat er nur dann Anspruch auf Berücksichtigung der hindernden Umstände, wenn dem Auftraggeber offenkundig die Tatsache der Behinderung und deren hindernde Wirkung bekannt waren.

Die Anzeigepflicht des Auftragnehmers gem. § 6 Abs. 1 VOB/B besteht auch für die Unterbrechung der Ausführung, die einen verstärkten Fall der Behinderung darstellt. Allein dann, wenn der Auftragnehmer die Behinderungsanzeige ordnungsgemäß gem. § 6 Abs. 1 VOB/B gegenüber dem Auftraggeber tätigt oder wenn die

Behinderung oder Unterbrechung der Ausführung offenkundig ist, kommt gem. § 6 Abs. 2 VOB/B eine Verlängerung der Ausführungsfristen in Betracht. Des Weiteren besteht allein dann – bei zusätzlich vorliegendem Verschulden des Auftraggebers – gem. § 6 Abs. 6 VOB/B ein Schadensersatzanspruch des Auftragnehmers auf Ersatz des durch die Behinderung erlittenen Schadens. Ohne Verschulden des Auftraggebers kann der Auftragnehmer für die durch die Behinderung erlittenen Nachteile Entschädigung unter den Voraussetzungen des § 642 BGB verlangen.

5.2.1 Behinderungsbegriff

Der Begriff der Behinderung in § 6 Abs. 1 S. 1 VOB/B ist subjektiv zu verstehen. Es reicht für das Vorliegen einer Behinderung gem. § 6 Abs. 1 S. 1 VOB/B, dass sich der Auftragnehmer in der ordnungsgemäßen Durchführung seiner Leistungen behindert glaubt. Dies ist dann der Fall, wenn nach objektiven Gesichtspunkten eine anerkennenswerte Besorgnis des Auftragnehmers über das Vorliegen einer Behinderung begründet ist. Der Auftragnehmer hat dies sorgfältig und sachgerecht zu prüfen. Es ist nicht notwendig, dass die Behinderung oder Unterbrechung der Ausführung bereits eingetreten ist. Es reicht bereits die begründete Vermutung, dass die Behinderung oder Unterbrechung aller Voraussicht nach eintreten wird.

> **Praxisbeispiel**
>
> *Eine begründete Vermutung des Eintritts einer Behinderung liegt beispielsweise vor, wenn der Auftragnehmer die vom Architekten des Auftraggebers zu liefernden Statikpläne oder bereitzustellende Ausführungspläne so spät erhält, dass die Einhaltung der Ausführungsfristen nicht mehr möglich erscheint. Die bloßen Zweifel des Auftragnehmers, dass in diesen Fällen die Ausführungsfristen eingehalten werden können, stellen bereits eine Behinderung i. S. d. § 6 Abs. 1 S. 1 VOB/B dar. Diese begründete Vermutung des Eintritts einer Behinderung löst die Anzeigepflicht des Auftragnehmers gem. § 6 Abs. 1 S. 1 VOB/B aus.*

5.2.2 Anzeigepflicht

Der Auftragnehmer ist zur Anzeige der Behinderung verpflichtet. Die Anzeigepflicht des Auftragnehmers gem. § 6 Abs. 1 S. 1 VOB/B ist vertragliche Nebenpflicht. Sie ist allein dann gem. § 6 Abs. 1 S. 1, 2 VOB/B entbehrlich, wenn die Behinderung oder die die Behinderung begründenden Umstände offenkundig sind. Offenkundigkeit in diesem Sinne liegt vor, wenn der Auftraggeber über die die Behinderung begründenden Tatsachen bereits anderweitig unterrichtet ist oder diese Tatsachen für ihn ohne weiteres wahrnehmbar sind.

> **Praxisbeispiel**
>
> *Schwere Unwetter, Streiks oder behördliche Untersagungsverfügungen, die den Bauablauf behindern, können offenkundig sein. Dies dann, wenn der Auftraggeber über diese Behinderungsgründe unterrichtet ist oder diese für ihn ohne weiteres wahrnehmbar sind (z. B. durch Berichterstattung in Medien, eigene Wahrnehmung vor Ort etc.).*

> **Praxishinweis**
>
> Im Zweifel wird der Auftragnehmer aus eigenem Interesse eine schriftliche **Behinderungsanzeige** an den Auftraggeber gem. § 6 Abs. 1 S. 1 VOB/B richten. Dann sollte der Auftraggeber unverzüglich reagieren. Die Reaktion des Auftraggebers auf eine Behinderungsanzeige des Auftragnehmers wird oftmals in der Zurückweisung der Behinderungsanzeige bestehen. Wenn eine Behinderungsanzeige erfolgt, obwohl tatsächlich keine Gründe einer Baubehinderung vorliegen, sollte der Auftraggeber diese Behinderungsanzeige unverzüglich begründet gegenüber dem Auftragnehmer zurückweisen. Umgekehrt sollte der Auftraggeber auch, wenn er eine Behinderungsanzeige erhält und tatsächlich Gründe einer Baubehinderung vorliegen, reagieren. Diese Reaktion kann z. B. darin bestehen, dass dem Auftragnehmer das Vorliegen baubehindernder Umstände nur bis zu einem bestimmten Zeitpunkt zugebilligt wird. Dies ist aus Dokumentations- und Beweisgründen ebenfalls sinnvoll.

5.2.3 Schriftform

Nach dem Wortlaut des § 6 Abs. 1 S. 1 VOB/B hat die Behinderungsanzeige schriftlich zu erfolgen. Die Schriftform dient hier allein zu Beweiszwecken, sie ist kein Wirksamkeitserfordernis. Eine mündliche Anzeige des Auftragnehmers über das Vorliegen einer Behinderung oder einer Unterbrechung reicht aus, um die Verpflichtung gem. § 6 Abs. 1 S. 1 VOB/B zu erfüllen und die weiteren Rechtsfolgen gem. § 6 Abs. 2 bis 7 VOB/B zu eröffnen.

> **Praxishinweis**
>
> Der Auftragnehmer ist für den ordnungsgemäßen Ausspruch einer Behinderungsanzeige beweispflichtig. Er sollte im eigenen Interesse die Behinderung daher schriftlich oder zumindest in Textform gegenüber dem Auftraggeber anzeigen.
>
> Diese **Anzeigepflicht** kann auch dadurch erfüllt werden, dass der Auftragnehmer die die Behinderung begründenden Tatsachen in das Bautagebuch einträgt und dieses Bautagebuch dem Auftraggeber oder dessen Vertreter auf der Baustelle zuleitet.

5.2.4 Inhalt der Behinderungsanzeige

Die Behinderungsanzeige des Auftragnehmers muss alle Umstände hinreichend klar benennen, die Gründe für die Behinderung oder Unterbrechung im Einzelnen darstellen. Die Behinderungsanzeige soll dem Auftraggeber helfen, die Ursachen der Störung zu klären und Abhilfe zu ermöglichen. So genügt der bloße Hinweis des Auftragnehmers auf das Fehlen von Plänen zur Ausführung nicht. Vielmehr muss der Auftragnehmer in seiner Behinderungsanzeige auch die Auswirkungen des Fehlens solcher Pläne auf die Bauzeit darlegen und angeben, ob und wann seine nach dem Bauablauf geplanten Arbeiten nicht oder nicht wie vorgesehen ausgeführt werden können. Der Auftragnehmer braucht aber nicht mitzuteilen, welchen ungefähren Umfang und welche ungefähre Höhe sein etwaiger Ersatzanspruch infolge der Behinderung haben wird. Die Behinderungsanzeige selbst ist unverzüglich, d. h. ohne schuldhaftes Zögern gem. § 121 BGB, an den Auftraggeber oder an den Bevollmächtigten des Auftraggebers zu richten.

Die Adressierung der Behinderungsanzeige an den bauüberwachenden Architekten reicht nach der Rechtsprechung aus. Dies ist dann zweifelhaft, wenn die Ursache der Behinderung gerade in der Person des bauüberwachenden Architekten liegt oder dieser Architekt nach dem Bauvertrag nicht ausdrücklich zur Entgegennahme von Erklärungen vom Auftraggeber bevollmächtigt ist. In diesen Fällen sollte der Auftragnehmer die Behinderungsanzeige immer unmittelbar an den Auftraggeber richten.

Durch ordnungsgemäße Abgabe einer Behinderungsanzeige gem. § 6 Abs. 1 S. 1 VOB/B werden die Ausführungsfristen gem. § 6 Abs. 2 Nr. 1 VOB/B verlängert, wenn die Behinderung verursacht wird:

- durch einen Umstand aus dem Risikobereich des Auftraggebers,
- durch Streik oder eine von der Berufsvertretung der Arbeitgeber angeordnete Aussperrung im Betrieb des Auftraggebers oder in einem unmittelbar für ihn arbeitenden Betrieb,
- durch höhere Gewalt oder andere, für den Auftragnehmer unabwendbare Umstände.

Das Entstehen des Bauzeitverlängerungsanspruchs gem. § 6 Abs. 2 Nr. 1 VOB/B setzt kein Verschulden des Auftraggebers voraus. Es reicht aus, wenn die behindernden Umstände gem. § 6 Abs. 2 Nr. 1 lit. a) VOB/B dem vertraglichen Risikobereich des Auftraggebers zuzuordnen sind. Streik und Aussperrung gem. § 6 Abs. 2 Nr. 1 lit. b) VOB/B sowie höhere Gewalt oder andere, für den Auftragnehmer unabwendbaren, Umstände gem. § 6 Abs. 2 Nr. 1 lit. c) VOB/B führen ebenfalls zu einer Verlängerung der Ausführungsfristen.

5.2.5 Bauzeitverlängerung durch höhere Gewalt

Höhere Gewalt gem. § 6 Abs. 2 Nr. 1 lit. c) VOB/B liegt vor, wenn ein auch bei Anwendung äußerster Sorgfalt nicht abwendbares, außergewöhnliches Ereignis auftritt, das von außen auf den Betrieb des Auftragnehmers einwirkt. Es muss sich um ein außergewöhnliches Ereignis handeln, das unvorhersehbar ist, d. h. mit dem nicht gerechnet werden konnte. Geringstes eigenes Verschulden des Auftragnehmers bei der Entstehung des außergewöhnlichen Ereignisses schließt das Vorliegen höherer Gewalt i. S. d. § 6 Abs. 2 Nr. 1 lit. c) VOB/B aus.

Höhere Gewalt sind regelmäßig außergewöhnliche Naturereignisse, d. h. Erdbeben, Blitzschlag, unvorhersehbare Überschwemmungen, Orkan sowie unvorhergesehene und objektiv unvorhersehbare Handlungen dritter Personen, insbesondere Straftaten wie z. B. Brandstiftungen, Sabotagehandlungen etc.

Diebstahl und mutwillige Sachbeschädigungen stellen allein dann höhere Gewalt i. S. d. § 6 Abs. 2 Nr. 1 lit. c) VOB/B dar, wenn mit ihnen nach aller Erfahrung nicht zu rechnen ist.

> **Praxisbeispiele**
>
> *Graffiti-Beschmierungen frisch betonierter oder frisch gestrichener Bauteile stellen keine höhere Gewalt oder andere für den Auftragnehmer unabwendbaren Umstände gem. § 6 Abs. 2 Nr. 1 lit. c) VOB/B dar.*
>
> *Diebstahl und mutwillige Sachbeschädigungen sind nur dann höhere Gewalt, wenn mit ihnen auf der konkreten Baustelle wegen vorgenommener ausreichender Sicherungsmaßnahmen nicht zu rechnen war.*

5.2.6 Bauzeitverlängerung durch Witterungseinflüsse

Witterungseinflüsse sind gem. § 6 Abs. 2 Nr. 2 VOB/B unbeachtlich, wenn sie voraussehbar sind. Lediglich außergewöhnlich und erwartet stark auftretende Witterungseinflüsse können eine Verlängerung der Ausführungsfrist bewirken. So kann das Auftreten einer ungewöhnlich langen und atypischen Kältewelle nicht zum Nachteil des Auftragnehmers reichen. Ein wolkenbruchartiges Regenereignis, das so stark und so selten ist (Jahrhundertregen), das mit ihm nicht zu rechnen ist, stellt ein unvorhersehbares, außergewöhnliches Naturereignis dar, dessen Folgen der Auftragnehmer nicht mit zumutbaren Mitteln abwenden kann.

> **Praxishinweis**
>
> Für **Witterungseinflüsse** empfiehlt es sich, eine präzise Regelung im Bauvertrag zu treffen. Hierin kann unter Heranziehung der Kategorien der Schlechtwettertage des Deutschen Wetterdienstes präzise geregelt werden, welche Witterungseinflüsse nach dem Bauvertrag zur Verlängerung der Ausführungsfristen führen sollen und welche nicht.

Bei normalen Witterungsverhältnissen während der Ausführungszeit, mit denen bei Abgabe des Angebots normalerweise gerechnet werden musste, kommt eine Bauzeitverlängerung gem. § 6 Abs. 2 Nr. 2 VOB/B nicht in Betracht.

5.2.7 Nachholungspflicht

Gem. § 6 Abs. 3 S. 1 VOB/B hat der Auftragnehmer während und nach der Behinderung oder Unterbrechung alles zu tun, was ihm billigerweise zugemutet werden kann, um die Weiterführung der Arbeiten zu ermöglichen. § 6 Abs. 3 S. 1 VOB/B normiert eine besondere vertragliche Nebenpflicht des Auftragnehmers in Form einer Bereitstellungsverpflichtung seiner Arbeitsleistung sowie einer Verpflichtung zur Schadensminderung. Inhalt dieser Verpflichtung ist, dass der Auftragnehmer Behinderungen oder Unterbrechungen im Rahmen des ihm zumutbaren zeitlich so weit wie möglich einzuschränken hat. Der Auftragnehmer ist auch während der Behinderung oder Unterbrechung zur Tätigkeit verpflichtet. Inhalt und Umfang der Tätigkeitspflicht des Auftragnehmers während der Behinderung oder Unterbrechung sind von den Umständen des Einzelfalls sowie von der Verursachung und dem Verschulden an der Behinderung oder Unterbrechung abhängig.

Ist die Behinderung oder die Unterbrechung infolge eines vom Auftragnehmer zu verantwortenden Umstands eingetreten, so wird von dem Auftragnehmer jede nur mögliche Anstrengung zu verlangen sein, um die geschuldete Leistung sobald wie möglich fortzuführen und das Versäumte nachzuholen. In diesem Fall ist dem Auftragnehmer als Bestandteil seiner Schadensminderungspflicht auch ein größerer Kostenaufwand zur Beseitigung der Behinderung oder Unterbrechung zuzumuten. Diese Verpflichtung des Auftragnehmers folgt in diesen Fällen regelmäßig auch aus dem Schadensersatzanspruch des Auftraggebers gem. § 6 Abs. 6 VOB/B.

Ist die Behinderung oder Unterbrechung vom Auftraggeber zu vertreten oder rührt diese zumindest aus der Sphäre des Auftraggebers her, besteht dennoch eine reduzierte Tätigkeitspflicht des Auftragnehmers gem. § 6 Abs. 3 S. 1 VOB/B. Wie weit diese Tätigkeitsverpflichtung des Auftragnehmers im Einzelnen reicht, hängt von den Umständen des Einzelfalls ab.

> **Praxishinweis**
>
> Alle Arbeiten zur **Baustellensicherung** zum Unterhalten der Baustelle und zur Sicherung des eingesetzten oder bereitliegenden Baumaterials sowie aller Gerätschaften sind stets vom Auftragnehmer während der Behinderung oder Unterbrechung zu verlangen. Der Auftragnehmer hat sich auch stets mit dem Auftraggeber in Verbindung zu setzen und eine Verständigung über die im Einzelnen während der Dauer der Behinderung zu ergreifenden Maßnahmen zu versuchen.

Der Auftragnehmer wird von seinen Pflichten gem. § 6 Abs. 3 S. 1 VOB/B nur dann frei, wenn die Behinderung oder Unterbrechung eine vollständige Leistungsunmöglichkeit oder ein vollständiges Leistungsunvermögen herbeigeführt hat. Dies ist auch anzunehmen, wenn der Auftraggeber nicht bereit ist, über die notwendigen Maßnahmen während der Behinderung oder der Unterbrechung und die hierfür zu zahlende Zusatzvergütung zu verhandeln bzw. eine hierfür zahlbare Vergütung endgültig verweigert.

Gem. § 6 Abs. 3 S. 2 VOB/B hat der Auftragnehmer ohne weiteres und unverzüglich die Arbeiten wiederaufzunehmen, sobald die hindernden Umstände wegfallen. Er hat den Auftraggeber hiervon ebenfalls unverzüglich zu benachrichtigen. Eine Verpflichtung des Auftragnehmers zur Verstärkung des Personals und des Geräteeinsatzes besteht dagegen regelmäßig nicht. Infolge der Behinderung oder Unterbrechung verlorene Bauzeit kann nicht dadurch eingeholt werden, dass der Auftraggeber einseitig neue Fertigstellungstermine anordnet. Fertigstellungstermine müssen regelmäßig beidseitig vereinbart werden.

Streitig ist hingegen, inwieweit der Auftraggeber gem. § 1 Abs. 3, 4 S. 1 VOB/B berechtigt ist, einseitig Beschleunigungsmaßnahmen anzuordnen und damit einseitig Anordnungen zur Bauzeit zu treffen.

Da bauzeitbezogene Anordnungen des Auftraggebers Mehrvergütungsansprüche des Auftragnehmers gem. § 2 Abs. 5, 6 Nr. 1 VOB/B auslösen, dürfte ein derartiges Recht des Auftraggebers zur Vornahme von Anordnungen zur Beschleunigung zu bejahen sein.

Verletzt der Auftragnehmer seine Pflichten gem. § 6 Abs. 3 S. 1, 2 VOB/B, macht er sich gegenüber dem Auftraggeber schadensersatzpflichtig. Auch kann der Auftragnehmer aufgrund seiner Schadensminderungspflicht verpflichtet sein, während der Behinderung oder der Unterbrechung eine andere Arbeit anzunehmen und diese auszuführen.

Die Verpflichtungen des Auftragnehmers gem. § 6 Abs. 3 S. 1, 2 VOB/B bestehen so lange die Leistungspflicht des Auftragnehmers aus dem Bauvertrag selbst fortbesteht. Wird der Bauvertrag infolge der Behinderung oder der Unterbrechung gem. § 6 Abs. 7 VOB/B gekündigt, einverständlich aufgehoben oder liegt eine rechtliche

Unmöglichkeit der Leistung vor, endet die Leistungspflicht des Auftragnehmers und damit auch seine Verpflichtungen gem. § 6 Abs. 3 S. 1, 2 VOB/B.

5.2.8 Dauer der Bauzeitverlängerung

Gem. § 6 Abs. 4 VOB/B berechnet sich die Verlängerung der Ausführungsfristen gem. § 6 Abs. 2 Nr. 1 VOB/B nach der Dauer der Behinderung mit einem Zuschlag für die Wiederaufnahme der Arbeiten und die etwaige Verschiebung in eine ungünstige Jahreszeit.

> **Praxishinweis**
>
> Oftmals ist die Dauer der **Verlängerung der Ausführungsfristen** wegen Behinderung oder Unterbrechung gem. § 6 Abs. 4 VOB/B streitig. Beruft sich der Auftragnehmer nach Wegfall der Behinderung oder der Unterbrechung seiner Arbeiten auf eine seiner Ansicht nach notwendige Verlängerung der Ausführungsfristen gem. § 6 Abs. 4 VOB/B, ist hierfür eine bloße abstrakte Fristberechnung nicht ausreichend. Die Dauer der Behinderung und der Unterbrechung und damit die Dauer der Verlängerung der Ausführungsfristen nebst Zusatzfristen gem. § 6 Abs. 4 VOB/B ist auf Basis baubetrieblicher und bautechnischer Abhängigkeiten zu belegen. Erforderlich hierzu ist eine Dokumentation des Ablaufs der Baustelle, die sich an der Bauablaufplanung des Auftragnehmers und an den Mitwirkungspflichten des Auftraggebers (z. B. Planlieferterminen etc.) orientiert. Wie für die Darlegung von Schadensersatzansprüchen des Auftragnehmers gem. § 6 Abs. 6 VOB/B ist eine konkrete bauablaufbezogene Darstellung der Behinderung und der Schadensauswirkungen auf den bauausführenden Betrieb des Auftragnehmers unumgänglich. Der Bauablaufplan ist anhand der konkreten Störungsereignisse zu modifizieren und fortzuschreiben. Es hat sodann ein Soll-Ist-Vergleich der ursprünglichen Bauablaufplanung mit dem störungsmodifizierten Bauablaufplan stattzufinden. Auf dieser Grundlage sind die Verlängerung der Ausführungsfristen gem. § 6 Abs. 4 VOB/B wie auch etwaige Schadensersatzansprüche des Auftragnehmers gem. § 6 Abs. 6 VOB/B zu berechnen. Dies hat anschaulich und konkret sowie so detailliert wie möglich zu erfolgen.

Der zeitliche Zuschlag für die Wiederaufnahme der Arbeiten wie auch der Zuschlag für eine etwaige Verschiebung der Ausführung in eine ungünstigere Jahreszeit gem. § 6 Abs. 4 VOB/B ist dabei anhand der Umstände des Einzelfalls nach Treu und Glauben zu bemessen. Grundsätzlich ist gem. § 6 Abs. 4 VOB/B zwischen Auftraggeber und Auftragnehmer eine Vereinbarung über die Dauer der Verlängerung der Ausführungsfristen erforderlich. Eine derartige Vereinbarung stellt dann eine Ergänzungsvereinbarung zum Bauvertrag dar. Diese Vereinbarung kann auch durch Vereinbarung eines neuen Bauzeitenplans erfolgen.

> **Praxishinweis**
>
> Wenn ein neuer Bauzeitenplan oder eine Verlängerung der Ausführungsfristen auf **neue Fertigstellungstermine** vereinbart wird, so ist eine für die alten Fertigstellungs- und Zwischenfristen vereinbarte Vertragsstrafe unbedingt neu festzulegen. Ohne ausdrückliche Vereinbarung der neuen Vertragsstrafe für die neuen Zwischenfristen und den neuen Fertigstellungstermin sind die geänderten Fristen und der geänderte Fertigstellungstermin nicht mehr vertragsstrafebewehrt. Insoweit ist in jedem Fall eine neue Vertragsstrafevereinbarung für die neuen Fristen erforderlich.

Kommt eine Einigung über die Fristverlängerung der Ausführungsfristen gem. § 6 Abs. 4 VOB/B nach Wegfall der Behinderung oder der Unterbrechung zwischen Auftraggeber und Auftragnehmer nicht zustande, wird hierüber nötigenfalls durch gerichtliche Entscheidung entschieden.

Das Gericht beurteilt dann – etwa im Rahmen eines vom Auftraggeber geltend gemachten Vertragsstrafenanspruchs oder Schadensersatzanspruchs gem. § 6 Abs. 6 VOB/B –, welche Verlängerung der Ausführungsfristen gem. § 6 Abs. 4 VOB/B im konkreten Einzelfall angemessen war. Im Streitfall ist der Auftragnehmer für die von ihm beanspruchte Verlängerung der Ausführungsfristen gem. § 6 Abs. 4 VOB/B in vollem Umfang darlegungs- und beweispflichtig. Dies setzt eine umfassende Dokumentation des Auftragnehmers über den geplanten und den störungsbedingt modifizierten Bauablauf voraus.

Gem. § 6 Abs. 5 VOB/B sind bei einer längeren Dauer der Unterbrechung der Ausführung die ausgeführten Leistungen nach Vertragspreisen abzurechnen und dem Auftragnehmer die Kosten zu vergüten, die ihm bereits entstanden und die in den Vertragspreisen nicht enthalten sind. Gem. § 6 Abs. 5 VOB/B soll der Auftragnehmer im Fall der Behinderung oder der Unterbrechung nicht übermäßig lange auf die von ihm bis dahin verdiente Vergütung warten müssen.

Der Begriff der längeren Dauer der Behinderung oder Unterbrechung gem. § 6 Abs. 5 VOB/B beurteilt sich ebenfalls nach den Umständen des Einzelfalls. Obere Grenze dürfte die Grenze des § 6 Abs. 7 VOB/B, d. h. eine Behinderungs- oder Unterbrechungsdauer von mehr als drei Monaten sein. Spätestens mit dem Entstehen des Kündigungsrechts des Bauvertrags gem. § 6 Abs. 7 VOB/B muss der Auftragnehmer auch ohne Kündigung gem. § 6 Abs. 5 VOB/B berechtigt sein, die bislang ausgeführte Leistung nach Vertragspreisen abzurechnen und die Vergütung der Behinderungsmehrkosten zu verlangen.

> **Praxishinweis**
>
> § 6 Abs. 5 VOB/B greift nur ein, wenn die Behinderung oder die Unterbrechung vorübergehender Natur sind. Eine **endgültige Unterbrechung** in Form einer vollständigen oder teilweisen Leistungsunmöglichkeit gem. § 275 Abs. 1 BGB werden von § 6 Abs. 5 VOB/B nicht erfasst. Gem. § 6 Abs. 6 S. 1 VOB/B besteht zu Gunsten des Auftraggebers und des Auftragnehmers wechselseitig ein Schadensersatzanspruch, wenn die Behinderung oder Unterbrechung vom Auftraggeber oder vom Auftragnehmer schuldhaft herbeigeführt wurden.

> **Praxisbeispiel**
>
> *Liefert der vom Auftraggeber beauftragte Architekt die Ausführungsplanung nicht rechtzeitig und entstehen deswegen Verzögerungen in der Ausführung, so kann der Auftragnehmer vom Auftraggeber gem. § 6 Abs. 6 S. 1 VOB/B den nachweislich entstandenen Schaden ersetzt verlangen. Anspruch auf entgangenen Gewinn hat der Auftragnehmer dabei gem. § 6 Abs. 6 S. 1 VOB/B nur bei Vorsatz oder grober Fahrlässigkeit. Das Verschulden des beauftragten Architekten ist dabei dem Auftraggeber zuzurechnen.*

5.2.9 Entschädigungs- und Schadensersatzansprüche

Gem. § 6 Abs. 6 S. 2 VOB/B bleibt der Anspruch des Auftragnehmers auf angemessene Entschädigung gem. § 642 BGB unberührt.

> **Praxisbeispiel**
>
> Bei schuldhafter Herbeiführung der Behinderung durch den Auftraggeber gem. § 6 Abs. 6 S. 1 VOB/B kann der Auftragnehmer den Mehraufwand bei der Erstellung der vertraglichen Leistung geltend machen. Dies sind z. B. die Mehrkosten für die verzögerte oder wiederholte Beschaffung von noch nicht eingebauten Baustoffen und Bauteilen, zusätzliche Lagerungskosten, zusätzliche Kosten für die Überwachung, Unterhaltung der Baustelle sowie die zusätzliche Vergütung eigener Arbeitnehmer.

Zu den möglichen Schäden, die der Auftraggeber gem. § 6 Abs. 6 S. 1 VOB/B im Fall der vom Auftragnehmer schuldhaft herbeigeführten Behinderung ersetzt verlangen kann, gehört insbesondere der Mietausfall. Entsteht dem Auftraggeber durch die vom Auftragnehmer schuldhaft verursachte Behinderung oder Unterbrechung ein Mietausfallschaden, weil er das nicht rechtzeitig fertiggestellte Objekt erst zu einem späteren Zeitpunkt vermieten kann, so ist der Auftraggeber gem. § 6 Abs. 1 S. 1 VOB/B berechtigt, den ihm nachweislich entstandenen Mietausfall im Rahmen des Schadensersatzes vom Auftragnehmer zu verlangen. Hat der Auftraggeber seinerseits eine Vertragsstrafe wegen verspäteter Fertigstellung des Objekts (etwa gegenüber einem Erwerber des Objekts) zu zahlen, so ist diese gleichfalls gem. § 6 Abs. 6 S. 1 VOB/B vom Auftragnehmer bei schuldhafter Herbeiführung der Behinderung zu ersetzen. Gleiches gilt für die Mehrkosten, die dem Auftraggeber für den Behinderungszeitraum an zusätzlichen Architekten- oder Ingenieurhonoraren entstehen. Auch diese sind vom Auftragnehmer bei schuldhaft herbeigeführter Behinderung gem. § 6 Abs. 6 S. 1 VOB/B zu ersetzen.

Bei einer Unterbrechung von mehr als drei Monaten sind gem. § 6 Abs. 7 S. 1 VOB/B sowohl der Auftraggeber als auch der Auftragnehmer berechtigt, den Bauvertrag schriftlich zu kündigen. Die Abrechnung der erbrachten Leistungen wie auch die Kosten der Baustellenräumung erfolgt im Kündigungsfall gem. § 6 Abs. 7 S. 2 VOB/B. Hiernach sind sowohl die Leistungen, die der Auftragnehmer vor der Behinderung ud Unterbrechung und während der Behinderung und Unterbrechung erbracht hat, gem. § 6 Abs. 5 VOB/B als auch etwaige Schadensersatzansprüche des Auftragnehmers gem. § 6 Abs. 6 S. 1 VOB/B abzurechnen.

Die Kosten der Baustellenräumung stehen dem Auftragnehmer gem. § 6 Abs. 7 S. 2 VOB/B nur zu, wenn der Auftragnehmer die Unterbrechung nicht zu vertreten hat und wenn die Kosten der Baustellenräumung nicht bereits in der Vergütung für die bereits ausgeführten Leistungen des Auftragnehmers enthalten sind.

Behinderung und Unterbrechung der Ausführung § 6 Abs. 1 bis 6 VOB/B

I. Voraussetzungen

1. **AN glaubt sich in ordnungsgemäßer Ausführung der Leistung behindert, § 6 Abs. 1 S. 1 VOB/B**

2. **Unverzügliche Behinderungsanzeige des AN, § 6 Abs. 1 S. 1 VOB/B**
   a) Zeitlich
   Unverzüglich = ohne schuldhaftes Verzögern, d.h. sobald AN Störung kennt oder beurteilen kann.
   b) Inhalt der Behinderungsanzeige
   Erforderlich ist die Benennung aller Tatsachen, aus denen für den AG klar die Gründe für die Behinderung oder Unterbrechung im Einzelnen hervorgehen. Bloßer Hinweis des AN auf das Fehlen von Plänen genügt nicht. AN muss vielmehr die Auswirkungen des Fehlens solcher Pläne auf die Bauzeit darlegen sowie angeben, ob und wann seine nach dem Bauablauf geplanten Arbeiten nicht durchgeführt werden können.
   c) Form der Behinderungsanzeige
   Schriftform der Behinderungsanzeige dient nur Beweiszwecken. Nach der Rechtsprechung ist die Schriftform keine Wirksamkeitsvoraussetzung, d. h. mündliche Behinderungsanzeige ist ausreichend.

d) Adressat der Behinderungsanzeige
   Anzeige muss an den AG oder an den bauaufsichtführenden Architekten adressiert werden.
e) Behinderungsanzeige ist nur ausnahmsweise entbehrlich, § 6 Abs. 1 S. 2 VOB/B nur dann, wenn die hindernden Umstände offenkundig sind.

3. Voraussehbare Witterungseinflüsse sind unbeachtlich, § 6 Abs. 2 Nr. 2 VOB/B

4. Beweislast der Voraussetzungen trägt der AN

II. Rechtsfolgen

1. Verlängerung von Ausführungsfristen, soweit die Behinderung verursacht wird durch:
   a) Umstände aus dem Risikobereich des AG, § 6 Abs. 2 Nr. 1 a) VOB/B
      Verschulden des AG ist nicht erforderlich (z. B. verzögerte Vorunternehmerleistungen).
   b) Streik oder Aussperrung, § 6 Abs, 2 Nr. b) VOB/B
      Unbeachtlich ist, ob der Streik legal oder illegal ist.
   c) Höhere Gewalt oder andere für den AN unabwendbare Umstände, § 6 Abs. 2 Nr. 1 c) VOB/B Geringstes eigenes Verschulden des AN schließt höhere Gewalt aus.

2. Beschleunigungsgebot für den AN
   AN hat alles Zumutbare zu tun, um Weiterführung der Arbeiten zu ermöglichen.

3. Berechnung der Bauzeitverlängerung gemäß § 6 Abs. 4 VOB/B – drei Kriterien:
   a) Dauer der Behinderung
   b) Zuschlag für die Wiederaufnahme der Arbeiten
   c) Berücksichtigung etwa erforderlicher Verschiebung der Ausführung in ungünstigere Jahreszeit

4. Schadensersatzanspruch gemäß § 6 Abs. 6 VOB/B
   AG und AN können wechselseitig Schadensersatz verlangen, wenn die Behinderung vom anderen Vertragsteil zu vertreten ist. Entgangener Gewinn wird nur bei Vorsatz oder grober Fahrlässigkeit erstattet. Daneben ggf. Entschädigungsanspruch des AN gemäß § 642 BGB.

5. Kündigungsmöglichkeit gemäß § 6 Abs. 7 VOB/B
   AG oder AN können schriftlich kündigen, wenn Unterbrechung länger als drei Monate dauert.

5.3 Vertragsstrafe

Die Einhaltung wichtiger Fristen in einem Bauvertrag sollte durch die Vereinbarung einer Vertragsstrafe gesichert werden. Eine Vertragsstrafe muss in einem Bauvertrag stets ausdrücklich vereinbart werden. Ohne ihre ausdrückliche Vereinbarung kann bei der Überschreitung vertraglich vereinbarter Fristen keine Vertragsstrafe geltend gemacht werden. Sonstige Schadensersatzansprüche können infolge der Überschreitung einer vertraglich vereinbarten Ausführungsfrist nur dann geltend gemacht werden, wenn die Ausführungsfrist als verbindliche Vertragsfrist i. S. d. § 5 Abs. 1 VOB/B vereinbart ist.

5.3.1 Voraussetzungen

Die Geltendmachung einer Vertragsstrafe setzt voraus, dass:

- im Bauvertrag ausdrücklich eine Vertragsstrafe für die Überschreitung der Ausführungsfrist oder von Zwischenfristen vereinbart ist,
- diese Vereinbarung einer Vertragsstrafe rechtlich wirksam ist,
- die Vertragsstrafe verwirkt ist, insbesondere der Auftragnehmer die mit der Vertragsstrafevereinbarung gesicherte Ausführungsfrist oder Zwischenfrist schuldhaft versäumt hat und
- der Auftraggeber sich die Geltendmachung der Vertragsstrafe bei der Abnahme gem. § 11 Abs. 4 VOB/B ausdrücklich vorbehalten hat.

Die in Bauverträgen häufige Vereinbarung einer Vertragsstrafe bezweckt, den Auftragnehmer zur Vertragstreue anzuhalten, insbesondere die Einhaltung der der Vertragsstrafe unterworfenen Ausführungsfristen und Zwischenfristen zu sichern. Die verwirkte Vertragsstrafe selbst stellt einen pauschalierten Schadensersatzanspruch dar. Dem Auftraggeber wird durch die Vereinbarung einer Vertragsstrafe die Durchsetzung dieses Schadensersatzanspruchs erleichtert. Dies erfolgt dadurch, dass ihm in Höhe des vereinbarten Vertragsstrafeanspruchs der Nachweis des entstandenen Schadens im Einzelfall erspart bleibt.

Eine verwirkte Vertragsstrafe wird gem. §§ 11 Abs. 1 VOB/B, 340 Abs. 2 BGB auf einen weitergehenden Schadensersatzanspruch des Auftraggebers wegen Verzug angerechnet. Dem Auftragnehmer steht es trotz Vereinbarung einer Vertragsstrafe frei, einen etwaigen weitergehenden Schadensersatzanspruch wegen Verzugs gegen den Auftragnehmer geltend zu machen.

Vertragsstrafen können gem. §§ 11 Abs. 2 VOB/B, 286 Abs. 4 BGB nur für schuldhafte Überschreitungen der der Vertragsstrafe unterworfenen Ausführungsfristen oder Zwischenfristen vereinbart werden. Eine Vertragsstrafeklausel, die die Verwirkung der Vertragsstrafe an eine ledigliche Fristüberschreitung ohne Verschulden des Auftragnehmers koppelt, ist unwirksam.

Die Vereinbarung einer Vertragsstrafe muss im Bauvertrag ausdrücklich, hinreichend klar und in sich widerspruchsfrei erfolgen. Die bloße Vereinbarung der Geltung der VOB/B bedeutet keine Vereinbarung einer Vertragsstrafe. Dies folgt aus dem Wortlaut des § 11 Abs. 1 VOB/B: »*Wenn Vertragsstrafen vereinbart sind (…)*«. Es ist stets eine gesonderte Vertragsstrafenvereinbarung im Bauvertrag erforderlich.

Wenn die bauvertragliche Vereinbarung einer Vertragsstrafe in vorformulierten Klauseln enthalten ist, die vom Auftraggeber gestellt werden, so ist zwingend auf die AGB-rechtliche Wirksamkeit der Vertragsstrafeklauseln zu achten. Erforderlich ist hiernach u. a. eine angemessene Vertragsstrafenhöhe pro Zeiteinheit und eine angemessene Begrenzung der Gesamt-Vertragsstrafenhöhe.

Gem. § 11 Abs. 3 VOB/B kann die Vertragsstrafe nach Tagen bemessen werden. Ist dies im Bauvertrag so vereinbart, zählen gem. § 11 Abs. 3 VOB/B für die Überschreitung der Vertragsstrafe nur die Werktage (Montag bis Samstag). Ist die Überschreitung einer Vertragsstrafe nach Wochen bemessen, so wird jeder Werktag pro angefangene Woche gem. § 11 Abs. 3 VOB/B als 1/6-Woche gerechnet.

5.3.2 Wirksamkeit

Es existiert eine umfangreiche Rechtsprechung zur Wirksamkeit vereinbarter Vertragsstrafeklauseln.

Folgende Tagessätze sind in AGB-Vertragsstrafeklauseln von der Rechtsprechung als wirksam angesehen worden:

- 0,1 % pro Werktag,
- 0,15 % pro Werktag,
- 0,2 % pro Werktag,
- 0,3 % pro Arbeitstag.

Demgegenüber sind folgende Tagessätze in AGB-Vertragsstrafeklauseln von der Rechtsprechung als zu hoch und damit als unwirksam angesehen worden:

- 0,3 % pro Kalendertag,
- 0,5 % pro Kalendertag,
- 0,5 % pro Arbeitstag,
- 1 % pro Werktag.

Wichtig ist ferner für eine AGB-rechtlich wirksam vereinbarte Vertragsstrafe die Einhaltung der nach der Rechtsprechung zulässigen Obergrenzen für Vertragsstrafen. Die Festlegung von höchst zulässigen Prozentsätzen oder Beträgen pro Zeiteinheit (je Werktag oder Woche) in einer Vertragsstrafenklausel reicht für sich allein noch nicht aus, um eine AGB-rechtlich wirksame Höchstgrenze der Vertragsstrafe zu vereinbaren. Erforderlich ist nach der Rechtsprechung daher zusätzlich, dass in der

Vertragsstrafevereinbarung ein zulässiger Prozentsatz oder Betrag genannt wird, auf den die Vertragsstrafe der Höhe nach insgesamt begrenzt wird.

Der Bundesgerichtshof hat eine Begrenzung der wegen Versäumung von Fertigstellungsterminen insgesamt zu verwirkenden Vertragsstrafe auf einen Höchstbetrag von 5 % der Auftragssumme vorgenommen. Danach sind Vertragsstrafeklauseln in AGB unwirksam, die einen höheren Betrag als 5 % der Auftragssumme vorsehen. Bei Überschreitung des zulässigen Gesamtbetrags der zu verwirkenden Vertragsstrafe erfolgt keine Reduktion auf das rechtlich Zulässige.

Im Fall der Überschreitung dieser Obergrenze durch eine vereinbarte Vertragsstrafeklausel ist diese Vertragsstrafeklausel dann insgesamt unwirksam. Der Auftragnehmer schuldet dann keinerlei Vertragsstrafe mehr.

Praxisbeispiel

Eine typische Vertragsstraferegelung lautet:
»Der Auftragnehmer hat als Vertragsstrafe für jeden Werktag des Verzugs zu zahlen:
- *Bei Überschreitung des Fertigstellungstermins pro Werktag: 0,15 % der Bruttoauftragssumme,*
- *Bei Überschreitung der Einzelfristen, die in diesem Vertrag ausdrücklich als Vertragsfristen vereinbart wurden: 0,1 % des Teils der Bruttoauftragssumme, der den bis zu diesem Zeitpunkt vertraglich zu erbringenden Leistungen entspricht.*
- *Die Vertragsstrafe wird auf insgesamt 5 % der Bruttoauftragssumme begrenzt.«*

6 Regelungen zur Bauausführung

Die VOB/B enthält zahlreiche Regelungen zur Bauausführung, d. h. die vertraglichen Rechte und Pflichten von Auftraggeber und Auftragnehmer im Ausführungsstadium bis zur Abnahme. Werden im Bauvertrag keine abweichenden Vereinbarungen zwischen Auftraggeber und Auftragnehmer getroffen und die VOB/B zum Bestandteil des Bauvertrags gemacht, sind für die Bauausführung die Bestimmungen des § 4 Abs. 1 bis 10 VOB/B maßgeblich.

6.1 Grundlagen

Die in § 4 Abs. 1 bis 10 VOB/B geregelten wechselseitigen Rechte und Pflichten im Rahmen der Bauausführung zielen auf eine möglichst reibungsfreie Baudurchführung in einem arbeitsteiligen Herstellungsprozess unter kooperativem Zusammenwirken von Auftraggeber und Auftragnehmer. Die wechselseitigen Rechte und Pflichten zur Bauausführung werden im Rahmen eines Bauvertrags oftmals weiter differenziert und – je nach vertraglicher Vereinbarung – auf die eine oder andere Vertragspartei übertragen.

Im Rahmen von Generalunternehmerverträgen, Generalübernehmerverträgen, Totalübernehmerverträgen und GMP-Vertragsmodellen erfolgt dabei häufig eine weitaus differenziertere Übertragung einzelner Pflichten auf den Auftragnehmer. Dies gilt insbesondere für die eigentlichen Pflichten des Auftraggebers gem. § 4 Abs. 1 Nr. 1 VOB/B. Praxisüblich ist es hier, dem Auftragnehmer die Aufrechterhaltung der allgemeinen Ordnung auf der Baustelle sowie einzelne Koordinationsleistungen zum Zusammenwirken verschiedener Unternehmer (oder die Koordination mit Dritten, insbesondere Mietern) mit zu übertragen.

Im Rahmen von Generalübernehmerverträgen und Totalübernehmerverträgen wie auch im Rahmen von GMP-Vertragsmodellen wird dem Auftragnehmer praxisüblich ferner die Einholung der erforderlichen öffentlich-rechtlichen Genehmigungen und Erlaubnisse auferlegt und übertragen.

Werden bauvertraglich keine besonderen Vereinbarungen in diesem Sinn getroffen, hat gem. § 4 Abs. 1 Nr. 1 VOB/B der Auftraggeber für die Aufrechterhaltung der allgemeinen Ordnung auf der Baustelle zu sorgen und das Zusammenwirken der verschiedenen Unternehmer (auch die erforderlichen Abstimmungen mit Dritten, insbesondere Mietern) zu regeln. Gem. § 4 Abs. 1 Nr. 1 S. 2 VOB/B obliegt es auch dem Auftraggeber (über den von ihm eingeschalteten Architekten) die erforderlichen öffentlich-rechtlichen Genehmigungen und Erlaubnisse, z. B. nach dem Baurecht, dem Straßenverkehrsrecht, dem Wasserrecht, dem Gewerberecht, herbeizuführen.

Diese Auftraggeberpflichten gem. §4 Abs. 1 Nr. 1 VOB/B sind Bestandteil der Koordinationspflicht des Auftraggebers, zu der der dem Auftraggeber zuzurechnende Planungsbereich gehört. Zur Erfüllung der auftraggeberseitigen Pflichten im Planungsbereich schaltet der Auftraggeber regelmäßig Architekten oder Ingenieure als Erfüllungsgehilfen ein. Deren Pflichtverletzungen hat sich der Auftraggeber gem. § 278 BGB zurechnen zu lassen. Die Koordinationspflicht des Auftraggebers gem. § 4 Abs. 1 Nr. 1 VOB/B darf dabei aber nicht überspannt werden. Sie endet dort, wo der Kenntnisbereich des Auftragnehmers als Spezialist beginnt. So ist der Fachunternehmer als Spezialist im Rahmen der ihm obliegenden Kooperationspflicht gehalten, den Auftraggeber auf Unzulänglichkeiten und etwaige unrichtige Anordnungen hinzuweisen. Dies folgt im Übrigen auch aus § 4 Abs. 3 VOB/B.

6.2 Zutrittsrecht, Einsichtsrecht und Auskunftsrecht

§ 4 Abs. 1 Nr. 2 VOB/B regelt die Überwachungsrechte des Auftraggebers. Überwachungsrechte des Auftraggebers bestehen als Zutrittsrecht, Einsichtsrecht und Auskunftsrecht.

6.2.1 Zutrittsrecht

Gem. § 4 Abs. 1 Nr. 2 S. 2 VOB/B hat der Auftraggeber das Recht zum Zutritt zu den Arbeitsplätzen, Werkstätten und Lagerräumen, wo die vertragliche Leistung oder Teile von ihr hergestellt oder die hierfür bestimmten Stoffe und Bauteile gelagert werden.

> **Praxisbeispiel**
>
> *Der Auftraggeber kann sich gem. § 4 Abs. 1 Nr. 2 S. 2 VOB/B die Fertigbetonproduktion des Auftragnehmers ansehen.*

Es ist rechtlich nicht erforderlich, dass Arbeitsplätze, Werkstätten und Lagerräume sich auf der Baustelle befinden. Der Auftraggeber hat auch ein Zutrittsrecht zu Arbeitsplätzen, Werkstätten und Lagerräumen, die der Auftragnehmer außerhalb der Baustelle unterhält.

6.2.2 Einsichtsrecht

Gem. §4 Abs.1 Nr.2 S.2 VOB/B sind dem Auftraggeber auf Verlangen die Werkzeichnungen und anderen Ausführungsunterlagen sowie die Ergebnisse von Güteprüfungen zur Einsicht vorzulegen und die erforderlichen Auskünfte zu erteilen. Geschäftsgeheimnisse muss der Auftragnehmer nicht offenbaren. Als Geschäftsgeheimnis bezeichnete Auskünfte und Unterlagen hat der Auftraggeber vertraulich zu behandeln.

> **Praxishinweis**
>
> Das **Einsichtsrecht** des Auftraggebers in Ausführungsunterlagen, Werkzeichnungen und Ergebnisse von Güteprüfungen ist notwendig, da sich die Ausführungsunterlagen gem. §3 Abs.1 VOB/B während der Ausführung in den Händen des Auftragnehmers befinden. Das Einsichtsrecht erstreckt sich auch auf Unterlagen, die der Auftragnehmer nach Vertragsabschluss gem. §§3 Abs.5, 2 Abs.9 VOB/B selbst angefertigt hat oder von Dritten erhalten hat. Dies sind z.B. Verlegepläne, Herstellervorschriften oder Ergebnisse von Güteprüfungen. Der Auftraggeber soll sich von der Mangelfreiheit dieser Unterlagen überzeugen können.

6.2.3 Auskunftsrecht

Gem. §4 Abs.1 Nr.2 S.3 VOB/B ist der Auftragnehmer schließlich verpflichtet, dem Auftraggeber die erforderlichen Auskünfte zur Ausführung zu erteilen. Dies erfolgt in aller Regel im Rahmen der turnusgemäßen Baubesprechungen.

> **Praxishinweis**
>
> Der Auftragnehmer sollte im Bauvertrag verpflichtet werden, mit einem ausreichend bevollmächtigten Vertreter an den **Baubesprechungen** teilzunehmen. Nur dann ist sichergestellt, dass konkretisierende Anordnungen und Weisungen des Auftraggebers auch rechtlich bindend an den Auftragnehmer adressiert werden können. Turnusgemäße Baubesprechungen sollten stets sorgfältig dokumentiert werden. Die Protokolle sind unverzüglich nach der Baubesprechung in den Kreis der Teilnehmer zu verteilen. Den Festlegungen in einem Baubesprechungsprotokoll kann die Rechtsqualität eines kaufmännischen Bestätigungsschreibens zukommen.

6.3 Mängel während der Ausführung

Gem. § 4 Abs. 7 S. 1 VOB/B hat der Unternehmer Baumängel, die bis zur Abnahme erkannt werden, auf eigene Kosten zu beseitigen. Hat der Auftragnehmer den Mangel oder die Vertragswidrigkeit zu vertreten, so hat er dem Auftraggeber gem. § 4 Abs. 7 S. 2 VOB/B auch den daraus entstehenden Schaden zu ersetzen.

Kommt der Auftragnehmer der Pflicht zur Beseitigung des während der Ausführung bis zur Abnahme erkannten Baumangels nicht nach, so kann ihm der Auftraggeber gem. § 4 Abs. 7 S. 3 VOB/B eine angemessene Frist zur Beseitigung des Mangels setzen. Zugleich kann der Auftraggeber erklären, dass er nach fruchtlosem Ablauf dieser Frist den Vertrag kündigen werde. Gem. § 8 Abs. 3 VOB/B ist der Auftraggeber sodann bei Verstreichenlassen auch dieser Frist zur Kündigung des Bauvertrags berechtigt.

6.4 Nachunternehmereinsatz

Gem. § 4 Abs. 8 Nr. 1 VOB/B regelt die mit dem Nachunternehmereinsatz (Subunternehmereinsatz) zusammenhängenden Fragen der Bauvertragsabwicklung.

Grundsätzlich ist der Auftragnehmer gem. § 4 Abs. 8 Nr. 1 S. 1 VOB/B verpflichtet, die Leistungen im eigenen Betrieb, d. h. selbst, auszuführen. Mit schriftlicher Zustimmung des Auftraggebers darf der Auftragnehmer Leistungen an Nachunternehmer übertragen. Diese Zustimmung des Auftraggebers ist nicht notwendig bei Leistungen, auf die der Betrieb des Auftragnehmers nicht eingerichtet ist.

Verstößt der Auftragnehmer gegen die Vorgaben des § 4 Abs. 8 Nr. 1 S. 1, 2 VOB/B, ist der Auftraggeber gem. § 4 Abs. 8 Nr. 1 S. 3 VOB/B berechtigt, dem Auftragnehmer eine angemessene Frist zur Vornahme der Leistung im eigenen Betrieb zu setzen und zu erklären, dass er nach fruchtlosem Ablauf der Frist den Vertrag kündigen werde. Lässt der Auftragnehmer diese Frist dann fruchtlos verstreichen, ist der Auftraggeber zur fristlosen Kündigung des Bauvertrags gem. § 8 Abs. 3 VOB/B berechtigt.

Gem. § 4 Abs. 8 Nr. 2 VOB/B hat der Auftragnehmer bei Subunternehmerbeauftragungen seinerseits die VOB/B und die VOB/C zugrunde zu legen.

Wichtig ist schließlich die Regelung des § 4 Abs. 8 Nr. 3 VOB/B. Hiernach hat der Auftragnehmer dem Auftraggeber die Nachunternehmer und deren Nachunternehmer ohne Aufforderung spätestens bis zum Leistungsbeginn des Nachunternehmers mit Namen, gesetzlichen Vertretern und Kontaktdaten bekannt zu geben. Auf Verlangen des Auftraggebers hat der Auftragnehmer ferner für seine Nachunternehmer Erklärungen und Nachweise zur Eignung vorzulegen.

> **Praxishinweis**
>
> In Bauverträgen ist es üblich und sinnvoll, einen **Nachunternehmereinsatz** von Nachunternehmern zweiter Stufe des Auftragnehmers zu begrenzen oder auszuschließen. Nachunternehmereinsatz zweiter Stufe bedeutet, dass die Nachunternehmer des Auftragnehmers ihrerseits Nachunternehmer einsetzen. Dies ist oftmals nicht im Interesse des Auftraggebers. Die Steuerung und Überwachung des Baugeschehens kann hierdurch gerade bei Großbaustellen beeinträchtigt werden. Dann ist es sinnvoll, im Bauvertrag zu vereinbaren: *»Der Einsatz von Nachunternehmern zweiter Stufe ist unzulässig.«* oder *»Der Einsatz von Nachunternehmern zweiter Stufe ist nur für folgende Gewerke zulässig: (…).«*

7 Sicherheitsleistungen

7.1 Allgemeines

Sowohl für den Auftraggeber als auch für den Auftragnehmer ist die Durchführung eines Bauprojekts mit finanziellen Risiken verbunden. Das Risiko des Auftraggebers besteht darin, dass der Auftragnehmer möglicherweise die vertraglich vereinbarten Leistungen verspätet, mangelhaft oder gar nicht erbringt und dem Auftraggeber dadurch Mehrkosten und Schäden entstehen. Der Auftragnehmer trägt demgegenüber das Risiko, dass der Auftraggeber seine Zahlungsverpflichtungen nicht erfüllt oder sogar insolvent wird.

7.1.1 Sicherheiten zugunsten des Auftragnehmers

Der Auftragnehmer ist durch gesetzliche Sicherheiten geschützt. Gemäß § 650e BGB kann er für die Sicherung seiner Forderungen aus dem Bauvertrag die Einräumung einer Sicherheit an dem Baugrundstück des Auftraggebers verlangen. Dies setzt jedoch voraus, dass der Auftraggeber auch Eigentümer des Grundstücks ist. Von größerer praktischer Bedeutung ist daher die Bauhandwerkersicherheit gemäß § 650f BGB, die unabhängig von den Eigentumsverhältnissen an dem Baugrundstück ist.

7.1.2 Sicherheiten zugunsten des Auftraggebers

Demgegenüber existieren keine gesetzlichen Sicherungsrechte zugunsten des Auftraggebers. Die Risiken des Auftraggebers können daher nur durch vertraglich vereinbarte Sicherheitsleistungen abgesichert werden. Hierfür muss in den Bauvertrag eine sogenannte Sicherungsabrede aufgenommen werden.

> **Praxishinweis**
>
> Allein aus der Vereinbarung der VOB/B ergibt sich kein Anspruch des Auftraggebers auf eine Sicherheitsleistung des Auftragnehmers. § 17 VOB/B enthält Regelungen für Sicherheitsleistungen des Auftragnehmers, ersetzt jedoch nicht die vertraglich zu vereinbarende **Sicherungsabrede**.

Im Einzelnen müssen in der Sicherungsabrede folgende Punkte geregelt werden:

- Zweck der Sicherheitsleistung (Regelung, welche Ansprüche des Auftraggebers abgesichert werden)
- Art der Sicherheitsleistung
- Höhe der Sicherheitsleistung

> **Praxishinweis**
>
> Sofern die Sicherungsabrede Gegenstand der Allgemeinen Geschäftsbedingungen des Auftraggebers ist, darf diese nicht zu einer unangemessenen Benachteiligung des Auftragnehmers führen. So trägt der Auftragnehmer im Falle eines Bareinbehalts das Insolvenzrisiko des Auftraggebers. Zugleich steht ihm die Vergütung für erbrachte Leistungen nicht zur Verfügung. Ein Bareinbehalt muss daher durch eine andere Sicherheit ablösbar sein.
>
> Sofern eine Sicherungsabrede in Allgemeinen Geschäftsbedingungen des Auftraggebers den Auftragnehmer unangemessen benachteiligt, ist diese insgesamt unwirksam. Dies hat zur Folge, dass der Auftraggeber die Sicherheitsleistung des Auftragnehmers nicht verwerten kann. Er muss daher einen Bareinbehalt zurückzahlen und kann Bürgschaften, die auf Grundlage dieser Sicherungsabrede gestellt wurden, nicht in Anspruch nehmen.

Mit dem Zweck der Sicherheitsleistung vereinbaren die Vertragsparteien, welche Ansprüche des Auftraggebers abgesichert werden. Für die Ausführungsphase betrifft dies Ansprüche im Zusammenhang mit der Vertragserfüllung durch den Auftragnehmer. Für die Gewährleistungsphase richtet sich der Zweck auf die Absicherung der Mängelansprüche des Auftragnehmers.

Für die Art der Sicherheitsleistung regelt § 17 Abs. 2 VOB/B, dass Sicherheit durch Einbehalt oder Hinterlegung von Geld oder durch Bürgschaft geleistet werden kann, sofern im Vertrag nichts anderes vereinbart ist. Gemäß § 17 Abs. 3 VOB/B hat der Auftragnehmer die Wahl zwischen verschiedenen Sicherheitsarten; ferner hat er die Möglichkeit, eine Sicherheit durch eine andere zu ersetzen.

Bei einem Sicherheitseinbehalt ist der Auftraggeber berechtigt, einen Teil der Vergütung für einen bestimmten Zeitraum und zur Sicherung eines bestimmten Zwecks einzubehalten. Im Zusammenhang mit dem Sicherheitseinbehalt ist die Regelung in § 17 Abs. 6 Nr. 1 VOB/B von Bedeutung. Danach ist der Auftraggeber verpflichtet, einen als Sicherheit einbehaltenen Betrag binnen 18 Werktagen auf ein Sperrkonto einzuzahlen. Sofern der Auftraggeber diese Einzahlung nicht vornimmt, kann der Auftragnehmer eine Nachfrist setzen. Lässt der Auftraggeber auch diese Nachfrist fruchtlos verstreichen, hat der Auftragnehmer einen Anspruch auf Auszahlung des Einbehalts.

> **Praxishinweis**
>
> Die Verpflichtung zur Einzahlung des Sicherheitseinbehalts auf ein Sperrkonto ergibt sich unmittelbar aus § 17 Abs. 6 Nr. 1 VOB/B, ohne dass der Auftragnehmer den Auftraggeber zuvor zur Einzahlung auffordern muss. Bei einer entsprechenden Aufforderung des Auftragnehmers handelt es sich deshalb bereits um die Nachfrist, nach deren fruchtlosem Ablauf der Einbehalt auszuzahlen ist.

Neben dem Sicherheitseinbehalt kommt der Bürgschaft große Bedeutung als Sicherheit zugunsten des Auftraggebers zu. Mit einer Bürgschaft verpflichtet sich ein Dritter, in aller Regel ein Bankinstitut oder ein Versicherer, für die Ansprüche des Auftraggebers, die Gegenstand der Sicherungsabrede sind, einzustehen. Viele Bauverträge enthalten detaillierte Regelungen zum Inhalt einer Bürgschaft, die den Auftragnehmer zur Ablösung des Sicherheitseinbehalts berechtigt.

> **Praxishinweis**
>
> Sofern eine Bürgschaft eine Befristung enthält, kann diese nach Fristablauf nicht mehr in Anspruch genommen werden. Im Vertrag sollte daher geregelt werden, dass eine als Sicherheit übergebene Bürgschaft unbefristet sein muss.

Nach Übergabe einer Bürgschaftsurkunde sollte der Auftraggeber genau überprüfen, ob die Bürgschaft dem vereinbarten Sicherungszweck oder den vertraglichen Regelungen zum Inhalt einer Bürgschaft entspricht. Ist dies nicht der Fall, muss die Bürgschaft mit Verweis darauf, dass sie nicht den vertraglichen Regelungen entspricht und daher keine geeignete Sicherheit darstellt, zurückgegeben werden. Anderenfalls besteht das Risiko, dass der Auftraggeber erst im Sicherungsfall feststellt, dass er die Bürgschaft nicht wie vorgesehen in Anspruch nehmen kann.

7.2 Vertragserfüllungssicherheit des Auftraggebers

Die Vertragserfüllungssicherheit sichert die Ansprüche des Auftragnehmers während der Ausführungsphase bis zur Abnahme ab. Von Bedeutung sind in diesem Zusammenhang insbesondere der Anspruch auf Vertragserfüllung an sich, also auf Erbringung der geschuldeten Leistung, der Anspruch auf termingerechte Leistungserbringung, demnach Einhaltung der vereinbarten Termine, sowie der Anspruch auf mangelfreie Ausführung.

Rückforderungsansprüche des Auftraggebers infolge Überzahlung sind vom Anwendungsbereich einer gewöhnlichen Vertragserfüllungssicherheit nicht erfasst, weil die Rückforderung ohne Zusammenhang mit der Vertragserfüllung des Auftragnehmers ist. In der Sicherungsabrede kann jedoch vereinbart werden, dass die

Vertragserfüllungssicherheit auch Rückforderungsansprüche wegen Überzahlung absichert.

Ferner können Ansprüche des Auftraggebers wegen Inanspruchnahme nach § 14 Arbeitnehmer-Entsendegesetz sowie nach § 28e Abs. 3a und 4 SBG IV i. V. m. § 150 SGB VII zum Gegenstand der Vertragserfüllungssicherheit gemacht werden.

Als Vertragserfüllungssicherheit wird in aller Regel ein Sicherheitseinbehalt von den Abschlagszahlungen vereinbart, den der Auftragnehmer durch eine Vertragserfüllungsbürgschaft ablösen kann.

> **Praxishinweis**
>
> Zu Beginn einer Baumaßnahme ist das Sicherungsinteresse des Auftraggebers am größten. Ein Einbehalt der ersten Abschlagszahlungen sichert den Auftraggeber jedoch nur in geringem Umfang ab. Daher kann es sinnvoll sein, in den Bauvertrag die Verpflichtung des Auftragnehmers aufzunehmen, innerhalb einer bestimmten Frist nach Auftragserteilung eine Vertragserfüllungsbürgschaft in der vereinbarten Höhe zu übergeben. Um diese Verpflichtung zu sanktionieren, sollte ergänzend geregelt werden, dass der Auftraggeber nach einer angemessenen Nachfrist berechtigt ist, den Vertrag aus wichtigem Grund zu kündigen.

Als zulässige Höhe einer Vertragserfüllungssicherheit können nach der Rechtsprechung zehn Prozent der Auftragssumme auch in Allgemeinen Geschäftsbedingungen des Auftraggebers wirksam vereinbart werden.

Die Rückgabe der Vertragserfüllungssicherheit erfolgt gemäß § 17 Abs. 8 Nr. 1 VOB/B nach Abnahme und Stellung der Sicherheit für Mängelansprüche. Zu diesem Zeitpunkt hat der Auftragnehmer demnach entweder einen Anspruch auf Auszahlung des Sicherheitseinbehalts oder auf Rückgabe der Vertragserfüllungsbürgschaft. Dies gilt jedoch nicht, wenn Ansprüche, die von der gestellten Sicherheit umfasst sind, noch nicht erfüllt sind. In diesem Fall ist der Auftraggeber berechtigt, einen entsprechenden Teil der Sicherheit zurückzuhalten.

7.3 Mängelansprüchesicherheit des Auftraggebers

Die Mängelansprüchesicherheit sichert die Mängelansprüche des Auftraggebers nach der Abnahme ab. Konkret betrifft dies den Kostenvorschuss- und Kostenerstattungsanspruch sowie den Minderungsanspruch und Schadensersatzanspruch infolge mangelhafter Leistungen des Auftragnehmers.

Als Mängelansprüchesicherheit wird in aller Regel ein Sicherheitseinbehalt von der Schlussrechnungssumme vereinbart, den der Auftragnehmer durch Übergabe einer Mängelansprüchebürgschaft – früher auch Gewährleistungsbürgschaft genannt – ablösen kann. Auch bei Ablösung des Sicherheitseinbehalts für Mängelansprüche durch Übergabe einer Mängelansprüchebürgschaft ist genau zu prüfen, ob diese Bürgschaft dem vereinbarten Sicherungszweck sowie dem vertraglich vereinbarten Inhalt einer Bürgschaft entspricht. Ist dies nicht der Fall, ist die Bürgschaft als untaugliche Sicherheit zurückzuweisen und der Auftragnehmer kann keine Auszahlung des Sicherheitseinbehalts verlangen.

Praxisbeispiel

Eine Bürgschaftsurkunde enthält den Passus, dass die Bürgschaft Ansprüche des Auftraggebers für mangelfrei abgenommene Leistungen absichert. Da in den meisten Fällen zum Zeitpunkt der Abnahme noch Restmängel vorhanden sind, hinsichtlich derer der Auftraggeber im Zuge der Abnahme einen Vorbehalt erklärt, scheidet eine Inanspruchnahme einer solchen Bürgschaft für Mängelansprüche aus. Eine Bürgschaft mit einer derartigen Klausel ist daher als untaugliche Sicherheit zurückzugeben.

In Allgemeinen Geschäftsbedingungen des Auftraggebers kann eine Mängelansprüchesicherheit in Höhe von fünf Prozent der Schlussrechnungssumme wirksam vereinbart werden.

Die Rückgabe einer nicht verwerteten Mängelansprüchesicherheit erfolgt gemäß § 17 Abs. 8 Nr. 2 Satz 1 VOB/B nach zwei Jahren, sofern die Vertragsparteien keinen anderen Rückgabezeitpunkt vereinbart haben. Damit die Mängelansprüchesicherheit die gesamte Dauer der Verjährungsfrist für Mängelansprüche absichert, sollte im Vertrag daher eine Regelung aufgenommen werden, dass die Mängelansprüchesicherheit erst nach Ablauf der Verjährungsfrist für Mängelansprüche zurückzugeben ist.

> **Checkliste: Inanspruchnahme einer Mängelansprüchebürgschaft:**
>
> Für die Inanspruchnahme einer Mängelansprüchebürgschaft sind dem Bürgen in der Regel folgende Unterlagen vorzulegen:
>
> ☐ Bauvertrag einschließlich Allgemeiner Vertragsbedingungen
>
> ☐ Vertragsanlagen, die den Inhalt der betreffenden Leistung des Auftragnehmers beschreiben.
>
> ☐ Abnahmeprotokoll bzw. Bezeichnung Abnahmezeitpunkt
>
> ☐ Darstellung zum Mangel einschließlich Nachweise/Mangeldokumentation
>
> ☐ Nachbesserungsaufforderung an den Auftragnehmer
>
> ☐ Darlegung der Auszahlung des Sicherheitseinbehalts, wenn in der Schlussrechnung zunächst ein Einbehalt für Mängelansprüche vorgenommen wurde.
>
> ☐ ggf. Kostenvoranschlag der voraussichtlich entstehenden Kosten, sofern Mangel noch nicht beseitigt ist.
>
> ☐ Rechnungen der Mangelbeseitigungsarbeiten, falls der Mangel bereits beseitigt wurde.

Ansprüche aus Bürgschaften unterliegen der dreijährigen Verjährungsfrist gemäß § 195 BGB. Die Verjährung beginnt mit dem Ende des Jahres, in dem der Anspruch entstanden ist. Für Mängelansprüchebürgschaften ist diese dreijährige Verjährungsfrist genauestens zu überwachen. Erfolgt eine Inanspruchnahme der Bürgschaft erst nach Ablauf dieser Verjährungsfrist, kann der Bürge die Einrede der Verjährung erheben.

Praxisbeispiel

Ein Jahr nach Abnahme tritt ein Mangel auf. Der Auftraggeber fordert den Auftragnehmer daraufhin fristgebunden zur Nachbesserung auf. Mit Ablauf des Jahres, in dem die zur Nachbesserung gesetzte Frist abläuft, beginnt die dreijährige Verjährungsfrist der Bürgschaftsforderung. Demnach kann bereits vor Ablauf einer fünfjährigen Verjährungsfrist für Mängelansprüche Verjährung des Bürgschaftsanspruchs eintreten.

7.4 Bauhandwerkersicherheit des Auftragnehmers

Der Auftragnehmer hat gemäß § 650f BGB die Möglichkeit, seinen Vergütungsanspruch durch eine Bauhandwerkersicherheit abzusichern.

> **Praxishinweis**
>
> Gemäß § 650f Abs. 7 BGB sind Vereinbarungen, die von § 650f Abs. 1 bis 5 BGB abweichen, unwirksam. Demnach kann die Verpflichtung des Auftraggebers zur Stellung einer Bauhandwerkersicherheit vertraglich weder wirksam ausgeschlossen noch eingeschränkt werden.

Der Anspruch auf Stellung einer Bauhandwerkersicherheit richtet sich gegen den Auftraggeber eines Werkvertrags. Handelt es sich bei dem Auftraggeber um eine juristische Person des öffentlichen Rechts oder ein öffentlich-rechtliches Sondervermögen, über deren Vermögen ein Insolvenzverfahren unzulässig ist, findet § 650f BGB indes keine Anwendung, weil kein berechtigtes Sicherungsinteresse des Auftragnehmers besteht. Ferner hat der Auftragnehmer keinen Anspruch auf eine Bauhandwerkersicherheit, wenn der Besteller Verbraucher ist und es sich um einen Verbrauchervertrag oder Bauträgervertrag handelt.

Die Sicherheit kann in Höhe der vereinbarten Vergütung zuzüglich Nebenforderungen in Höhe von 10 % verlangt werden. Bereits gezahlt Beträge sind in Abzug zu bringen. Mit dem Sicherheitsverlangen hat der Auftragnehmer die Höhe der geforderten Sicherheit zu beziffern und nachvollziehbar darzulegen. Die Höhe des Sicherheitsverlangens sollte daher schriftlich erläutert werden. Alternativ kann dem Sicherheitsverlangen eine Aufstellung beigefügt werden, anhand derer der Auftraggeber die Höhe des Sicherheitsverlangens nachvollziehen kann. Sofern das Sicherheitsverlangen überhöht ist, muss der Auftraggeber die Sicherheit in berechtigter Höhe stellen; ein überhöhtes Sicherheitsverlangen ist demnach nicht unwirksam.

> **FAQ:** In welcher Höhe muss eine Bauhandwerkersicherheit gestellt werden, wenn die Leistung des Auftragnehmers mangelhaft ist?
>
> **Antwort:** Der abzusichernde Vergütungsanspruch wird im Falle mangelhafter Leistungen des Auftragnehmers nicht gekürzt, solange ein Nachbesserungsanspruch des Auftraggebers besteht und der Auftragnehmer in der Lage und Willens ist, den Mangel zu beseitigen. Für den Sicherungsanspruch des Auftragnehmers ist daher unerheblich, ob der Auftraggeber wegen mangelhafter Leistungen ein Leistungsverweigerungsrecht hat. Nur unstreitige oder rechtskräftig festgestellte Gegenansprüche sind für das Sicherheitsverlangen von Bedeutung, § 650a Abs. 1 Satz 4 BGB.

Der Auftragnehmer kann dem Auftraggeber zur Übergabe der Sicherheit eine angemessene Frist setzen. Sofern diese Frist fruchtlos verstreicht, kann der Auftragnehmer gemäß § 650f Abs. 5 BGB entweder die Leistungen verweigern oder den Vertrag kündigen. War die dem Auftraggeber zur Übergabe der Sicherheit gesetzte Frist zu kurz, wird automatisch eine angemessene Frist in Gang gesetzt. Erst nach Ablauf dieser angemessenen Frist hat der Auftragnehmer die Möglichkeit, das Leistungsverweigerungsrecht auszuüben oder den Vertrag zu kündigen.

Im Falle der Vertragskündigung wegen unterbliebener Sicherheit kann der Auftragnehmer die gesamte vereinbarte Vergütung beanspruchen; wie bei einer freien Vertragskündigung muss er sich das anrechnen lassen, was er infolge der Vertragsbeendigung an Aufwendungen erspart hat.

> **Praxishinweis**
>
> Da der Auftragnehmer nach Vertragskündigung einen Vergütungsanspruch für die infolgedessen nicht erbrachten Leistungen beanspruchen kann, ist es für den Auftraggeber empfehlenswert, hinsichtlich der geforderten Sicherheit kein Risiko einzugehen. Sofern sich die Sicherungsforderung des Auftragnehmers auf streitige Nachtragsforderungen des Auftragnehmers erstreckt, sollte der Auftraggeber eine Kürzung der geforderten Höhe nur dann vornehmen, wenn er sich sicher ist, dass die Nachtragsforderung unberechtigt ist.

Der Auftragnehmer kann auch noch nach Abnahme eine Sicherheit nach § 650f BGB fordern. Dies ergibt sich aus § 650f Abs. 1 Satz 3 BGB. Ferner kann er nach der Rechtsprechung auch nach einer Vertragskündigung eine Bauhandwerkersicherheit verlangen. Wenn der Auftraggeber in dieser Konstellation dem Sicherheitsverlangen des Auftragnehmers nicht fristgerecht nachkommt, ist der Auftragnehmer berechtigt, die Nachbesserung zu verweigern. Kündigt er den Vertrag, ist er zwar von der Nachbesserungspflicht befreit, jedoch wird der Vergütungsanspruch in Höhe der Kosten gekürzt, die für die Mangelbeseitigung erforderlich sind.

Der Auftragnehmer hat gemäß § 650f Abs. 3 BGB die üblichen Kosten der Sicherheit bis zu einem Höchstsatz von 2 % zu erstatten. Dies gilt jedoch nicht, wenn die Sicherheit wegen unbegründeter Einwände des Auftraggebers gegen den Vergütungsanspruch aufrechterhalten werden muss.

Voraussetzungen des § 650f BGB

Der berechtigte Auftragnehmer:
Anspruchsberechtigt ist der Auftragnehmer eines Bauwerkes. Die Regelung des § 650f BGB gilt auch für Generalunternehmer, Generalübernehmer, Nachunternehmer und Planer.

Der verpflichtete Auftraggeber:
- Anspruchsgegner ist der Auftraggeber. § 650f BGB findet keine Anwendung, wenn der Auftraggeber eine juristische Person des öffentlichen Rechts oder ein öffentlich-rechtliches Sondervermögen ist, über deren Vermögen ein Insolvenzverfahren unzulässig ist.
- Darüber hinaus ist § 650f BGB nicht anwendbar, wenn ein Verbraucher Auftraggeber ist und es sich um einen Verbraucherbauvertrag nach § 650i BGB oder um einen Bauträgervertrag nach § 650u BGB handelt.

Der Anspruchsinhalt:
- Der Auftraggeber kann für die von ihm zu erbringenden Vorleistungen eine Sicherheit bis zur Höhe des voraussichtlichen Vergütungsanspruchs zuzüglich Nebenforderungen in Höhe von 10 % verlangen, wobei bereits gezahlte Beträge in Abzug zu bringen sind.
- Es erfolgt keine Kürzung des Sicherungsverlangens wegen Mängeln.
- Die Sicherheit kann in Form einer Bürgschaft, einer Garantie oder eines Zahlungsversprechens eines Kreditinstituts oder Kreditversicherers geleistet werden. Der Auftragnehmer hat gemäß § 650f Abs. 3 BGB dem Auftraggeber die üblichen Kosten der Sicherheit bis zu einem Höchstsatz von 2 % p. a. zu erstatten. Dies gilt ausnahmsweise dann nicht wenn, unbegründete Einwände des Auftraggebers gegen die Vergütung zu einer Aufrechterhaltung der Sicherheit führen.

Rechtsfolgen des § 650f BGB

- Leistet der Auftraggeber keine Sicherheit, hat der Auftragnehmer die Wahl, ob er die Leistung verweigert oder den Vertrag selbst fristlos kündigt.
- Im Falle der Kündigung steht dem Auftragnehmer die vereinbarte Vergütung unter Anrechnung des Ersparten bzw. des durch anderweitigen Einsatz böswillig nicht Erzielten zu. Nach § 650f Abs. 5 S. 3 BGB wird dabei vermutet, dass dem Auftragnehmer für nicht erbrachte Leistungen 5 % der hierfür vereinbarten Vergütung zustehen.

Ausschluss des § 650f BGB
Ein Ausschluss des § 650f BGB oder eine abweichende Vereinbarung sind gemäß § 650f Abs. 7 BGB unwirksam.

8 Abnahme

8.1 Allgemeines

Nach Abschluss der Bauleistungen ist der Auftraggeber zur Abnahme verpflichtet. Abnahme bedeutet die Entgegennahme, d. h. Inbesitznahme der fertiggestellten Bauleistung durch den Auftraggeber mit ausdrücklich oder konkludent erklärter Billigung der erbrachten Leistungen als vertragsgemäße Leistungserfüllung.

Die Abnahme ist Hauptpflicht des Auftraggebers im Bauvertrag. An die Abnahme knüpfen wichtige Rechtsfolgen, so die Fälligkeit des Vergütungsanspruchs der Bauleistungen und der Beginn der vertraglich vereinbarten Verjährungsfristen für Mängelansprüche.

8.2 Abnahmeformen

In der VOB/B ist die Abnahme in § 12 Abs. 1 bis 6 VOB/B geregelt. Unterschieden wird hier zwischen der

- förmlichen Abnahme gem. § 12 Abs. 4 Nr. 1, 2 VOB/B und der
- fiktiven Abnahme gem. § 12 Abs. 5 Nr. 1 bis 3 VOB/B.

Keine rechtsgeschäftliche Abnahme i. S. d. § 12 Abs. 1 bis 6 VOB/B stellt die sogenannte »*technische Abnahme*« gem. § 4 Abs. 10 S. 1, 2 VOB/B, die technische Feststellung des Zustands von Teilen der Leistung durch Auftraggeber und Auftragnehmer dar. Bei dieser technischen Abnahme gem. § 4 Abs. 10 S. 1, 2 VOB/B handelt es sich um eine tatsächliche Feststellung des technischen Zustandes von Teilen der Werkleistung auf Verlangen einer Vertragspartei. Diese tatsächliche Feststellung des technischen Zustands von Teilen der Werkleistung wird insbesondere dann verlangt, durchgeführt und dokumentiert, wenn die erbrachten Arbeiten durch die Ausführung von Folgegewerken nicht mehr zugänglich und nicht mehr überprüfbar sind. Durch die tatsächliche Feststellung des technischen Zustands der Werkleistung wird vor Ausführung dieser Folgegewerke der Ist-Zustand gemeinsam festgestellt und dokumentiert.

> **Praxisbeispiel**
>
> *Feuchtraumabdichtungen werden auf Verlangen des Auftraggebers vor Aufbringung weiterführender Innenputz- und Fliesenarbeiten einer technischen Abnahme gem. § 4 Abs. 10 S. 1, 2 VOB/B unterzogen. Hiermit wird der technische Zustand der durchgeführten Feuchtraumabdichtungsmaßnahmen festgestellt. Eine rechtsgeschäftliche Abnahme i. S. d. § 12 Abs. 1 bis 7 VOB/B wird damit aber nicht durchgeführt. Es geht lediglich um die Dokumentation des baulich-technischen Ist-Zustandes von Teilen der Werkleistung vor Weiterbau.*

Keine rechtsgeschäftliche Abnahme i. S. d. § 12 Abs. 1 bis 7 VOB/B stellt die behördliche Rohbau- oder Gebrauchsabnahme nach öffentlichem Recht der Bauordnungen der Länder dar. Im Rahmen dieser öffentlich-rechtlichen Rohbau- oder Gebrauchsabnahmen stellt die zuständige Bauaufsichtsbehörde die Einhaltung der bei Bauerrichtung nach den Bauordnungen der Länder vorgegebenen öffentlich-rechtlichen Sicherheitsstandards fest. Diese öffentlich-rechtliche Rohbau- oder Gebrauchsabnahme ist regelmäßig Voraussetzung für die öffentlich-rechtliche Nutzungserlaubnis einer errichteten baulichen Anlage.

Die öffentlich-rechtliche Rohbau- oder Gebrauchsabnahme stellt keine rechtsgeschäftliche Abnahme i. S. d. § 12 Abs. 1 bis 7 VOB/B dar. Sie ist nicht einmal ein Indiz für die rechtsgeschäftliche Abnahmereife des Bauwerks gem. § 12 Abs. 1 VOB/B. Im Rahmen der baubehördlichen Rohbau- oder Gebrauchsabnahmeprüfung wird nicht geprüft, ob der Auftragnehmer seine bauvertraglichen Leistungen gegenüber dem Auftraggeber vertragsgerecht erfüllt hat. Es wird allein die Einhaltung der öffentlich-rechtlich vorgeschriebenen Sicherheitsstandards nach den Landesbauordnungen überprüft und festgestellt.

> **Praxisbeispiel**
>
> *Nach Fertigstellung der Bauleistungen des Auftragnehmers wird von der zuständigen Bauaufsichtsbehörde die Gebrauchsabnahme nach der Landesbauordnung durchgeführt und die Erlaubnis zur Aufnahme der Nutzung des errichteten Bauwerks erteilt. Bei der wenige Tage später durchgeführten rechtsgeschäftlichen Abnahmebegehung gem. § 12 Abs. 1 VOB/B verweigert der Auftraggeber die Abnahme wegen wesentlicher Mängel der Bauleistung gem. § 12 Abs. 3 VOB/B. Liegen tatsächlich wesentliche Mängel der Bauleistung gem. § 12 Abs. 3 VOB/B vor, kann der Auftraggeber zu Recht die rechtsgeschäftliche Abnahme verweigern. Der Auftragnehmer kann diesem nicht entgegenhalten, dass die zuständige Bauaufsichtsbehörde die öffentlich-rechtliche Gebrauchsabnahme erklärt hat. Denn das Vorhandensein wesentlicher Mängel der Leistungen des Auftragnehmers wurde bei der zuvor durchgeführten öffentlich-rechtlichen Gebrauchsabnahme gerade nicht geprüft.*

8.3 Förmliche Abnahme, § 12 Abs. 4 VOB/B

Gem. § 12 Abs. 4 Nr. 1 VOB/B hat eine förmliche Abnahme stattzufinden, wenn Auftraggeber oder Auftragnehmer dies verlangen. In diesem Fall ist eine fiktive Abnahme i. S. d. § 12 Abs. 5 VOB/B ausgeschlossen. Aus Auftraggebersicht ist es sinnvoll, bereits bei Abschluss des Bauvertrags das Verlangen der förmlichen Abnahme im Bauvertrag auszusprechen.

> **Praxisbeispiel**
>
> *Im Bauvertrag wird die Regelung aufgenommen:* »*Der Auftraggeber verlangt bereits jetzt die förmliche Abnahme der Leistungen des Auftragnehmers.*«

Die förmliche Abnahme erfolgt durch gemeinsame Überprüfung der Bauleistungen durch Auftragnehmer und Auftraggeber in einem gemeinsam durchgeführten Ortstermin. Jede Vertragspartei kann gem. § 12 Abs. 4 Nr. 1 S. 2 VOB/B auf ihre eigenen Kosten einen Sachverständigen zur förmlichen Abnahme hinzuziehen. Die Abnahmefeststellungen der förmlichen Abnahme sind gem. § 12 Abs. 4 Nr. 1 S. 3 VOB/B in einem förmlichen Protokoll schriftlich festzuhalten. In dieses Abnahmeprotokoll sind alle Mängelvorbehalte wegen bekannter Mängel und wegen der Vertragsstrafen aufzunehmen, § 12 Abs. 4 Nr. 1 S. 4 VOB/B.

Etwaige Einwendungen des Auftragnehmers zu den Mängelvorbehalten des Auftraggebers sind dem förmlichen Abnahmeprotokoll hinzuzufügen. Gem. § 12 Abs. 4 Nr. 1 S. 5 VOB/B erhält jede Vertragspartei des Bauvertrags sodann eine Ausfertigung des förmlichen Abnahmeprotokolls.

Gem. § 12 Abs. 4 Nr. 2 S. 1 VOB/B kann die förmliche Abnahme in Abwesenheit des Auftragnehmers stattfinden, wenn der Termin vereinbart war oder der Auftraggeber mit genügender Frist dazu eingeladen hatte. Das Ergebnis der förmlichen Abnahme ist dem Auftragnehmer sodann mitzuteilen, § 12 Abs. 4 Nr. 2 S. 2 VOB/B.

Da die förmliche Abnahme rechtsgeschäftliche Abnahme ist, ist die Vollmacht des Mitarbeiters oder Beauftragten des Auftraggebers zur Erklärung der förmlichen Abnahme im Abnahmetermin erforderlich. Der vom Auftraggeber mit der Objektüberwachung beauftragte Architekt ist ohne gesonderte Vollmachtserteilung des Auftraggebers nicht zur rechtsgeschäftlichen Abnahme der Bauleistungen befugt. Zur Vornahme der rechtsgeschäftlichen Abnahme bedarf der mit der Objektüberwachung beauftragte Architekt des Auftraggebers vielmehr stets einer gesonderten Vollmacht.

Diese gesonderte Vollmacht zur rechtsgeschäftlichen Abnahme kann dem Architekten vom Auftraggeber auch konkludent erteilt werden. Dies kann etwa dann der Fall sein, wenn der Auftraggeber den Architekten zu einer von Auftraggeber und Auftragnehmer gemeinsamen förmlichen Abnahme hinzuzieht und den Architekten die Abnahmeverhandlung durchführen lässt. Gleichfalls, wenn ein vom Auftraggeber bestellter Sachverständiger im Rahmen eines förmlichen Abnahmetermins die Mängelvorbehalte formuliert und das förmliche Abnahmeprotokoll für den Auftraggeber unterschreibt. In diesem Fall kann sowohl eine konkludente Vollmachtserteilung des Auftraggebers als auch eine Duldungs- oder Anscheinsvollmacht begründet sein.

> **Praxishinweis**
>
> Äußerst wichtig ist der im **Abnahmeprotokoll** vom Auftraggeber erklärte Vorbehalt wegen bekannter Mängel gem. § 12 Abs. 4 Nr. 1 S. 3 VOB/B sowie der Vorbehalt einer etwa verwirkten Vertragsstrafe gem. § 11 Abs. 4 VOB/B. Wird ohne Vorbehalt wegen bekannter Mängel und ohne Vorbehalt einer verwirkten Vertragsstrafe vom Auftraggeber abgenommen, so sind alle Mängelansprüche des Auftraggebers wegen dieser bekannten Mängel und wegen der verwirkten Vertragsstrafe ausgeschlossen.

8.4 Fiktive Abnahme, § 12 Abs. 5 Nr. 1, 2 VOB/B

Wird keine förmliche Abnahme gem. § 12 Abs. 4 Nr. 1 VOB/B verlangt, sieht § 12 Abs. 5 Nr. 1, 2 VOB/B zwei Formen der fiktiven Abnahme vor:

- Die Bauleistungen des Auftragnehmers gelten dann als abgenommen mit Ablauf von 12 Werktagen nach schriftlicher Mitteilung des Auftragnehmers an den Auftraggeber über die Fertigstellung der Leistung (Fertigstellungsmitteilung).
- Die Leistung gilt ferner als abgenommen nach Ablauf von sechs Werktagen ab Nutzungsbeginn durch den Auftraggeber.

Will der Auftraggeber dem Eintritt der Rechtswirkungen einer fiktiven Abnahme nach Zugang einer Fertigstellungsmitteilung oder nach Nutzungsaufnahme des Bauwerks entgehen, so hat er dies ausdrücklich gegenüber dem Auftragnehmer zu erklären. Er hat dann die Fertigstellungsmitteilung des Auftragnehmers mit ausdrücklicher Abnahmeverweigerung zurückzuweisen und bei Beginn der Nutzung eine ausdrückliche Abnahmeverweigerung auszusprechen. Dies sollte aus Beweisgründen unbedingt schriftlich erfolgen.

8.5 Rechtswirkungen der Abnahme

Die Abnahme in Form der förmlichen Abnahme oder der fiktiven Abnahme bewirkt:

- den Beginn der Verjährungsfrist für Mängelansprüche des Auftraggebers.
- Abnahme ist Fälligkeitsvoraussetzung für die Schlusszahlung.
- Ab Abnahme tritt eine Beweislastumkehr ein: Bis zur Abnahme muss der Auftragnehmer die Mangelfreiheit des Werkes im Prozess beweisen; nach Abnahme ist der Auftraggeber für die Mangelhaftigkeit der Werkleistungen, d.h. das Vorhandensein von Mängeln, beweispflichtig.
- Ab Abnahme trägt der Auftraggeber gem. § 12 Abs. 6 VOB/B die Gefahr des zufälligen Untergangs des Werkes.

8.6 Gesamtabnahme und Teilabnahme

Schließlich sind Gesamtabnahme und Teilabnahme zu unterscheiden.

Die Abnahme der Gesamtleistung (Gesamtabnahme) erfolgt auf Verlangen des Auftragnehmers nach Fertigstellung des Werkes. Gem. § 12 Abs. 1 VOB/B hat der Auftraggeber die Gesamtabnahme binnen 12 Werktagen nach Zugang des Abnahmeverlangens durchzuführen. Eine andere Abnahmefrist kann vertraglich vereinbart werden.

Gem. § 12 Abs. 2 VOB/B sind auf Verlangen abgeschlossene Teile der Leistungen des Auftragnehmers gesondert abzunehmen (Teilabnahme). Bei der verlangten Teilabnahme entstehen häufig Diskussionen, ob ein »*in sich abgeschlossener Teil der Leistungen*« gem. § 12 Abs. 2 VOB/B vorliegt. Eine abgeschlossene Teilleistung in diesem Sinne liegt dann vor, wenn diese Teilleistung von der Gesamtleistung funktional trennbar und selbstständig gebrauchsfähig ist. Es kommt hierbei auf die vorgesehene Nutzung an.

Praxisbeispiel

Leistungen der Technischen Ausrüstung, so z. B. Heizungs- und Sanitärgewerke, sind vom Gebrauch her abtrennbar und stellen regelmäßig eine in sich geschlossene Teilleistung i. S. d. § 12 Abs. 2 VOB/B dar.

Rechtswirkungen der Abnahme

Die Abnahme ist bekanntermaßen mit zahlreichen für den Auftragnehmer günstigen Rechtsfolgen verbunden. Die Abnahme umfasst insbesondere folgende Rechtsfolgen:

Umkehr der Beweislast

Im Hinblick auf das Vorhandensein von Mängeln tritt eine Umkehr der Beweislast ein: Bis zur Abnahme hat der Auftragnehmer die Mängelfreiheit zu beweisen; nach der Abnahme trifft die Beweislast den Auftraggeber.

Hinweis: Eine Umkehr der Beweislast zu Lasten des Auftraggebers tritt nicht allein deshalb ein, weil er den Mangel der Werkleistung im Wege der Selbstvornahme hat beseitigen lassen (vgl. BGH, Urteil vom 23.10.2008 – VII ZR 64/07).

Übergang der Vergütungs- und Leistungsgefahr

Bis zur Abnahme trägt der Auftragnehmer die Vergütungs- und Leistungsgefahr (vgl. §§ 644, 645 BGB; § 7 VOB/B): »Der Unternehmer hat sein Werk bis zur Abnahme zu schützen«. Nach den Regeln des BGB verliert der Unternehmer seinen Werklohnanspruch bei zufälligem Untergang oder zufälliger Verschlechterung des Werkes vor Abnahme. Er ist gegebenenfalls auch verpflichtet, das Werk neu herzustellen. Ist die Abnahme erfolgt, so geht die Gefahr auf den Auftraggeber über.

Fälligkeitsvoraussetzung für die Schlusszahlung

Die Abnahme ist eine Voraussetzung für die Schlusszahlung (bzw. bei Teilabnahme für die Teilschlusszahlung). Gemäß § 641 Abs. 1 BGB ist die Vergütung »bei der Abnahme des Werkes zu entrichten«.

Beginn der Verjährungsfrist für Gewährleistungsansprüche

Gemäß § 634a Abs. 2 BGB beginnt die Verjährungsfrist für Gewährleistungsansprüche mit der Abnahme. Verweigert der Bauherr die Abnahme grundlos, so beginnt die Verjährung in dem Zeitpunkt, indem er die Abnahme endgültig abgelehnt hat (vgl. RGZ 165, 41, 54). In Fällen der fiktiven Abnahme (§ 12 Abs. 5 VOB/B) ist für die Berechnung des Verjährungsbeginns § 187 Abs. 1 BGB anzuwenden. Es ist der Kalendertag maßgebend, der auf die Frist von zwölf bzw. sechs Werktagen folgt.

Ausschluss der Erfüllungswirkung

Mit der Abnahme ist die Erfüllung ausgeschlossen. Der Nacherfüllungsanspruch des Auftraggebers beschränkt sich auf das konkret abgenommene Werk.

Wegfall der Vorleistungspflicht des Auftragnehmers

Gemäß § 641 Abs. 1 BGB entfällt mit der Abnahme der Bau-/Planungsleistungen die Vorleistungspflicht des Auftragnehmers.

Vorbehalt verwirkter Vertragsstrafen

Eine verwirkte Vertragsstrafe kann der Auftraggeber nur geltend machen, wenn er sie sich bei der Abnahme ordnungsgemäß vorbehalten hat (vgl. § 341 Abs. 3 BGB; § 12 Abs. 4 VOB/B).

Hinweis: Nach neuerer Rechtsprechung des BGH ist der Vorbehalt der Vertragsstrafe bei Abnahme gemäß § 341 Abs. 3 BGB dann nicht erforderlich, wenn der Auftraggeber bereits vor Abnahme die Aufrechnung mit der Vertragsstrafe erklärt hat und der Anspruch der Vertragsstrafe infolgedessen bereits erloschen ist (vgl. BGH, NZBau 2016, 93 = BauR 2016, 499; anders die ältere Rechtsprechung des BGH, vgl. etwa BGH BauR 1997, 640).

Vorbehalt bekannter Mängel

Gemäß § 640 Abs. 3 BGB bzw. § 12 Abs. 5 Nr. 3 VOB/B muss sich der Auftraggeber bekannte Mängel im Zeitpunkt der Abnahme vorbehalten. Anderenfalls verliert er sämtliche Nacherfüllungs-, Selbstvornahme-, Rücktritts- und Minderungsrechte im Hinblick auf die nicht vorbehaltenen Mängel. Von dem Rechtsverlust werden indes Schadenersatzansprüche nach § 634 Nr. 4 BGB bzw. § 13 Abs. 7 VOB/B nicht erfasst.

Hinweis: Es kommt allein auf eine positive Kenntnis des Auftraggebers im Hinblick auf die Mängel an. Das heißt beispielsweise, der Vortrag des Auftragnehmers, der Mangel »sei doch offensichtlich gewesen und hätte vom Auftraggeber erkannt werden müssen«, führt nicht zu einem Rechtsverlust. Für die positive Kenntnis des Auftraggebers trägt der Auftragnehmer die Beweislast.

9 Rechnungsstellung und Zahlungen

9.1 Abrechnung

9.1.1 Prüfbare Abrechnung, § 14 Abs. 1 VOB/B

Der Auftragnehmer hat seine Leistungen gemäß § 14 Abs. 1 Satz 1 VOB/B prüfbar abzurechnen. Die Prüfbarkeit einer Abrechnung ist Fälligkeitsvoraussetzung. § 14 Abs. 1 Satz 2 und 3 VOB/B enthält ergänzend Anforderungen an eine ordnungsgemäße und prüfbare Abrechnung. Demnach ist die Rechnung übersichtlich aufzustellen, und es ist die Reihenfolge der Positionen des Leistungsverzeichnisses einzuhalten. Ferner hat der Auftragnehmer zum Nachweis von Art und Umfang der erbrachten Leistungen erforderliche Mengenberechnungen, Zeichnungen und andere Belege beizufügen.

Die Verpflichtung zur prüfbaren Abrechnung aus § 14 Abs. 1 Satz 1 VOB/B ist sowohl beim Einheitspreisvertrag als auch beim Pauschalvertrag zu beachten. Die Regelungen in § 14 Abs. 1 Satz 2 und 3 VOB/B sind demgegenüber auf einen Einheitspreisvertrag ausgerichtet. Bei einem Pauschalvertrag sind bei unverändertem Pauschalpreis keine Nachweise zum Umfang der erbrachten Leistung vorzulegen; sofern der Auftragnehmer zu einem Pauschalvertrag Abschlagsrechnungen vorlegt, hat er jedoch den erreichten Leistungsstand prüfbar darzulegen.

Unabhängig davon, ob es sich um einen Einheitspreisvertrag oder einen Pauschalvertrag handelt, können sich aus dem Bauvertrag hinsichtlich der Anforderungen an den Nachweis von Leistungen weitere Vorgaben ergeben, die im Zuge der Rechnungslegung zu berücksichtigen sind.

Das Erfordernis einer prüfbaren Abrechnung dient dem Auftraggeber. Dementsprechend ergeben sich die Anforderungen an die Prüffähigkeit aus den Informations- und Kontrollinteressen des Auftraggebers. Dieser muss in die Lage versetzt werden, die Rechnung überprüfen zu können. Welche Angaben für die Prüffähigkeit einer Rechnung erforderlich sind, ist demnach eine Frage des Einzelfalls und betrifft die Besonderheiten des Vertrags, der Vertragsdurchführung sowie Kenntnisse des Auftraggebers und der von ihm beauftragten Planer.

> **Praxishinweis**
>
> Häufig werden **Rechnungen** als nicht prüffähig zurückgewiesen. Die angeführte Begründung betrifft indes die Fehlerhaftigkeit der Abrechnung. Fehler in der Abrechnung betreffen jedoch nicht zwangsläufig deren Prüffähigkeit. Daher kann eine Rechnung prüffähig, aber fehlerhaft sein. Abrechnungsfehler sind im Rahmen der Rechnungsprüfung durch den Auftraggeber zu korrigieren. Sofern es indes bereits an der Prüffähigkeit fehlt, kann eine Rechnungsprüfung und demzufolge die Korrektur nicht erfolgen.

Gemäß § 16 Abs. 3 Nr. 1 VOB/B muss der Auftraggeber Einwendungen gegen die Prüffähigkeit einer Schlussrechnung innerhalb der Frist des Satzes 1 unter Angabe der Gründe erheben, anderenfalls ist er mit dem Einwand der fehlenden Prüffähigkeit der Schlussrechnung ausgeschlossen.

9.1.2 Notwendige Feststellungen für die Abrechnung, § 14 Abs. 2 VOB/B

§ 14 Abs. 2 VOB/B enthält Regelungen zu notwendigen Feststellungen als Grundlage für die Abrechnung des Auftragnehmers.

Üblicherweise erfolgen die für die Abrechnung notwendigen Feststellungen in Form eines Aufmaßes. Das Aufmaß erfasst die erbrachte Leistung nach Anzahl, Maß und/oder Gewicht. Dabei sind die Abrechnungsregeln in Abschnitt 5 der DIN 18299 ff. zu beachten. Vertragliche Regelungen zur Abrechnung können als speziellere Vorschriften vorrangig gelten.

Die Erstellung des Aufmaßes aus Grundlage für die Abrechnung ist Angelegenheit des Auftragnehmers, weil er zur prüfbaren Abrechnung verpflichtet ist und die Darlegungs- und Beweislast für die ausgeführten Leistungen trägt. Ungeachtet dessen, dass die Vertragsparteien nach § 14 Abs. 2 Satz 1 VOB/B die für die Abrechnung notwendigen Feststellungen *»möglichst gemeinsam«* vornehmen sollen, besteht keine Verpflichtung zu einem gemeinsamen Aufmaß. Da sich unterschiedliche Auffassungen über Mengen und Maße im Nachgang oftmals nur schwer oder sogar gar nicht mehr klären lassen, dient ein gemeinsames Aufmaß jedoch der Vermeidung von Aufmaßdifferenzen.

> **Praxishinweis**
>
> Ein gemeinsam aufgenommenes **Aufmaß** ist für beide Vertragsparteien grundsätzlich bindend.
>
> Sofern kein gemeinsames Aufmaß genommen wurde, kann der Auftragnehmer für die Abrechnung ein von ihm ohne Mitwirkung des Auftraggebers erstelltes Aufmaß vorlegen. Für die abgerechneten Leistungen ist der Auftragnehmer voll darlegungs- und beweispflichtig.
>
> Hat sich der Auftraggeber geweigert, an einem gemeinsamen Aufmaß mitzuwirken, begründet dies einen Verstoß gegen das Kooperationsgebot im Bauvertrag mit der Folge, dass der Auftraggeber die Beweislast im Falle von Aufmaßdifferenzen trägt.

9.1.3 Aufstellung der Rechnung durch den Auftraggeber

Gemäß § 14 Abs. 3 VOB/B ist der Auftragnehmer verpflichtet, die Schlussrechnung innerhalb einer bestimmten Frist einzureichen. Die Dauer dieser Frist richtet sich nach der vertraglichen Ausführungsfrist.

Sofern der Auftragnehmer die Schlussrechnung nicht innerhalb vorgegebener Frist erstellt, kann der Auftraggeber ihm hierfür eine angemessene Nachfrist setzen. Nach fruchtlosem Ablauf auch dieser Frist ist der Auftraggeber gemäß § 14 Abs. 4 VOB/B berechtigt, die Rechnung auf Kosten des Auftragnehmers aufzustellen.

9.2 Abrechnung von Stundenlohnarbeiten

Die Vergütung von Stundenlohnarbeiten setzt gemäß § 2 Abs. 10 VOB/B voraus, dass vor Ausführungsbeginn eine Vereinbarung über die Abrechnung auf Stundenlohnbasis getroffen wurde. Liegt eine solche Vereinbarung vor, so gelten für die Abrechnung der Stundenlohnarbeiten die Regelungen des § 15 VOB/B.

Vielfach tritt nach Abschluss der Baumaßnahme Streit über den Umfang der Stundenlohnarbeiten auf, wenn der Auftraggeber diese im Zuge der Schlussrechnungsprüfung kürzt. Streitigkeiten über Stundenlohnarbeiten sind dabei in vielen Fällen darauf zurückzuführen, dass die Vorgaben aus § 15 VOB/B nicht eingehalten werden.

> **Praxishinweis**
>
> Über die Stundenlohnarbeiten, die Gegenstand der ersten Abschlagsrechnungen sind, entsteht nur in seltenen Fällen Streit. Es liegt jedoch im Interesse beider Vertragsparteien, von Beginn an die Vorgaben zur Abrechnung von Stundenlohnarbeiten einzuhalten, um frühzeitig die Einhaltung der wechselseitigen Pflichten einzufordern und auf diese Weise Streit im Zuge der Schlussrechnungsprüfung zu vermeiden.

9.2.1 Pflichten von Auftraggeber und Auftragnehmer bei der Ausführung von Stundenlohnarbeiten, § 15 Abs. 3 VOB/B

Die in § 15 Abs. 3 VOB/B geregelten wechselseitigen Pflichten im Zusammenhang mit der Abrechnung von Stundenlohnarbeiten dienen dazu, bereits während und unmittelbar nach der Ausführung eine Dokumentation der geleisteten Stundenlohnarbeiten zu erstellen, auf deren Grundlage die Abrechnung erfolgen kann. Auch soll der Auftraggeber in die Lage versetzt werden, Art und Umfang der nach Stundenlohn abgerechneten Arbeiten kontrollieren zu können.

Stundenlohnarbeiten sind daher zunächst vor Beginn gegenüber dem Auftraggeber anzuzeigen, § 15 Abs. 3 Satz 1 VOB/B.

Über die geleisteten Stundenlohnarbeiten einschließlich des besonders zu vergütenden Aufwands hat der Auftragnehmer nach § 15 Abs. 3 Satz 2 VOB/B Stundenlohnzettel anzufertigen und diese – abhängig von Verkehrssitte oder vertraglicher Regelung – werktäglich oder wöchentlich dem Auftraggeber vorzulegen. Aus § 15 Abs. 3 Satz 2 VOB/B ergibt sich demnach die Verpflichtung zur Dokumentation der Stundenlohnarbeiten sowie zur Einreichung der Stundenlohnzettel.

Zur Dokumentation in den Stundenlohnzetteln sind in der Regel folgende Angaben vorzunehmen:

- Anzahl der geleisteten Stunden mit Angabe der Qualifikation der Mitarbeiter
- Art der verrichteten Arbeiten
- Materialaufwand
- Geräteeinsatz
- ggf. entstandene Sonderkosten

FAQ: Können Stundenlohnzettel auch noch mit der Schlussrechnung eingereicht werden?

Antwort: Sofern der Auftragnehmer Stundenlohnzettel nicht nach Maßgabe des § 15 Abs. 3 Satz 2 VOB/B anfertigt und beim Auftraggeber einreicht, ist er mit einem Vergütungsanspruch nicht ausgeschlossen. Er muss in diesem Fall die ausgeführten Leistungen darlegen und im Streitfall beweisen. Dabei muss er nachträglich alle Angaben machen, die in den Stundenlohnzetteln hätten aufgeführt werden müssen.

Die bei ihm eingereichten Stundenlohnzettel hat der Auftraggeber zu bescheinigen und unverzüglich, spätestens innerhalb von 6 Werktagen nach Zugang zurückzugeben, § 15 Abs. 3 Satz 3 VOB/B. Hierbei kann er Einwendungen erheben, § 15 Abs. 3 Satz 4 VOB/B. Die Erhebung von Einwendungen setzt voraus, dass der Auftraggeber die Stundenlohnzettel vor Unterzeichnung inhaltlich darauf überprüft, ob die Angaben zutreffend sind. Kann er die Angaben nicht nachvollziehen, weil beispielsweise Angaben zum Personal oder die Beschreibung der Leistung fehlen, kann der Auftraggeber die Stundenlohnzettel als nicht prüfbar zurückweisen.

Mit der Rückgabe unterzeichneter Stundenlohnzettel erkennt der Auftraggeber Art und Umfang der darin dokumentierten Leistungen an.

9.2.2 Einwendungen zu Stundenlohnzetteln

Bei der Rückgabe der Stundenlohnzettel kann der Auftraggeber Einwendungen gegen den darin angeführten Personal- oder Sachaufwand erheben, § 15 Abs. 3 Satz 4 VOB/B. Einwendungen sind innerhalb einer Höchstfrist von 6 Tagen zu erheben. Erfolgt dies nicht fristgerecht oder gibt der Auftraggeber die Stundenlohnzettel gar nicht zurück, gelten sie als anerkannt, § 15 Abs. 3 Satz 5 VOB/B.

Unabhängig davon kann der Auftraggeber auch noch nachträglich Einwendungen gegen den in den Stundenlohnzetteln dokumentierten Personal- und Sachaufwand erheben:

- Sofern keine Stundenlohnvereinbarung im Sinne von § 2 Abs. 10 VOB/B existiert, folgt aus der Unterzeichnung von Stundenlohnzetteln keine Zahlungsverpflichtung des Auftraggebers.
- Der Auftraggeber kann auch nach nachträglich den Einwand erheben, dass die in den Stundenlohnzetteln dokumentierten Leistungen Gegenstand von Positionen des Leistungsverzeichnisses sind und daher mit dem Einheitspreis dieser Positionen abgegolten sind.

9.3 Abschlagszahlungen, § 16 Abs. 1 VOB/B

9.3.1 Abschlagszahlungen für vertragsgemäße Leistungen, § 16 Abs. 1 Nr. 1 VOB/B

Auf Antrag des Auftragnehmers hat der Auftraggeber Abschlagszahlungen in Höhe des Werts der jeweils nachgewiesenen Leistungen in möglichst kurzen Zeitabständen oder zu vereinbarten Zeitpunkten zu zahlen.

Sowohl Abschlagsforderungen als auch die darauf vorgenommenen Abschlagszahlungen haben nur vorläufigen Charakter. Der Auftragnehmer kann daher Fehler aus Abschlagsrechnungen später zu seinen Gunsten korrigieren. Gleichermaßen stellen Abschlagszahlungen des Auftraggebers kein Anerkenntnis von Teilleistungen dar.

Der Wert der erbrachten Leistungen ist durch Leistungsnachweise zu belegen. Sofern der Umfang erbrachter Leistungen nur anhand eines Aufmaßes nachvollzogen werden kann, muss dieses nach Baufortschritt erstellt und den Abschlagsrechnungen zugrunde gelegt werden.

Da Abschlagszahlungen nur für vertragsgemäße Leistungen vorzunehmen sind, muss die Leistung demzufolge mangelfrei und entsprechend der vertraglich vereinbarten Qualitätsanforderungen ausgeführt sein. Der Auftraggeber steht bei mangelhaften Leistungen ein Zurückbehaltungsrecht in angemessener Höhe einschließlich Berücksichtigung eines Druckzuschlags gemäß § 641 Abs. 3 BGB in Höhe des Doppelten des zur Mangelbeseitigung voraussichtlichen Betrages zu.

Sofern der Auftraggeber Gegenforderungen gegen den Auftragnehmer hat, kann er diese gemäß § 16 Abs. 1 Nr. 2 Satz 1 VOB/B ebenfalls einbehalten. Gegenforderungen können aus dem gleichen oder auch einem anderen Bauvertrag herrühren. Andere Einbehalte sind gemäß § 16 Abs. 1 Nr. 2 Satz 2 VOB/B nur dann zulässig, wenn sie vertraglich vereinbart oder gesetzlich begründet sind; dies ist beispielsweise bei einem vertraglich vereinbarten Sicherheitseinbehalt der Fall.

> **Praxishinweis**
>
> Ab dem Zeitpunkt der **Schlussrechnungsreife**, das heißt nach Fertigstellung und Abnahme der Leistungen des Auftragnehmers, können Abschlagsforderungen nicht mehr geltend gemacht werden. Gleiches gilt im Falle der vorzeitigen Vertragsbeendigung durch Kündigung.

9.3.2 Frist zur Vornahme von Abschlagszahlungen, § 16 Abs. 1 Nr. 3 VOB/B

Ansprüche auf Abschlagszahlungen werden gemäß § 16 Abs. 1 Nr. 3 VOB/B binnen 21 Tagen nach Zugang beim Auftraggeber fällig. Sofern der Auftraggeber einen Dritten, zum Beispiel den bauleitenden Architekten ausdrücklich als Empfänger bezeichnet, kommt es auf den Zugang bei diesem an.

Sofern der Auftraggeber bei Fälligkeit der Abschlagsforderung keine Zahlung leistet, hat der Auftragnehmer folgende Handlungsoptionen:

- Der Auftragnehmer kann dem Auftraggeber eine angemessene Nachfrist setzen und nach fruchtlosem Ablauf der Nachfrist Verzugszinsen gemäß § 288 BGB geltend machen.

- Der Auftraggeber kommt auch ohne Nachfristsetzung gemäß § 16 Abs. 5 Nr. 3 Satz 2 VOB/B spätestens 30 Tage nach Zugang der Rechnung in Zahlungsverzug mit der Folge eines Verzugszinsanspruchs des Auftragnehmers.
- Bei Zahlungsverzug kann der Auftragnehmer die Leistungen einstellen, wenn er dem Auftraggeber zuvor eine angemessene Frist für die Zahlung gesetzt hat und diese fruchtlos verstrichen ist, § 16 Abs. 5 Nr. 4 VOB/B.
- Schließlich kann der Auftragnehmer dem Auftraggeber unter Kündigungsandrohung eine angemessene Frist zur Zahlung setzen. Sofern der Auftraggeber gleichwohl keine Zahlung leistet, kann der Auftragnehmer den Vertrag gemäß § 9 Abs. 1 Nr. 2 VOB/B kündigen.

9.4 Vorauszahlungen, § 16 Abs. 2 VOB/B

9.4.1 Vorauszahlungsvereinbarung

Bei Vorauszahlungen handelt es sich um Zahlungen auf noch zu erbringende Leistungen. Da das Werkvertragsrecht durch die Vorleistungspflicht des Auftragnehmers charakterisiert ist und der Auftragnehmer daher Vergütung nur für bereits erbrachte Leistungen erhält, besteht weder im BGB noch nach den Regelungen der VOB/B ein Anspruch auf Vorauszahlung. Vielmehr setzt die Gewährung von Vorauszahlungen des Auftraggebers eine individualvertragliche Regelung der Vertragsparteien voraus. Ohne eine derartige Vereinbarung kann der Auftragnehmer demnach keine Vorauszahlung beanspruchen.

Eine Vorauszahlungsvereinbarung kann im Bauvertrag geregelt werden; gleichermaßen ist es möglich, die Vorauszahlungsvereinbarung zum Gegenstand einer ergänzenden Vereinbarung nach Vertragsschluss zu machen. Im Rahmen einer solchen Vereinbarung ist die Höhe der Vorauszahlung, deren Zeitpunkt, die Absicherung des Auftraggebers, die Verrechnung der Vorauszahlung sowie deren Verzinsung zu regeln. Individualvertraglich getroffene Vereinbarungen über Vorauszahlungen werden häufig durch Regelungen in den Besonderen oder Zusätzlichen Vertragsbedingungen über die Modalitäten der Vorauszahlung ergänzt

> **Praxishinweis**
>
> Die Verpflichtung des Auftraggebers zur Vorauszahlung kann nicht wirksam in Allgemeinen Geschäftsbedingungen des Auftragnehmers enthalten sein, weil ein Vorauszahlungsanspruch vom Grundgedanken des Werkvertragsrechts erheblich abweicht und daher eine unangemessene Benachteiligung des Auftraggebers begründet.

9.4.2 Sicherheit des Auftraggebers

§ 16 Abs. 2 Nr. 1 Satz 1 VOB/B sieht vor, dass der Auftraggeber für die Gewährung einer Vorauszahlung im Gegenzug ausreichende Sicherheit verlangen kann. Da die Gewährung von Vorauszahlungen ohnehin eine individualvertragliche Regelung der Vertragsparteien voraussetzt, ist im Rahmen dessen die Absicherung des Auftraggebers zu vereinbaren. Wegen des Sicherungsinteresses des Auftraggebers orientiert sich Höhe der Sicherheit in aller Regel an der Höhe der Vorauszahlung.

Typischerweise wird die Sicherheit für eine Vorauszahlung durch eine Vorauszahlungsbürgschaft erbracht. In Betracht kommen aber auch die anderen Sicherheiten gemäß § 232 BGB. Um zu vermeiden, dass zum Zeitpunkt der vereinbarten Vorauszahlung und deren Absicherung Unklarheiten über den Inhalt einer solchen Vorauszahlungsbürgschaft entstehen, sollte ein entsprechendes Muster dem Bauvertrag oder der nach Vertragsschluss geschlossenen Vereinbarung beigefügt werden.

9.4.3 Verzinsung von Vorauszahlungen

Sofern die Vertragsparteien nichts Abweichendes vereinbart haben, sind Vorauszahlungen gemäß § 16 Abs. 2 Nr. 1 Satz 2 VOB/B mit drei Prozentpunkten über dem Basiszinssatz des § 247 BGB zu verzinsen. Die Verzinsung beginnt mit dem Zeitpunkt der Vorauszahlung und endet mit der Anrechnung auf die nächstfällige Zahlung.

9.4.4 Anrechnung von Vorauszahlungen

Vorauszahlungen sind gemäß § 16 Abs. 2 Nr. 2 VOB/B auf die nächstfälligen Zahlungen anzurechnen, soweit damit Zahlungen abzugelten sind, für die die Vorauszahlung gewährt wurde. Die Vertragsparteien können aber auch hiervon abweichende Regelungen treffen.

Da nach erfolgter Anrechnung auf die nächstfällige Zahlung der Sicherungszweck für die Vorauszahlungssicherheit entfällt, hat der Auftraggeber sodann die ihm überlassene Sicherheit zurück zu gewähren.

9.5 Schlussrechnung und Schlusszahlung

9.5.1 Schlussrechnung

Voraussetzung der Fälligkeit einer Schlusszahlung durch den Auftraggeber ist die Vorlage einer prüffähigen Schlussrechnung des Auftragnehmers. Aus § 14 Abs. 3 VOB/B ergibt sich die Verpflichtung des Auftragnehmers zur Erstellung der Schlussrechnung nach Fertigstellung seiner Leistungen.

An eine vorgelegte Schlussrechnung ist der Auftragnehmer nicht gebunden. Er kann daher auch noch nachträglich bis zum Eintritt der Verjährung weitere Vergütungsansprüche gegenüber dem Auftraggeber geltend machen, die in der Schlussrechnung nicht enthalten waren. Nur die vorbehaltlose Annahme der Schlusszahlung des Auftraggebers aus einer vorgelegten Schlussrechnung oder der Abschluss eines Abrechnungsvergleichs schließen weitergehende Forderungen des Auftragnehmers aus.

Die Schlussrechnung des Auftragnehmers muss prüffähig sein. Die Prüffähigkeit ist Voraussetzung der Fälligkeit des Schlusszahlungsanspruchs. Maßgeblich für die Prüffähigkeit sind die Prüfkriterien aus § 14 VOB/B.

9.5.2 Prüfung der Schlussrechnung durch den Auftraggeber

Der Auftraggeber hat eine vom Auftragnehmer eingereichte Schlussrechnung zu prüfen. Das Prüfergebnis wird dem Auftragnehmer üblicherweise mit einem Prüfvermerk und gegebenenfalls Korrektureintragungen in der Schlussrechnung zur Kenntnis gegeben.

> **Praxishinweis**
>
> Aus der Übersendung der geprüften Schlussrechnung folgt kein Anerkenntnis durch den Auftraggeber. Dies gilt auch dann, wenn das Prüfexemplar mit dem Vermerk »*sachlich und rechnerisch richtig*« versehen ist. Dieser Prüfvermerk hat nur interne Wirkung zwischen dem Rechnungsprüfer und dem Auftraggeber, ohne dass der Auftragnehmer daraus etwas zu seinen Gunsten herleiten könnte. Die Übersendung des Prüfvermerks erfolgt lediglich aus Informationsgründen über das durch den Auftraggeber festgestellt Prüfergebnis.

Die Frist zur Prüfung der Schlussrechnung beläuft sich auf 30 Tage. Diese Frist kann sich auf höchstens 60 Tage verlängern, wenn dies aufgrund besonderer Umstände gerechtfertigt ist und diese Verlängerung ausdrücklich vereinbart wurde. Allerdings kann auch ohne vertragliche Vereinbarung dem Auftraggeber im Einzelfall eine längere Prüffrist zuzubilligen sein. Bei größeren Baumaßnahmen ist für die Erstellung einer Schlussrechnung durch den Auftragnehmer häufig geraume Zeit erforderlich. Dementsprechend kann die Prüfung und Feststellung der Schlusszahlung in Ausnahmefällen auch längere Zeit in Anspruch nehmen.

Einwendungen gegen die Prüfbarkeit muss der Auftraggeber innerhalb der 30-Tagesfrist erheben. Dabei muss er seine Einwendungen unter Angabe der Gründe vorbringen. Ein pauschaler Hinweis auf die fehlende Prüffähigkeit ist nicht ausreichend.

9.5.3   Schlusszahlung des Auftraggebers

Die Schlusszahlung wird spätestens innerhalb von 30 Tagen nach Zugang der prüffähigen Schlussrechnung fällig. Weitere Fälligkeitsvoraussetzung ist die Abnahme der Leistungen des Auftragnehmers durch den Auftraggeber.

Sofern der Auftraggeber eine Schlusszahlung auf die Schlussrechnung vornimmt und der Auftraggeber diese Schlusszahlung vorbehaltlos annimmt, ist der Auftragnehmer mit Nachforderungen ausgeschlossen, § 16 Abs. 3 Nr. 2 VOB/B. Dieser Ausschluss mit Nachforderungen setzt jedoch voraus, dass der Auftraggeber den Auftragnehmer über die Schlusszahlung schriftlich unterrichtet und auf die Ausschlusswirkungen hingewiesen hat. Ist nach der Schlussrechnungsprüfung keine weitere Zahlung mehr zu leisten, so hat der Auftraggeber eine zahlungsgleiche Erklärung gegenüber dem Auftragnehmer mit Verweis auf die Folgen einer vorbehaltlosen Annahme abzugeben, § 16 Abs. 3 Nr. 3 VOB/B.

> **Praxishinweis**
>
> Aus dem Hinweis auf die Ausschlusswirkung der vorbehaltlosen Annahme der Schlusszahlung muss sich eindeutig ergeben, dass der Auftragnehmer ohne Vorbehalt keine weiteren Nachforderungen mehr geltend machen kann. Der Auftraggeber muss daher auf die Notwendigkeit einer **Vorbehaltserklärung** hinweisen. Der bloße Verweis auf die Regelung in § 16 Abs. 3 Nr. 2 VOB/B genügt dafür nicht. Vielmehr muss der Auftraggeber auch auf die Fristen zur Erklärung und Begründung des Vorbehalts verweisen.

Durch die vorbehaltlose Annahme der Schlusszahlung oder der Schlusszahlungserklärung werden alle Nachforderungen aus dem zugrunde liegenden Bauvertrag ausgeschlossen. Die Ausschlusswirkung umfasst demnach neben Forderungen aus dem Hauptvertrag auch Vergütungsansprüche für zusätzliche Leistungen gemäß § 2 Abs. 5, 6 und 8 VOB/B. Ferner werden Schadensersatz- und Entschädigungsansprüche beispielsweise aus Verzug oder Behinderung ausgeschlossen.

Sofern der Auftragnehmer die Ausschlusswirkung der Schlusszahlung oder Schlusszahlungserklärung verhindern will, muss er demzufolge zunächst innerhalb von 28 Kalendertagen nach Zugang der entsprechenden Mitteilung des Auftraggebers einen Vorbehalt erklären. Der Vorbehalt selbst bedarf keiner weiteren Begründung. Ferner muss der Auftragnehmer innerhalb von weiteren 24 Kalendertagen eine prüfbare Rechnung über die vorbehaltene Forderung einreichen oder den Vorbehalt eingehend begründen. Erfolgt die Vorbehaltsbegründung nicht oder nicht fristgerecht, wird der zuvor erklärte Vorbehalt des Auftragnehmers hinfällig.

> **FAQ:** Was muss der Auftragnehmer im Rahmen der Vorbehaltsbegründung vornehmen, wenn er bereits eine prüfbare Schlussrechnung vorgelegt hat?
>
> **Antwort:** Sofern der Auftragnehmer bereits zuvor dem Auftraggeber eine prüffähige Schlussrechnung übergeben hat, bedarf es keiner ergänzenden Begründung.

Nimmt der Auftraggeber bei Fälligkeit der Schlussrechnungsforderung keine Zahlung vor, hat der Auftragnehmer folgende Möglichkeiten:

- Der Auftragnehmer kann dem Auftraggeber eine angemessene Nachfrist setzen und nach fruchtlosem Ablauf der Nachfrist Verzugszinsen gemäß § 288 BGB geltend machen.
- Der Auftraggeber kommt auch ohne Nachfristsetzung gemäß § 16 Abs. 5 Nr. 3 Satz 2 VOB/B spätestens 30 Tage nach Zugang der Rechnung in Zahlungsverzug mit der Folge eines Verzugszinsanspruchs des Auftragnehmers.

9.6 Verjährung des Vergütungsanspruchs

Für den Vergütungsanspruch des Auftragnehmers gilt die regelmäßige Verjährungsfrist von drei Jahren gemäß § 195 BGB. Die Verjährung beginnt mit dem Schluss des Jahres, in dem der Zahlungsanspruch entstanden ist, d. h. der Vergütungsanspruch fällig geworden ist und der Gläubiger Kenntnis von den den Anspruch begründen Umständen erlangt hat. Die dreijährige Verjährungsfrist beginnt demnach mit Ablauf des Jahres, in dem die Schlussrechnungsforderung fällig geworden ist.

10 Mängelansprüche

Erfüllt der Auftragnehmer seine bauvertragliche Verpflichtung zur mangelfreien Herstellung des Bauwerks nicht, so hat der Auftraggeber Mängelansprüche auf Grundlage der als Vertragsbestandteil des Bauvertrags vereinbarten VOB/B sowie auf Grundlage des BGB. Die VOB/B-Mängelansprüche werden nachstehend dargestellt. Zu differenzieren ist dabei nach VOB/B-Mängelansprüchen vor Abnahme und nach Abnahme des Bauwerks.

10.1 Mängelansprüche vor der Abnahme

10.1.1 Beseitigung vertragswidriger Stoffe oder Bauteile

Wenn vor Abnahme Stoffe oder Bauteile nicht die Beschaffenheit aufweisen, die in dem Bauvertrag als Sollbeschaffenheit vereinbart ist, oder nicht die Beschaffenheit aufweisen, die vertraglich vereinbarten Proben (Musterstücken) entsprechen, sind diese vertragswidrigen Stoffe oder Bauteile gem. § 4 Abs. 6 VOB/B auf Anordnung des Auftraggebers zu entfernen. Hierzu hat der Auftraggeber dem Auftragnehmer gem. § 4 Abs. 6 S. 1 VOB/B eine bestimmte Frist zur Entfernung dieser Stoffe oder Bauteile von der Baustelle zu setzen. Geschieht dies nicht, so können diese vertragswidrigen Stoffe oder Bauteile gem. § 4 Abs. 6 S. 2 VOB/B vom Auftraggeber auf Kosten des Auftragnehmers entfernt werden oder vom Auftraggeber auf Rechnung des Auftragnehmers veräußert werden.

§ 4 Abs. 6 VOB/B regelt insofern einen vorweg genommenen Mängelbeseitigungsanspruch des Auftraggebers gegen den Auftragnehmer. Dieser vorweg genommene Mängelbeseitigungsanspruch gem. § 4 Abs. 6 VOB/B zielt darauf, Baumängel gar nicht erst entstehen zu lassen, indem vertragswidrige Stoffe oder Bauteile gar nicht erst verbaut werden. Anspruchsvoraussetzung des Beseitigungsanspruchs gem. § 4 Abs. 6 S. 1 VOB/B oder des Selbsthilferechts des Auftraggebers gem. § 4 Abs. 6 S. 2 VOB/B ist stets, dass die vertragswidrigen Stoffe oder Bauteile noch nicht vom Auftragnehmer verbaut wurden. Sollten bereits vertragswidrige Stoffe oder Bauteile vom Auftragnehmer verbaut worden sein, greift nicht § 4 Abs. 6 VOB/B, sondern allein § 4 Abs. 7 VOB/B.

Weitere Voraussetzung des Beseitigungsanspruchs gem. § 4 Abs. 6 S. 1 VOB/B ist, dass die vertragswidrigen Stoffe oder Bauteile vom Auftragnehmer stammen. Es muss sich um solche Stoffe oder Bauteile handeln, die vom Auftragnehmer beschafft oder vorbereitet worden sind, damit sie im Rahmen seiner Leistungspflicht bei der endgültigen Leistungserstellung Verwendung finden. Dies können natürlich auch vertragswidrige Stoffe oder Bauteile sein, die auf Veranlassung des Auftragnehmers bei Dritten bestellt wurden und unmittelbar von Dritten auf die Baustelle geliefert worden sind. Weitere Voraussetzung des Beseitigungsanspruchs gem. § 4 Abs. 6 S. 1 VOB/B ist, dass die Stoffe oder Bauteile nicht dem Vertrag oder den Proben (Mustern), die im Bauvertrag als vertragliche Sollbeschaffenheit wurden, entsprechen.

Was der vertraglich vereinbarten Sollbeschaffenheit eines Bauvertrags entspricht, folgt regelmäßig aus der Leistungsbeschreibung. Daneben müssen derartige Stoffe oder Bauteile den anerkannten Regeln der Technik (§ 4 Abs. 2 Nr. 1 VOB/B) entsprechen. DIN-Bestimmungen, Herstellervorschriften, etc., sind einzuhalten. Der Beseitigungsanspruch gem. § 4 Abs. 6 S. 1 VOB/B sowie das Selbsthilferecht des Auftraggebers gem. § 4 Abs. 6 S. 2 VOB/B setzen schließlich voraus, dass die Stoffe und Bauteile auf der Baustelle lagern, aber noch nicht eingebaut sind (vgl. oben).

Die gem. § 4 Abs. 6 S. 1 VOB/B vom Auftraggeber dem Auftragnehmer zu setzende Frist hat angemessen zu sein.

Das Selbsthilferecht des Auftraggebers gem. § 4 Abs. 6 S. 2 VOB/B zur Entfernung vertragswidriger Stoffe oder Bauteile von der Baustelle, wenn der Auftragnehmer eine hierzu gesetzte angemessene Frist hat fruchtlos verstreichen lassen, setzt keinen Verzug und damit kein Verschulden des Auftragnehmers voraus. Voraussetzung für das Entstehen des Selbsthilferechts des Auftraggebers gem. § 4 Abs. 6 S. 2 VOB/B ist allein ein berechtigtes und ordnungsgemäßes Beseitigungsbegehren gem. § 4 Abs. 6 S. 1 VOB/B sowie der fruchtlose Ablauf der vom Auftraggeber gesetzten angemessenen Beseitigungsfrist.

Das Beseitigungsrecht und das Selbsthilferecht des Auftraggebers gem. § 4 Abs. 6 S. 1, 2 VOB/B geht dabei nur so weit, wie es die Interessen des Auftraggebers zur Abwendung der Gefahr eines späteren Baumangels erfordern. Die Entfernungsbefugnis vertragswidriger Stoffe oder Bauteile beschränkt sich daher auf die Baustelle. Der Auftraggeber darf Gegenstände nicht vernichten oder so lagern, dass diese gestohlen werden oder sonst dem unbefugten Zugriff Dritter ausgesetzt sind. Der Auftraggeber hat dafür Sorge zu tragen, dass die von ihm in Ausübung des Selbsthilferechts von der Baustelle entfernten Stoffe oder Bauteile für den Auftragnehmer ohne Weiteres wieder zugänglich sind. Für die ordnungsgemäße Lagerung oder Aufbewahrung ist der Auftraggeber verantwortlich.

Gem. § 4 Abs. 6 S. 2 VOB/B ist der Auftraggeber schließlich befugt, vertragswidrige Stoffe oder Bauteile nach Ablauf einer gesetzten angemessenen Frist auf Kosten des Auftragnehmers zu veräußern. Gem. § 4 Abs. 6 S. 2 VOB/B hat diese Veräußerung auf Rechnung des Auftragnehmers zu erfolgen. Dies bedeutet, dass der Auftraggeber dem Auftragnehmer den Erlös dieser Veräußerung auszuhändigen hat. Der Auftraggeber ist berechtigt, seine Eigenkosten abzuziehen. Über den erzielten Erlös hat der Auftraggeber dem Auftragnehmer Rechnung zu legen.

Weitere Ansprüche des Auftraggebers aus Verletzung der Pflicht des Auftragnehmers gem. § 4 Abs. 6 S. 1 VOB/B folgen regelmäßig aus § 5 Abs. 3, 4 VOB/B, aus § 6 Abs. 6 VOB/B oder aus dem Entstehen des Rechts zur fristlosen Kündigung gem. § 8 Abs. 3 VOB/B.

10.1.2 Während der Ausführung als mangelhaft oder vertragswidrig erkannte Leistungen

Leistungen des Auftragnehmers, die bereits während der Ausführung als mangelhaft oder vertragswidrig erkannt werden, hat der Auftragnehmer gem. § 4 Abs. 7 S. 1 VOB/B durch mangelfreie Leistungen zu ersetzen, d. h. die Mängel während der Ausführung zu beseitigen. § 4 Abs. 7 S. 1 VOB/B begründet einen Erfüllungsanspruch des Auftraggebers auf vertragsgemäße, mangelfreie Leistungserbringung. Dieser Erfüllungsanspruch des Auftraggebers ist verschuldensunabhängig, d. h. von einem Verschulden des Auftraggebers an den Mängeln während der Ausführung nicht abhängig.

Schadensersatzansprüche des Auftraggebers gegen den Auftragnehmer können gem. § 4 Abs. 7 S. 2 VOB/B dagegen nur bei Verschulden des Auftragnehmers entstehen. Nach Fälligkeit, Fristsetzung und fruchtlosem Fristablauf gem. § 4 Abs. 7 S. 1, 2 VOB/B kann der Auftraggeber bei Verschulden des Auftragnehmers an dem Mangel während der Ausführung Schadensersatz verlangen. Mit dem Schadensersatzverlangen des Auftraggebers gem. § 4 Abs. 7 S. 2 VOB/B erlischt der Erfüllungsanspruch. Der Schadensersatzanspruch des Auftraggebers gem. § 4 Abs. 7 S. 2 VOB/B besteht dann in Höhe der Mangelbeseitigungskosten.

Voraussetzung des § 4 Abs. 7 S. 1, 2 VOB/B ist dabei stets, dass die Mängel während der Ausführung erkannt werden. Ist das Werk bereits abgenommen, ist § 4 Abs. 7 S. 1, 2 VOB/B nicht mehr anwendbar. Mängelbeseitigungsansprüche des Auftraggebers folgen dann ausschließlich aus § 13 Abs. 5 VOB/B.

Die Fristsetzung gem. § 4 Abs. 7 S. 1 VOB/B hat ebenfalls angemessen zu sein. Die Angemessenheit einer zu setzenden Frist beurteilt sich dabei nach den Umständen des Einzelfalls. Eine Nachfrist von ca. zwei Wochen bis zu einem Monat ist dabei regelmäßig angemessen. Für die Angemessenheit der zu setzenden Frist ist dabei stets Voraussetzung, dass unter objektiver Betrachtung der Auftragnehmer bei unverzüglichem Beginn der Mangelbeseitigungsmaßnahmen nach Erhalt der Beseitigungsaufforderung in der Lage ist, den Mangel innerhalb der gesetzten Frist zu beseitigen.

Zweifelhaft ist, ob § 4 Abs. 7 VOB/B dem Auftraggeber ferner einen verschuldensunabhängigen Anspruch auf Vorschuss zur Erstattung der Mangelbeseitigungskosten liefert. Dies dürfte zu verneinen sein. Vorschussansprüche auf Erstattung der Mangelbeseitigungskosten können daher allein nach fristloser Kündigung des Bauvertrags gem. § 4 Abs. 7 S. 3, 8 Abs. 3 VOB/B entstehen.

Solange der Auftragnehmer seine in § 4 Abs. 7 S. 1 VOB/B enthaltene Erfüllungspflicht zur mangelfreien Leistungserbringung nicht erfüllt, besteht zugunsten des Auftraggebers ein Zurückbehaltungsrecht gem. § 320 Abs. 1 BGB. Der Auftragnehmer ist dann berechtigt, die zu diesem Zeitpunkt laufenden Abschlagszahlungen ganz oder teilweise einzustellen.

Voraussetzung der Ansprüche des Auftraggebers gem. § 4 Abs. 7 VOB/B ist das Vorliegen von Mängeln vor Abnahme. Nimmt der Auftraggeber die Leistungen des Auftragnehmers ab, gleichgültig ob die Leistungen tatsächlich abnahmereif waren oder nicht, sind allein die Bestimmungen des § 13 Abs. 5 bis 7 VOB/B anwendbar.

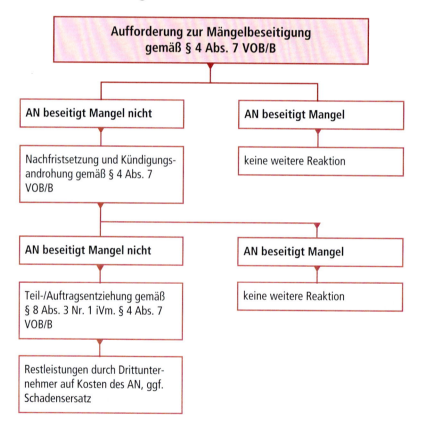

10.2 Mängelansprüche nach Abnahme

Die Mängelansprüche des Auftraggebers gegen den Auftragnehmer nach der Abnahme der Bauleistungen gliedern sich wie folgt:

Gem. § 13 Abs. 5 Nr. 1 S. 1 VOB/B kann der Auftraggeber beim Vorliegen von Mängelansprüchen nach Abnahme zunächst die Beseitigung dieser Mängel auf Kosten des Auftragnehmers verlangen. Zur Begründung dieses Nacherfüllungsanspruchs des Auftraggebers gem. § 13 Abs. 5 Nr. 1 S. 1 VOB/B ist der Auftragnehmer vom Auftraggeber schriftlich zur Mangelbeseitigung aufzufordern. Gleichzeitig ist dem Auftragnehmer in dieser schriftlichen Mangelbeseitigungsaufforderung eine angemessene Frist zur Mangelbeseitigung zu setzen.

Die Schriftform der Mangelbeseitigungsaufforderung gem. § 13 Abs. 5 Nr. 1 S. 1 VOB/B ist Wirksamkeitsvoraussetzung. Schriftform bedeutet gem. § 126 Abs. 1 BGB Brief mit Originalunterschrift. Lediglich Faxschreiben oder E-Mail-Korrespondenz sind hierzu nicht ausreichend.

Der Auftragnehmer kann die Mängelbeseitigung verweigern, wenn sie objektiv unmöglich ist oder die Mängelbeseitigung einen unverhältnismäßig hohen Aufwand erfordert, § 13 Abs. 6 VOB/B.

Lässt der Auftragnehmer die ihm gem. § 13 Abs. 5 Nr. 1 S. 1 VOB/B gesetzte Mängelbeseitigungsfrist fruchtlos verstreichen oder verweigert der Auftragnehmer die Mängelbeseitigung, so stehen dem Auftraggeber folgende Mängelansprüche nach Abnahme zu:

- Der Auftragnehmer kann die Mängelbeseitigung selbst vornehmen (Selbstvornahme) und die Erstattung der notwendigen Kosten nach erfolgter Mängelbeseitigung verlangen.
- Der Auftraggeber kann die Mängelbeseitigung durch ein Drittunternehmen vornehmen lassen (Ersatzvornahme und die Erstattung der notwendigen Kosten nach erfolgter Mängelbeseitigung vom Auftragnehmer verlangen.
- Der Auftraggeber kann von dem Auftragnehmer einen angemessenen Kostenvorschuss für die Mängelbeseitigung verlangen (Vorschussanspruch).
- Der Auftraggeber kann vom Auftragnehmer die Herabsetzung der Vergütung (Minderung) verlangen, wenn die Beseitigung des Mangels objektiv unmöglich ist oder einen unverhältnismäßig hohen Aufwand erfordern würde und sie deshalb vom Auftragnehmer verweigert wird oder, wenn die Beseitigung des Mangels für den Auftraggeber unzumutbar ist, § 13 Abs. 6 VOB/B.
- Der Auftraggeber hat das Recht, Ersatz für den Schaden an der baulichen Anlage zu fordern, wenn ein wesentlicher Mangel vorliegt und dieser Mangel auf ein

Verschulden des Auftragnehmers zurückzuführen ist (kleiner Schadensersatzanspruch) gem. § 13 Abs. 7 Nr. 3 S. 1 VOB/B.
- Der Auftraggeber kann schließlich unter den Voraussetzungen des § 13 Abs. 7 Nr. 3 S. 2 lit. a) bis c) VOB/B seinen darüber hinausgehenden Schaden gegenüber dem Auftragnehmer geltend machen (großer Schadensersatzanspruch).
- Der Auftraggeber hat das Recht, die Zahlung einer möglicherweise noch einbehaltenen Vergütung bis zur Durchführung der Nachbesserung ganz oder teilweise zu verweigern, § 320 Abs. 1 BGB. Hierfür besteht ein Leistungsverweigerungsrecht des Auftraggebers mindestens in Höhe des doppelten Betrages der voraussichtlich für die Beseitigung des Mangels entstehenden Kosten (§ 641 Abs. 3 BGB).

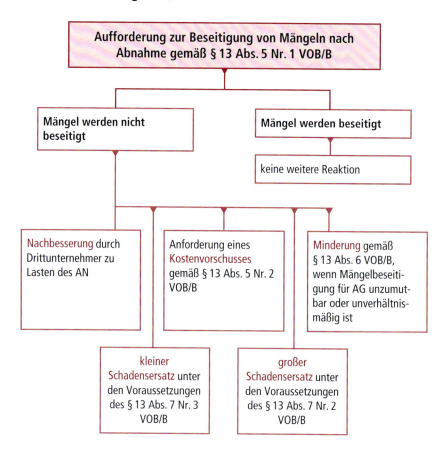

Mangelansprüche nach der Abnahme gem. § 13 Abs. 5 bis VOB/B/B

10.3 Verjährung von Mängelansprüchen nach Abnahme

10.3.1 Regelfristen

Die VOB/B sieht in § 13 Abs. 4 Nr. 1, 2 VOB/B folgende Regelfristen für die Verjährung von Mängelansprüchen des Auftraggebers vor:

- Bauwerke: 4 Jahre
- sonstige Werke: 2 Jahre
- Feuerungsanlagen (feuerberührte Teile): 2 Jahre
- industrielle Feuerungsanlagen (feuerberührte und abgasdämmende Teile): 1 Jahr
- wartungsabhängige maschinelle und elektrotechnische/elektronische Anlagen (ohne Wartungsvertrag): 2 Jahre
- wartungsabhängige maschinelle und elektrotechnische/elektronische Anlagen (mit Wartungsvertrag): 4 Jahre

Diese VOB/B-Verjährungsfristen sind die Regelfristen. Die Vertragsparteien können andere Verjährungsfristen im Bauvertrag vereinbaren.

> **Praxisbeispiel**
>
> *Häufig wird im Bauvertrag für die Dichtigkeit von Dach und/oder äußerer Gebäudehülle eine Verjährungsfrist von zehn Jahren vereinbart. Diese längere Verjährungsfrist von zehn Jahren ist dabei häufig an den Abschluss eines Wartungsvertrags geknüpft.*

10.3.2 Verjährungshemmung durch schriftliche Mangelanzeige

Gem. § 13 Abs. 5 Nr. 1 VOB/B führt eine schriftliche Mängelrüge des Auftraggebers innerhalb der Verjährungsfrist für Mängelansprüche dazu, dass sich die VOB/B Regelverjährungsfrist allein für die gerügten Mängel um zwei Jahre verlängert. Die Zwei-Jahres-Frist wird dabei berechnet ab Zugang der schriftlichen Mängelrüge. Werden die Mängel beseitigt, so beginnt die zweijährige Frist mit Abnahme der Mängelbeseitigungsleistungen zu laufen. Die Zwei-Jahres-Frist läuft dabei nicht vor Ablauf der Regelgewährleistungsfrist ab.

> **Praxisbeispiel**
>
> *Ist in einem VOB/B-Bauvertrag eine Regelgewährleistungsfrist von vier Jahren vereinbart und fordert der Auftraggeber den Auftragnehmer nach Ablauf von drei Jahren ab Abnahme schriftlich zur Mängelbeseitigung eines bestimmten Mangels auf und wird diese Mangelbeseitigung ein halbes Jahr später abgenommen, so verlängern sich die Mängelansprüche gegen den Auftragnehmer beginnend ab Abnahme der Mängelbeseitigungsleistungen um weitere zwei Jahre. Insgesamt hat der Auftraggeber dann für diesen Mangel eine Mängelbeseitigungsfrist von 5 ½ Jahren.*

> **Praxishinweis**
>
> **Verjährungsfristen** für Bauleistungen sind genauestens zu dokumentieren. Rechtzeitig vor Ablauf der Verjährungsfristen für Mängelansprüche sind Objektbegehungen zur Mangelfeststellung vorzunehmen. Diese Objektbegehungen vor Ablauf der Verjährungsfristen sind durch Auftraggeber und Auftragnehmer möglichst gemeinsam durchzuführen. Die festgestellten Mängel sind dabei zu dokumentieren und die Mängelbeseitigung ist vom Auftragnehmer schriftlich vor Ablauf der Mängelverjährungsfristen zu verlangen.

Mit dem schriftlichen Mängelbeseitigungsverlangen vor Ablauf der Verjährungsfristen sollte sich der Auftraggeber dabei stets nicht begnügen. Bestehen auch nur geringe Anzeichen dafür, dass der Auftragnehmer seinen Mängelbeseitigungsverpflichtungen nicht nachkommt, sollte der Auftraggeber vor Ablauf der Verjährungsfristen für Mängelansprüche eine gerichtliche Verjährungshemmung einleiten. Dies kann beispielsweise durch Einleitung eines selbstständigen Beweisverfahrens, §§ 485 ff. ZPO, erfolgen. Dies ist rechtlich der sicherste Weg.

11 Kündigung des Bauvertrags

11.1 Grundsätzliches zur Kündigung

Durch eine Kündigung wird der Bauvertrag mit Wirkung für die Zukunft ab Zugang der Kündigungserklärung beendet. Sowohl die VOB/B als auch das BGB enthalten Regelungen, die im Zusammenhang mit der Kündigung zu berücksichtigen sind.

Die Kündigung eines VOB/B-Vertrags bedarf zu ihrer Wirksamkeit der Schriftform. Für den Auftraggeber folgt dies aus § 8 Abs. 6 VOB/B, für den Auftragnehmer aus § 9 Abs. 2 Satz 1 VOB/B.

> **Praxishinweis**
>
> Für die Wirksamkeit der Kündigung eines Bauvertrags kommt es darauf an, dass die Kündigungserklärung beim Vertragspartner zugeht. Kündigungsschreiben sollten daher per Einschreiben/Rückschein übersandt oder persönlich mit Empfangsquittung übergeben werden, damit der Kündigende den Zugang notfalls beweisen kann.

Auch im Fall einer vorzeitigen Vertragsbeendigung durch Kündigung einer der Vertragsparteien ist die Abnahme durch den Auftraggeber Fälligkeitsvoraussetzung für den Vergütungsanspruch des Auftragnehmers aus der Schlussrechnung.

> **Praxishinweis**
>
> Verlangt der Auftragnehmer nach einer Vertragskündigung des Auftraggebers, die dieser auf mangelhafte Leistungen des Auftragnehmers gestützt hat, die Abnahme, wird dies durch den Auftraggeber vielfach mit Verweis darauf verweigert, dass die Voraussetzungen einer Abnahme wegen der Mangelhaftigkeit der Leistungen nicht vorliegen. Sofern der Auftraggeber den Auftragnehmer nachfolgend auf Zahlung in Anspruch nimmt und dabei einen Kostenvorschussanspruch oder einen Kostenerstattungsanspruch macht, wandelt sich das Vertragsverhältnis auch ohne Abnahme in ein sogenanntes **Abrechnungsverhältnis**. Grund hierfür ist, dass der Auftraggeber wegen der Geltendmachung dieser Ansprüche keine Vertragserfüllung mehr fordert. Sofern die Abnahmevoraussetzungen nicht zuvor eingetreten waren, wird jedenfalls durch die Begründung eines Abrechnungsverhältnisses der Vergütungsanspruch des Auftragnehmers aus der Schlussrechnung fällig.

Alternativ zu einer Kündigung können die Vertragsparteien einen Bauvertrag auch durch eine einvernehmliche Vertragsaufhebung vorzeitig beenden. Sofern sie im Rahmen der Vertragsaufhebung nichts Abweichendes vereinbaren, hat der Auftragnehmer auch im Fall der einvernehmlichen Vertragsaufhebung einen Vergütungsanspruch für nicht erbrachte Leistungen, wie dies bei einer freien Auftraggeberkündigung gemäß § 8 Abs. 2 VOB/B der Fall ist.

11.2 Kündigung durch den Auftraggeber, § 8 VOB/B

Der Auftraggeber kann den Bauvertrag im Zuge einer freien Vertragskündigung sowie bei Vorliegen eines wichtigen Grundes beenden. Die Kündigungsfolgen richten sich danach, ob es sich um eine freie Kündigung oder eine Kündigung aus wichtigem Grund handelt.

11.2.1 Freies Kündigungsrecht des Auftraggebers, § 8 Abs. 1 VOB/B

Gemäß § 8 Abs. 1 Nr. 1 VOB/B kann der Auftraggeber jederzeit ohne wichtigen Grund den Bauvertrag kündigen. Hierbei handelt es sich um eine sogenannte freie Kündigung. Dies entspricht dem freien Kündigungsrecht des § 648 Satz 1 BGB.

Aus der Möglichkeit des Auftraggebers, sich jederzeit ohne Grund von einem Bauvertrag zu lösen, folgt, dass der Auftragnehmer – zusätzlich zum Vergütungsanspruch für erbrachte Leistungen – auch einen Vergütungsanspruch für die infolge der Kündigung nicht erbrachten Leistungen hat, § 8 Abs. 1 Nr. 2 Satz 1 VOB/B. Hierbei muss er sich dasjenige anrechnen lassen, was er aufgrund der Vertragsbeendigung an Aufwendungen erspart hat oder durch anderweitige Verwendung seiner Arbeitskraft und seines Betriebes erwirbt oder zu erwerben böswillig unterlässt, §8 Abs.1 Nr.2 Satz 2 VOB/B. Sofern der Auftragnehmer keine entsprechende Darlegung der ersparten Aufwendungen vornimmt, wird vermutet, dass ihm fünf Prozent der auf den noch nicht erbrachten Teil der Leistung entfallenden Vergütung zustehen, §648 Satz 3 BGB.

> **Praxishinweis**
>
> Nach einer freien Vertragskündigung des Auftraggebers gemäß §8 Abs.1 Nr.1 VOB/B muss der Auftragnehmer eine zweigeteilte Schlussrechnung erstellen. Er hat in einem ersten Teil der Schlussrechnung die Vergütung für die bis zur Kündigung erbrachten Leistungen zuzüglich Umsatzsteuer auszuweisen. Im zweiten Teil der Schlussrechnung ist die infolge der Kündigung nicht erbrachte Vergütung abzüglich ersparter Aufwendungen auszuweisen; hierauf entfällt keine Umsatzsteuer.

Bei der Berechnung der Vergütung nach freier Auftraggeberkündigung ist auf den Grundsatz abzustellen, dass der Auftragnehmer aufgrund der Vertragskündigung im Vergleich zur Vertragserfüllung nicht schlechter gestellt werden darf. Daher zählen Gewinn sowie Allgemeine Geschäftskosten nicht zu den ersparten Aufwendungen und sind daher in der kalkulierten Höhe nicht erspart. Baustellengemeinkosten sind dann erspart, wenn sie infolge der Vertragskündigung kurzfristig abgebaut werden können. Lohnkosten, Stoffkosten sowie Gerätekosten sind dann erspart, wenn sie infolge der Kündigung nicht mehr anfallen. Sofern der Auftraggeber Personal und Geräte jedoch nicht anderweitig einsetzen und bereits geliefertes Material nicht anderweitig verwenden kann, sind auch diese Kosten nicht erspart.

Die vorgenannten Grundsätze gelten sowohl für Einheitspreisverträge als auch für Pauschalverträge. Da ein Pauschalvertrag in der Regel keine Aufgliederung des Pauschalpreises enthält, muss der Auftragnehmer eine solche Aufgliederung nachträglich vornehmen, um prüfbar abrechnen zu können. Dabei muss er das Verhältnis der erbrachten Leistungen zur vereinbarten Gesamtleistung und des Preisansatzes für die erbrachte Teilleistung zum Pauschalpreis darlegen. Im Zweifelsfall muss er nachträglich erläutern, wie sich der vereinbarte Pauschalpreis zusammensetzt.

11.2.2 Kündigungsrecht wegen Vermögensverfalls des Auftragnehmers, §8 Abs.2 VOB/B

§8 Abs.2 Nr.1 VOB/B gibt dem Auftraggeber eine Kündigungsmöglichkeit wegen Vermögensverfalls des Auftragnehmers.

Dem Auftraggeber steht nach dieser Vorschrift ein außerordentliches Kündigungsrecht zu, wenn der Auftragnehmer seine Zahlungen einstellt. Eine Zahlungseinstellung liegt vor, wenn es dem Auftragnehmer unmöglich ist, fällige Forderungen zu begleichen. Indiz ist beispielsweise, wenn der Auftragnehmer keine Gehaltszahlungen vornimmt, keine Sozialversicherungsbeiträge zahlt oder wenn er Zahlungen an seine Nachunternehmer einstellt.

> **Praxishinweis**
>
> Der Kündigungsgrund »*Zahlungseinstellung des Auftragnehmers*« ist insoweit risikobehaftet, als der Auftraggeber die Zahlungseinstellung häufig nicht nachweisen kann bzw. belastbare Hinweise oftmals erst nach Eintritt des Insolvenzfalles vorliegen.

Ferner hat der Auftraggeber ein außerordentliches Kündigungsrecht, wenn das Insolvenzverfahren über das Vermögen des Auftragnehmers beantragt oder eröffnet wird oder wenn die Eröffnung eines Insolvenzverfahrens mangels Masse abgelehnt wird.

Im Falle einer Kündigung gemäß §8 Abs. 2 Nr. 1 VOB/B hat der Auftragnehmer Anspruch auf Vergütung der erbrachten Leistungen, §8 Abs. 2 Nr. 2 Satz 1 VOB/B. Der Auftraggeber kann Schadensersatz wegen Nichterfüllung des Restes verlangen, §8 Abs. 2 Nr. 2 Satz 2 VOB/B. Mit diesem Schadensersatzanspruch kann er gegen den Vergütungsanspruch des Auftragnehmers aufrechnen.

11.2.3 Kündigung wegen mangelhafter oder vertragswidriger Leistungen des Auftragnehmers, §8 Abs. 3 Nr. 1 Satz 1 i.V.m. §4 Abs. 7 VOB/B

In der Praxis kommt dem außerordentlichen Kündigungsrecht des Auftraggebers gemäß §8 Abs. 3 Nr. 1 Satz 1 VOB/B große Bedeutung zu.

Voraussetzung ist eine mangelhafte oder vertragswidrige Leistung des Auftragnehmers, §4 Abs. 7 Satz 1 VOB/B. Der Auftraggeber muss den Auftragnehmer gemäß §4 Abs. 7 Satz 3 VOB/B unter Fristsetzung und Kündigungsandrohung zur Mangelbeseitigung aufgefordert haben. Nach fruchtlosem Ablauf der zur Mangelbeseitigung gesetzten Frist kann der Auftraggeber das Vertragsverhältnis gemäß §8 Abs. 3 Nr. 1 Satz 1 VOB/B aus wichtigem Grund kündigen.

> **Praxishinweis**
>
> Die **Kündigungsandrohung** muss klar und eindeutig gefasst sein. Sofern der Auftragnehmer nicht klar erkennen kann, dass der Auftraggeber den Vertrag beenden will, sofern die gesetzte Frist fruchtlos verstreicht, besteht kein außerordentliches Kündigungsrecht. Dies ist beispielsweise der Fall, wenn der Auftraggeber in seinem Schreiben ausführt, er behalte sich die Kündigung vor. Eine solche Formulierung wird von der Rechtsprechung als nicht hinreichend deutlich erachtet mit der Folge, dass der Auftraggeber den Vertrag nicht aus wichtigem Grund kündigen kann.
>
> Empfehlung: Um Risiken zu vermeiden, ist es empfehlenswert, in der Kündigungsandrohung – entsprechend des Wortlauts in § 4 Abs. 7 Satz 3 VOB/B – die Formulierung zu verwenden, dass »*nach fruchtlosem Ablauf der zur Mangelbeseitigung gesetzten Frist der Vertrag gekündigt wird*«.

Zu berücksichtigen ist ferner, dass die Kündigung zeitnah nach Ablauf der zur Mangelbeseitigung gesetzten Frist erfolgen muss. Zwar gesteht die Rechtsprechung dem Auftraggeber zu, dass er nach Fristablauf etwas Zeit benötigt, um eine Entscheidung über die Vertragsbeendigung zu treffen. Die Kündigung sollte jedoch spätestens zwei Wochen nach Fristablauf ausgesprochen werden. Anderenfalls ist das Kündigungsrecht verwirkt und der Auftraggeber muss den Auftragnehmer erneut unter Kündigungsandrohung zur Mangelbeseitigung auffordern.

> **Praxishinweis**
>
> Nach der Rechtsprechung ist ein sogenanntes **Nachschieben von Kündigungsgründen** möglich. Wenn demnach zum Zeitpunkt der Kündigungserklärung ein wichtiger Grund bestand, der den Auftraggeber zur außerordentlichen Kündigung berechtigte, kann die Kündigung nachträglich auch auf diesen Grund gestützt werden.

Sofern die Voraussetzungen eines Kündigungsgrundes nicht vorlagen, der Auftraggeber jedoch gleichwohl die Vertragskündigung ausgesprochen hat, ist dies in aller Regel als freie Auftraggeberkündigung gemäß § 8 Abs. 1 Nr. 1 VOB/B zu werten.

Nach einer Kündigung aus wichtigem Grund hat der Auftragnehmer Anspruch auf Vergütung für die erbrachten Leistungen.

Der Auftraggeber ist gemäß § 8 Abs. 3 Nr. 2 Satz 1 VOB/B seinerseits berechtigt, den noch nicht vollendeten Teil der Leistung zu Lasten des Auftragnehmers durch einen Dritten ausführen zu lassen. Dieser Erstattungsanspruch wir dadurch ermittelt, dass von den Kosten der Ersatzvornahme die Vergütung in Abzug gebracht wird, die dem Auftragnehmer im Falle der Fortsetzung des Vertragsverhältnisses zugestanden hätten. Ferner hat der Auftraggeber Anspruch auf Ersatz des etwa entstehenden weiteren Schadens.

Hat der Auftraggeber an der Ausführung der gekündigten Leistung kein Interesse mehr, kann er gemäß § 8 Abs. 3 Nr. 2 Satz 2 VOB/B auf die weitere Ausführung verzichten und insgesamt Schadensersatz wegen Nichterfüllung verlangen. Dies ist praktisch jedoch von wenig Bedeutung.

§ 8 Abs. 3 Nr. 3 VOB/B räumt dem Auftraggeber schließlich die Möglichkeit ein, für die Weiterführung der Arbeiten Geräte, Gerüste, auf der Baustelle vorhandene andere Einrichtungen und angelieferte Bauteile und Stoffe gegen angemessene Vergütung in Anspruch zu nehmen. Der Auftragnehmer ist verpflichtet, diese Inanspruchnahme zu dulden.

11.2.4 Kündigungsrecht wegen verzögerter Leistungen des Auftragnehmers, § 8 Abs. 3 Nr. 1 Satz 1 i. V. m. § 5 Abs. 4 VOB/B

Sofern sich der Auftragnehmer mit der Leistungserbringung in Verzug befindet, kann der Auftraggeber für die Leistungserbringung eine angemessene Frist setzen, § 5 Abs. 4 VOB/B. Deutet sich eine Verzögerung an, weil der Auftragnehmer die Baustelle unzureichend mit Arbeitskräften oder Geräten besetzt hat, kann der Auftraggeber gemäß § 5 Abs. 4 VOB/B Abhilfe verlangen. Unter der Voraussetzung, dass der Auftraggeber die Fristsetzung zur Vertragserfüllung bzw. die Abhilfeaufforderung mit einer Kündigungsandrohung verbindet, kann er nach fruchtlosem Ablauf der Frist den Vertrag gemäß § 8 Abs. 3 Nr. 1 Satz 1 VOB/B aus wichtigem Grund kündigen.

> **Praxishinweis**
>
> In vielen Fällen sind vertraglich vereinbarte Zwischen- oder Fertigstellungstermine hinfällig, weil der Auftragnehmer während der Bauausführung in der Leistungserbringung behindert war. Die Gründe hierfür sind vielfältig. Häufig entstehen Behinderungen aufgrund fehlender Vorleistungen anderer Gewerke oder wegen fehlender Planunterlagen. Gleichermaßen können sich die vertraglich vereinbarten Fertigstellungstermine verschieben, weil der Auftraggeber während der Bauausführung die Ausführung zusätzlicher oder geänderter Leistungen mit zusätzlichem Zeitbedarf angeordnet hat.
>
> Sofern die Vertragsparteien keine neuen Vertragstermine unter Berücksichtigung der Behinderungen oder der für die Ausführung der Nachtragsleistungen erforderlichen Zeit vereinbart haben, ist häufig unklar, wann tatsächlich Verzug eintritt. Setzt der Auftraggeber eine zu kurze Frist und kündigt daher vor Ablauf einer angemessenen Frist den Vertrag, liegt kein außerordentlicher Kündigungsgrund vor. Vielmehr ist die Vertragskündigung als freie Kündigung zu werten.

Nach einer außerordentlichen Kündigung wegen verzögerter Leistungen des Auftragnehmers hat der Auftraggeber die gleichen Rechte wie nach einer Kündigung aufgrund mangelhafter oder vertragswidriger Leistungen. Es ist daher auf die Ausführungen zu Ziffer. 11.2.3 zu verweisen.

11.2.5 Sonstige außerordentliche Kündigungsgründe des Auftraggebers

Neben in den in § 8 VOB/B geregelten Fällen ist der Auftraggeber nach den zum BGB-Werkvertragsrecht entwickelten Grundsätzen zur Vertragskündigung aus wichtigem Grund berechtigt. Ein außerordentliches Kündigungsrecht liegt demnach vor, wenn der Auftragnehmer durch schuldhaftes Verhalten den Vertragszweck so gefährdet, dass dem Auftraggeber ein Festhalten am Vertrag nicht zugemutet werden kann.

Für die Frage, ob in diesen Fällen eine vorherige Fristsetzung mit Kündigungsandrohung erforderlich ist, kommt es darauf an, ob der Auftragnehmer durch den Hinweis auf die Folgen seines Handelns noch dazu angehalten werden kann, sich vertragsgemäß zu verhalten.

11.2.6 Teilkündigung des Auftraggebers, § 8 Abs. 3 Nr. 1 Satz 2 VOB/B

Gemäß § 8 Abs. 3 Nr. 1 Satz 2 VOB/B kann sich eine außerordentliche Kündigung des Auftraggebers wegen mangelhafter bzw. vertragswidriger oder wegen verzögerter Leistungen des Auftragnehmers auf einen in sich abgeschlossenen Teil der vertraglichen Leistung beziehen.

> **FAQ:** Kann eine Teilkündigung auch dann vorgenommen werden, wenn zwar die vollständige Vertragsentziehung, nicht aber die Teilkündigung angedroht wurde?
>
> **Antwort:** Die Kündigungsandrohung muss nicht auf eine Teilkündigung bezogen ausgesprochen werden. Wenn der Auftraggeber die Vertragskündigung insgesamt angedroht hat und die Voraussetzungen eines außerordentlichen Kündigungsrechts vorliegen, kann eine Teilkündigung für einen in sich abgeschlossenen Teil vorgenommen werden.

Nach der Rechtsprechung ist eine Teilkündigung nur möglich, wenn für eine in sich abgeschlossene Leistung gemäß § 12 Abs. 2 VOB/B eine Teilabnahme in Betracht kommt. Dadurch soll verhindert werden, dass zusammengehörende Leistungsteile zergliedert werden. Anderenfalls wäre beispielsweise für den Beginn der Verjährungsfrist von Mängelansprüchen oder für den Gefahrübergang auf unterschiedliche Zeitpunkte abzustellen.

> **Praxishinweis**
>
> Bei Leistungsteilen innerhalb eines Gewerks handelt es sich grundsätzlich nicht um in sich abgeschlossene Teilleistungen. Es fehlt an der Selbstständigkeit, die eine eigenständige Beurteilung der Teilleistung ermöglicht. Allerdings kann bei räumlicher oder zeitlicher Trennung eine andere Beurteilung möglich sein, zum Beispiel bei Leistungen desselben Gewerks an unterschiedlichen Gebäuden.
>
> Eine Teilkündigung kann auch nicht für einen mangelhaften Teil einer Leistung ausgesprochen werden, weil ein Mangel nicht als in sich abgeschlossene Leistung anzusehen ist. In diesem Fall hat der Auftraggeber daher nur die Möglichkeit, den Vertrag nach fruchtlosen Ablauf der zur Mangelbeseitigung gesetzten Frist entweder insgesamt zu kündigen oder das Vertragsverhältnis fortzusetzen.

Um zu vermeiden, dass eine unzulässige Teilkündigung in eine freie Vertragskündigung des gesamten Auftragsverhältnisses umgedeutet wird, sind die strengen Vorgaben der Rechtsprechung strikt einzuhalten.

11.3 Kündigung durch den Auftragnehmer, § 9 VOB/B

Der Auftragnehmer kann einen Bauvertrag nur bei Vorliegen eines wichtigen Grundes kündigen; ein freies Kündigungsrecht steht im – im Gegensatz zum Auftraggeber – nicht zu.

Konnte der Auftragnehmer den Vertrag aus wichtigem Grund beenden, hat er einen Vergütungsanspruch für die bis zur Kündigung erbrachten Leistungen, § 9 Abs. 3 Satz 1 VOB/B. Daneben steht ihm ein Entschädigungsanspruch gemäß § 642 BGB zu.

11.3.1 Kündigungsrecht wegen Gläubigerverzugs, § 9 Abs. 1 lit. a VOB/B

Der Auftragnehmer hat gemäß § 9 Abs. 1 lit. a VOB/B das Recht, den Bauvertrag zu kündigen, wenn der Auftraggeber eine ihm obliegende Handlung unterlässt und dadurch den Auftragnehmer außerstande setzt, die Leistung auszuführen.

Mitwirkungshandlungen in diesem Sinn ergeben sich aus der VOB/B sowie insbesondere aus den vertraglichen Vereinbarungen. Beispielsweise ist der Auftraggeber zu folgenden Mitwirkungshandlungen verpflichtet:

- Bereitstellung des Baugrundstücks,

- Übergabe von Ausführungsunterlagen, § 3 Abs. 1 VOB/B, insbesondere von Plänen,
- Herbeiführung öffentlich-rechtlicher Genehmigungen, § 4 Abs. 1 Nr. 1 VOB/B.

Die betreffende Mitwirkungshandlung muss für die Leistungserbringung notwendig sein. Der Auftragnehmer muss daher zunächst an anderer Stelle weiterarbeiten, wenn die fehlende Mitwirkungshandlung nur einen Teil seiner Leistung betrifft. Die Voraussetzungen des Gläubigerverzugs mit der Folge einer Vertragskündigung durch den Auftragnehmer liegen in diesem Fall daher nicht vor.

Weitere Voraussetzung einer Kündigung durch den Auftragnehmer ist, dass der Auftragnehmer eine angemessene Frist zur Vertragserfüllung setzt und für den Fall des fruchtlosen Fristablaufs die Entziehung des Auftrags ankündigt, § 9 Abs. 2 VOB/B.

11.3.2 Kündigungsrecht wegen Zahlungsverzugs, § 9 Abs. 1 lit. b VOB/B

Von großer praktischer Bedeutung ist der Kündigungsgrund des Auftragnehmers gemäß § 9 Abs. 1 lit. b VOB/B, wenn der Auftraggeber eine fällige Zahlung nicht leistet.

Zahlungsverzug setzt Fälligkeit der betreffenden Forderung des Auftragnehmers voraus. Bei Abschlagszahlungen ist daher beispielsweise auf einen vereinbarten Zahlungsplan oder den Baufortschritt abzustellen. Sofern die Leistung des Auftragnehmers mangelhaft ist, hat der Auftraggeber gemäß § 320 BGB ein Leistungsverweigerungsrecht, (in der Regel in Höhe des Zweifachen der zur Mangelbeseitigung erforderlichen Kosten) und kommt daher nicht in Verzug.

Auch im Fall des Zahlungsverzugs muss der Auftragnehmer dem Auftraggeber gemäß § 9 Abs. 2 VOB/B eine angemessene Frist zur Vertragserfüllung setzen und für den Fall des fruchtlosen Fristablaufs die Entziehung des Auftrags ankündigen, bevor er zur Vertragskündigung berechtigt ist.

11.3.3 Sonstige außerordentliche Kündigungsgründe des Auftragnehmers

Auch der Auftragnehmer hat das Recht, den Bauvertrag aus wichtigem Grund zu beenden, wenn ihm aufgrund schwerwiegender Vertragsverletzungen des Auftraggebers die Fortsetzung des Vertragsverhältnisses nicht zugemutet werden kann.

> **Praxishinweis**
>
> Der Auftragnehmer kann zur außerordentlichen Kündigung berechtigt sein, wenn der Auftraggeber eine berechtigte Nachtragsforderung endgültig ablehnt. Da die Berechtigung von Nachtragsforderungen häufig komplexe Fragestellungen betrifft, kann in der Praxis häufig nicht sicher festgestellt werden, ob die Kündigungsvoraussetzungen vorliegen.

11.4 Leistungsstandfeststellung

Nach einer Vertragskündigung kann jede Vertragspartei gemäß § 648a Abs. 4 BGB von der anderen Vertragspartei verlangen, dass sie an einer gemeinsamen Feststellung des Leistungsstandes mitwirkt. Da eine gemeinsame Feststellung des Leistungsstandes maßgeblich dazu beiträgt, dass nachträglich Streit über den Umfang der bis zur Kündigung durch den Auftragnehmer erbrachten Leistungen vermieden wird, ist diese im Interesse beider Vertragsparteien.

> **Praxishinweis**
>
> Sofern der Auftraggeber das Vertragsverhältnis kündigt, hat er in aller Regel ein Interesse daran, dass die Baumaßnahme zeitnah durch ein Drittunternehmen fortgeführt werden kann. Die gemeinsame Leistungsstandfeststellung hat vor Ausführungsbeginn durch den Drittunternehmer zu erfolgen. Für den Auftraggeber ist es daher empfehlenswert, bereits mit der Kündigungserklärung einen Termin für eine gemeinsame Leistungsstandfeststellung vorzuschlagen, um nicht darauf angewiesen zu sein, dass diese Leistungsstandfeststellung durch den Auftragnehmer erst zu einem späteren Zeitpunkt verlangt wird und sich die Fortführung der Arbeiten dadurch weiter verzögert.

Verweigert eine Vertragspartei die Mitwirkung bei der gemeinsamen Leistungsstandfeststellung oder bleibt einem zur Leistungsstandfeststellung vereinbarten Termin fern, trifft sie die Beweislast für den Leistungsstand zum Zeitpunkt der Kündigung, § 648a Abs. 4 Satz 2 BGB.

Anhang 1

Text der VOB/B

Vergabe- und Vertragsordnung für Bauleistungen (VOB) – Teil B

Allgemeine Vertragsbedingungen für die Ausführung von Bauleistungen (VOB/B)[5]

§ 1 Art und Umfang der Leistung
(1) Die auszuführende Leistung wird nach Art und Umfang durch den Vertrag bestimmt. Als Bestandteil des Vertrags gelten auch die Allgemeinen Technischen Vertragsbedingungen für Bauleistungen (VOB/C).
(2) Bei Widersprüchen im Vertrag gelten nacheinander:
   1. die Leistungsbeschreibung,
   2. die Besonderen Vertragsbedingungen,
   3. etwaige Zusätzliche Vertragsbedingungen,
   4. etwaige Zusätzliche Technische Vertragsbedingungen,
   5. die Allgemeinen Technischen Vertragsbedingungen für Bauleistungen,
   6. die Allgemeinen Vertragsbedingungen für die Ausführung von Bauleistungen.
(3) Änderungen des Bauentwurfs anzuordnen, bleibt dem Auftraggeber vorbehalten.
(4) Nicht vereinbarte Leistungen, die zur Ausführung der vertraglichen Leistung erforderlich werden, hat der Auftragnehmer auf Verlangen des Auftraggebers mit auszuführen, außer wenn sein Betrieb auf derartige Leistungen nicht eingerichtet ist. Andere Leistungen können dem Auftragnehmer nur mit seiner Zustimmung übertragen werden.

§ 2 Vergütung
(1) Durch die vereinbarten Preise werden alle Leistungen abgegolten, die nach der Leistungsbeschreibung, den Besonderen Vertragsbedingungen, den Zusätzlichen Vertragsbedingungen, den Zusätzlichen Technischen Vertragsbedingungen, den Allgemeinen Technischen Vertragsbedingungen für Bauleistungen und der gewerblichen Verkehrssitte zur vertraglichen Leistung gehören.
(2) Die Vergütung wird nach den vertraglichen Einheitspreisen und den tatsächlich ausgeführten Leistungen berechnet, wenn keine andere Berechnungsart (z. B. durch Pauschalsumme, nach Stundenlohnsätzen, nach Selbstkosten) vereinbart ist.

---

5 Diese Allgemeinen Geschäftsbedingungen werden durch den DVA ausschließlich zur Anwendung gegenüber Unternehmen, juristischen Personen des öffentlichen Rechts und öffentlich-rechtlichen Sondervermögens empfohlen (§ 310 BGB).

(3) 1. Weicht die ausgeführte Menge der unter einem Einheitspreis erfassten Leistung oder Teilleistung um nicht mehr als 10 v.H. von dem im Vertrag vorgesehenen Umfang ab, so gilt der vertragliche Einheitspreis.
2. Für die über 10 v.H. hinausgehende Überschreitung des Mengenansatzes ist auf Verlangen ein neuer Preis unter Berücksichtigung der Mehr- oder Minderkosten zu vereinbaren.
3. Bei einer über 10 v.H. hinausgehenden Unterschreitung des Mengenansatzes ist auf Verlangen der Einheitspreis für die tatsächlich ausgeführte Menge der Leistung oder Teilleistung zu erhöhen, soweit der Auftragnehmer nicht durch Erhöhung der Mengen bei anderen Ordnungszahlen (Positionen) oder in anderer Weise einen Ausgleich erhält. Die Erhöhung des Einheitspreises soll im Wesentlichen dem Mehrbetrag entsprechen, der sich durch Verteilung der Baustelleneinrichtungs- und Baustellengemeinkosten und der Allgemeinen Geschäftskosten auf die verringerte Menge ergibt. Die Umsatzsteuer wird entsprechend dem neuen Preis vergütet.
4. Sind von der unter einem Einheitspreis erfassten Leistung oder Teilleistung andere Leistungen abhängig, für die eine Pauschalsumme vereinbart ist, so kann mit der Änderung des Einheitspreises auch eine angemessene Änderung der Pauschalsumme gefordert werden.

(4) Werden im Vertrag ausbedungene Leistungen des Auftragnehmers vom Auftraggeber selbst übernommen (z.B. Lieferung von Bau-, Bauhilfs- und Betriebsstoffen), so gilt, wenn nichts anderes vereinbart wird, §8 Absatz 1 Nummer 2 entsprechend.

(5) Werden durch Änderung des Bauentwurfs oder andere Anordnungen des Auftraggebers die Grundlagen des Preises für eine im Vertrag vorgesehene Leistung geändert, so ist ein neuer Preis unter Berücksichtigung der Mehr- oder Minderkosten zu vereinbaren. Die Vereinbarung soll vor der Ausführung getroffen werden.

(6) 1. Wird eine im Vertrag nicht vorgesehene Leistung gefordert, so hat der Auftragnehmer Anspruch auf besondere Vergütung. Er muss jedoch den Anspruch dem Auftraggeber ankündigen, bevor er mit der Ausführung der Leistung beginnt.
2. Die Vergütung bestimmt sich nach den Grundlagen der Preisermittlung für die vertragliche Leistung und den besonderen Kosten der geforderten Leistung. Sie ist möglichst vor Beginn der Ausführung zu vereinbaren.

(7) 1. Ist als Vergütung der Leistung eine Pauschalsumme vereinbart, so bleibt die Vergütung unverändert. Weicht jedoch die ausgeführte Leistung von der vertraglich vorgesehenen Leistung so erheblich ab, dass ein Festhalten an der Pauschalsumme nicht zumutbar ist (§313 BGB), so ist auf Verlangen ein Ausgleich unter Berücksichtigung der Mehr- oder Minderkosten zu gewähren. Für die Bemessung des Ausgleichs ist von den Grundlagen der Preisermittlung auszugehen.
2. Die Regelungen der Absatz 4, 5 und 6 gelten auch bei Vereinbarung einer Pauschalsumme.
3. Wenn nichts anderes vereinbart ist, gelten die Nummern 1 und 2 auch für Pauschalsummen, die für Teile der Leistung vereinbart sind; Absatz 3 Nummer 4 bleibt unberührt.

(8) 1. Leistungen, die der Auftragnehmer ohne Auftrag oder unter eigenmächtiger Abweichung vom Auftrag ausführt, werden nicht vergütet. Der Auftragnehmer hat sie auf Verlangen innerhalb einer angemessenen Frist zu beseitigen; sonst kann es auf seine Kosten geschehen. Er haftet außerdem für andere Schäden, die dem Auftraggeber hieraus entstehen.
2. Eine Vergütung steht dem Auftragnehmer jedoch zu, wenn der Auftraggeber solche Leistungen nachträglich anerkennt. Eine Vergütung steht ihm auch zu, wenn die Leistungen für die Erfüllung des Vertrags notwendig waren, dem mutmaßlichen Willen des Auftraggebers entsprachen und ihm unverzüglich angezeigt wurden. Soweit dem Auftragnehmer eine Vergütung zusteht, gelten die Berechnungsgrundlagen für geänderte oder zusätzliche Leistungen der Nummer 5 oder 6 entsprechend.
3. Die Vorschriften des BGB über die Geschäftsführung ohne Auftrag (§§677 ff. BGB) bleiben unberührt.

(9) 1. Verlangt der Auftraggeber Zeichnungen, Berechnungen oder andere Unterlagen, die der Auftragnehmer nach dem Vertrag, besonders den Technischen Vertragsbedingungen oder der gewerblichen Verkehrssitte, nicht zu beschaffen hat, so hat er sie zu vergüten.

    2. Lässt er vom Auftragnehmer nicht aufgestellte technische Berechnungen durch den Auftragnehmer nachprüfen, so hat er die Kosten zu tragen.

(10) Stundenlohnarbeiten werden nur vergütet, wenn sie als solche vor ihrem Beginn ausdrücklich vereinbart worden sind (§ 15).

§ 3 Ausführungsunterlagen

(1) Die für die Ausführung nötigen Unterlagen sind dem Auftragnehmer unentgeltlich und rechtzeitig zu übergeben.

(2) Das Abstecken der Hauptachsen der baulichen Anlagen, ebenso der Grenzen des Geländes, das dem Auftragnehmer zur Verfügung gestellt wird, und das Schaffen der notwendigen Höhenfestpunkte in unmittelbarer Nähe der baulichen Anlagen sind Sache des Auftraggebers.

(3) Die vom Auftraggeber zur Verfügung gestellten Geländeaufnahmen und Absteckungen und die übrigen für die Ausführung übergebenen Unterlagen sind für den Auftragnehmer maßgebend. Jedoch hat er sie, soweit es zur ordnungsgemäßen Vertragserfüllung gehört, auf etwaige Unstimmigkeiten zu überprüfen und den Auftraggeber auf entdeckte oder vermutete Mängel hinzuweisen.

(4) Vor Beginn der Arbeiten ist, soweit notwendig, der Zustand der Straßen und Geländeoberfläche, der Vorfluter und Vorflutleitungen, ferner der baulichen Anlagen im Baubereich in einer Niederschrift festzuhalten, die vom Auftraggeber und Auftragnehmer anzuerkennen ist.

(5) Zeichnungen, Berechnungen, Nachprüfungen von Berechnungen oder andere Unterlagen, die der Auftragnehmer nach dem Vertrag, besonders den Technischen Vertragsbedingungen, oder der gewerblichen Verkehrssitte oder auf besonderes Verlangen des Auftraggebers (§ 2 Absatz 9) zu beschaffen hat, sind dem Auftraggeber nach Aufforderung rechtzeitig vorzulegen.

(6) 1. Die in Absatz 5 genannten Unterlagen dürfen ohne Genehmigung ihres Urhebers nicht veröffentlicht, vervielfältigt, geändert oder für einen anderen als den vereinbarten Zweck benutzt werden.

    2. An DV-Programmen hat der Auftraggeber das Recht zur Nutzung mit den vereinbarten Leistungsmerkmalen in unveränderter Form auf den festgelegten Geräten. Der Auftraggeber darf zum Zwecke der Datensicherung zwei Kopien herstellen. Diese müssen alle Identifikationsmerkmale enthalten. Der Verbleib der Kopien ist auf Verlangen nachzuweisen.

    3. Der Auftragnehmer bleibt unbeschadet des Nutzungsrechts des Auftraggebers zur Nutzung der Unterlagen und der DV-Programme berechtigt.

§ 4 Ausführung

(1) 1. Der Auftraggeber hat für die Aufrechterhaltung der allgemeinen Ordnung auf der Baustelle zu sorgen und das Zusammenwirken der verschiedenen Unternehmer zu regeln. Er hat die erforderlichen öffentlich-rechtlichen Genehmigungen und Erlaubnisse – z. B. nach dem Baurecht, dem Straßenverkehrsrecht, dem Wasserrecht, dem Gewerberecht – herbeizuführen.

    2. Der Auftraggeber hat das Recht, die vertragsgemäße Ausführung der Leistung zu überwachen. Hierzu hat er Zutritt zu den Arbeitsplätzen, Werkstätten und Lagerräumen, wo die vertragliche Leistung oder Teile von ihr hergestellt oder die hierfür bestimmten Stoffe und Bauteile gelagert werden. Auf Verlangen sind ihm die Werkzeichnungen oder andere Ausführungsunterlagen sowie die Ergebnisse von Güteprüfungen zur Einsicht vorzulegen und die erforderlichen Auskünfte zu erteilen, wenn hierdurch keine Geschäftsgeheimnisse preisgegeben werden. Als Geschäftsgeheimnis bezeichnete Auskünfte und Unterlagen hat er vertraulich zu behandeln.

    3. Der Auftraggeber ist befugt, unter Wahrung der dem Auftragnehmer zustehenden Leitung (Absatz 2) Anordnungen zu treffen, die zur vertragsgemäßen Ausführung der Leistung not-

wendig sind. Die Anordnungen sind grundsätzlich nur dem Auftragnehmer oder seinem für die Leitung der Ausführung bestellten Vertreter zu erteilen, außer wenn Gefahr im Verzug ist. Dem Auftraggeber ist mitzuteilen, wer jeweils als Vertreter des Auftragnehmers für die Leitung der Ausführung bestellt ist.

4. Hält der Auftragnehmer die Anordnungen des Auftraggebers für unberechtigt oder unzweckmäßig, so hat er seine Bedenken geltend zu machen, die Anordnungen jedoch auf Verlangen auszuführen, wenn nicht gesetzliche oder behördliche Bestimmungen entgegenstehen. Wenn dadurch eine ungerechtfertigte Erschwerung verursacht wird, hat der Auftraggeber die Mehrkosten zu tragen.

(2) 1. Der Auftragnehmer hat die Leistung unter eigener Verantwortung nach dem Vertrag auszuführen. Dabei hat er die anerkannten Regeln der Technik und die gesetzlichen und behördlichen Bestimmungen zu beachten. Es ist seine Sache, die Ausführung seiner vertraglichen Leistung zu leiten und für Ordnung auf seiner Arbeitsstelle zu sorgen.

2. Er ist für die Erfüllung der gesetzlichen, behördlichen und berufsgenossenschaftlichen Verpflichtungen gegenüber seinen Arbeitnehmern allein verantwortlich. Es ist ausschließlich seine Aufgabe, die Vereinbarungen und Maßnahmen zu treffen, die sein Verhältnis zu den Arbeitnehmern regeln.

(3) Hat der Auftragnehmer Bedenken gegen die vorgesehene Art der Ausführung (auch wegen der Sicherung gegen Unfallgefahren), gegen die Güte der vom Auftraggeber gelieferten Stoffe oder Bauteile oder gegen die Leistungen anderer Unternehmer, so hat er sie dem Auftraggeber unverzüglich – möglichst schon vor Beginn der Arbeiten – schriftlich mitzuteilen; der Auftraggeber bleibt jedoch für seine Angaben, Anordnungen oder Lieferungen verantwortlich.

(4) Der Auftraggeber hat, wenn nichts anderes vereinbart ist, dem Auftragnehmer unentgeltlich zur Benutzung oder Mitbenutzung zu überlassen:

1. die notwendigen Lager- und Arbeitsplätze auf der Baustelle,

2. vorhandene Zufahrtswege und Anschlussgleise,

3. vorhandene Anschlüsse für Wasser und Energie. Die Kosten für den Verbrauch und den Messer oder Zähler trägt der Auftragnehmer, mehrere Auftragnehmer tragen sie anteilig.

(5) Der Auftragnehmer hat die von ihm ausgeführten Leistungen und die ihm für die Ausführung übergebenen Gegenstände bis zur Abnahme vor Beschädigung und Diebstahl zu schützen. Auf Verlangen des Auftraggebers hat er sie vor Winterschäden und Grundwasser zu schützen, ferner Schnee und Eis zu beseitigen. Obliegt ihm die Verpflichtung nach Satz 2 nicht schon nach dem Vertrag, so regelt sich die Vergütung nach § 2 Absatz 6.

(6) Stoffe oder Bauteile, die dem Vertrag oder den Proben nicht entsprechen, sind auf Anordnung des Auftraggebers innerhalb einer von ihm bestimmten Frist von der Baustelle zu entfernen. Geschieht es nicht, so können sie auf Kosten des Auftragnehmers entfernt oder für seine Rechnung veräußert werden.

(7) Leistungen, die schon während der Ausführung als mangelhaft oder vertragswidrig erkannt werden, hat der Auftragnehmer auf eigene Kosten durch mangelfreie zu ersetzen. Hat der Auftragnehmer den Mangel oder die Vertragswidrigkeit zu vertreten, so hat er auch den daraus entstehenden Schaden zu ersetzen. Kommt der Auftragnehmer der Pflicht zur Beseitigung des Mangels nicht nach, so kann ihm der Auftraggeber eine angemessene Frist zur Beseitigung des Mangels setzen und erklären, dass er nach fruchtlosem Ablauf der Frist den Vertrag kündigen werde (§ 8 Absatz 3).

(8) 1. Der Auftragnehmer hat die Leistung im eigenen Betrieb auszuführen. Mit schriftlicher Zustimmung des Auftraggebers darf er sie an Nachunternehmer übertragen. Die Zustimmung ist nicht notwendig bei Leistungen, auf die der Betrieb des Auftragnehmers nicht eingerichtet ist. Erbringt der Auftragnehmer ohne schriftliche Zustimmung des Auftraggebers Leistungen nicht im eigenen Betrieb, obwohl sein Betrieb darauf eingerichtet ist, kann der Auftraggeber ihm eine angemessene Frist zur Aufnahme der Leistung im eigenen Betrieb setzen und erklären, dass er nach fruchtlosem Ablauf der Frist den Vertrag kündigen werde (§ 8 Absatz 3).

2. Der Auftragnehmer hat bei der Weitervergabe von Bauleistungen an Nachunternehmer die Vergabe- und Vertragsordnung für Bauleistungen Teile B und C zugrunde zu legen.

3. Der Auftragnehmer hat dem Auftraggeber die Nachunternehmer und deren Nachunternehmer ohne Aufforderung spätestens bis zum Leistungsbeginn des Nachunternehmers mit Namen, gesetzlichen Vertretern und Kontaktdaten bekannt zu geben. Auf Verlangen des Auftraggebers hat der Auftragnehmer für seine Nachunternehmer Erklärungen und Nachweise zur Eignung vorzulegen.

(9) Werden bei Ausführung der Leistung auf einem Grundstück Gegenstände von Altertums-, Kunst- oder wissenschaftlichem Wert entdeckt, so hat der Auftragnehmer vor jedem weiteren Aufdecken oder Ändern dem Auftraggeber den Fund anzuzeigen und ihm die Gegenstände nach näherer Weisung abzuliefern. Die Vergütung etwaiger Mehrkosten regelt sich nach § 2 Absatz 6. Die Rechte des Entdeckers (§ 984 BGB) hat der Auftraggeber.

(10) Der Zustand von Teilen der Leistung ist auf Verlangen gemeinsam von Auftraggeber und Auftragnehmer festzustellen, wenn diese Teile der Leistung durch die weitere Ausführung der Prüfung und Feststellung entzogen werden. Das Ergebnis ist schriftlich niederzulegen.

§ 5 Ausführungsfristen

(1) Die Ausführung ist nach den verbindlichen Fristen (Vertragsfristen) zu beginnen, angemessen zu fördern und zu vollenden. In einem Bauzeitenplan enthaltene Einzelfristen gelten nur dann als Vertragsfristen, wenn dies im Vertrag ausdrücklich vereinbart ist.

(2) Ist für den Beginn der Ausführung keine Frist vereinbart, so hat der Auftraggeber dem Auftragnehmer auf Verlangen Auskunft über den voraussichtlichen Beginn zu erteilen. Der Auftragnehmer hat innerhalb von 12 Werktagen nach Aufforderung zu beginnen. Der Beginn der Ausführung ist dem Auftraggeber anzuzeigen.

(3) Wenn Arbeitskräfte, Geräte, Gerüste, Stoffe oder Bauteile so unzureichend sind, dass die Ausführungsfristen offenbar nicht eingehalten werden können, muss der Auftragnehmer auf Verlangen unverzüglich Abhilfe schaffen.

(4) Verzögert der Auftragnehmer den Beginn der Ausführung, gerät er mit der Vollendung in Verzug, oder kommt er der in Nummer 3 erwähnten Verpflichtung nicht nach, so kann der Auftraggeber bei Aufrechterhaltung des Vertrags Schadensersatz nach § 6 Absatz 6 verlangen oder dem Auftragnehmer eine angemessene Frist zur Vertragserfüllung setzen und erklären, dass er nach fruchtlosem Ablauf der Frist den Vertrag kündigen werde (§ 8 Absatz 3).

§ 6 Behinderung und Unterbrechung der Ausführung

(1) Glaubt sich der Auftragnehmer in der ordnungsgemäßen Ausführung der Leistung behindert, so hat er es dem Auftraggeber unverzüglich schriftlich anzuzeigen. Unterlässt er die Anzeige, so hat er nur dann Anspruch auf Berücksichtigung der hindernden Umstände, wenn dem Auftraggeber offenkundig die Tatsache und deren hindernde Wirkung bekannt waren.

(2) 1. Ausführungsfristen werden verlängert, soweit die Behinderung verursacht ist:

 a) durch einen Umstand aus dem Risikobereich des Auftraggebers,

 b) durch Streik oder eine von der Berufsvertretung der Arbeitgeber angeordnete Aussperrung im Betrieb des Auftragnehmers oder in einem unmittelbar für ihn arbeitenden Betrieb,

 c) durch höhere Gewalt oder andere für den Auftragnehmer unabwendbare Umstände.

2. Witterungseinflüsse während der Ausführungszeit, mit denen bei Abgabe des Angebots normalerweise gerechnet werden musste, gelten nicht als Behinderung.

(3) Der Auftragnehmer hat alles zu tun, was ihm billigerweise zugemutet werden kann, um die Weiterführung der Arbeiten zu ermöglichen. Sobald die hindernden Umstände wegfallen, hat er ohne weiteres und unverzüglich die Arbeiten wieder aufzunehmen und den Auftraggeber davon zu benachrichtigen.

(4) Die Fristverlängerung wird berechnet nach der Dauer der Behinderung mit einem Zuschlag für die Wiederaufnahme der Arbeiten und die etwaige Verschiebung in eine ungünstigere Jahreszeit.

(5) Wird die Ausführung für voraussichtlich längere Dauer unterbrochen, ohne dass die Leistung dauernd unmöglich wird, so sind die ausgeführten Leistungen nach den Vertragspreisen abzurechnen und außerdem die Kosten zu vergüten, die dem Auftragnehmer bereits entstanden und in den Vertragspreisen des nicht ausgeführten Teils der Leistung enthalten sind.

(6) Sind die hindernden Umstände von einem Vertragsteil zu vertreten, so hat der andere Teil Anspruch auf Ersatz des nachweislich entstandenen Schadens, des entgangenen Gewinns aber nur bei Vorsatz oder grober Fahrlässigkeit. Im Übrigen bleibt der Anspruch des Auftragnehmers auf angemessene Entschädigung nach §642 BGB unberührt, sofern die Anzeige nach Absatz 1 Satz 1 erfolgt oder wenn Offenkundigkeit nach Absatz 1 Satz 2 gegeben ist.

(7) Dauert eine Unterbrechung länger als 3 Monate, so kann jeder Teil nach Ablauf dieser Zeit den Vertrag schriftlich kündigen. Die Abrechnung regelt sich nach den Absätzen 5 und 6; wenn der Auftragnehmer die Unterbrechung nicht zu vertreten hat, sind auch die Kosten der Baustellenräumung zu vergüten, soweit sie nicht in der Vergütung für die bereits ausgeführten Leistungen enthalten sind.

§7 Verteilung der Gefahr

(1) Wird die ganz oder teilweise ausgeführte Leistung vor der Abnahme durch höhere Gewalt, Krieg, Aufruhr oder andere objektiv unabwendbare vom Auftragnehmer nicht zu vertretende Umstände beschädigt oder zerstört, so hat dieser für die ausgeführten Teile der Leistung die Ansprüche nach §6 Absatz 5; für andere Schäden besteht keine gegenseitige Ersatzpflicht.

(2) Zu der ganz oder teilweise ausgeführten Leistung gehören alle mit der baulichen Anlage unmittelbar verbundenen, in ihre Substanz eingegangenen Leistungen, unabhängig von deren Fertigstellungsgrad.

(3) Zu der ganz oder teilweise ausgeführten Leistung gehören nicht die noch nicht eingebauten Stoffe und Bauteile sowie die Baustelleneinrichtung und Absteckungen. Zu der ganz oder teilweise ausgeführten Leistung gehören ebenfalls nicht Hilfskonstruktionen und Gerüste, auch wenn diese als Besondere Leistung oder selbständig vergeben sind.

§8 Kündigung durch den Auftraggeber

(1) 1. Der Auftraggeber kann bis zur Vollendung der Leistung jederzeit den Vertrag kündigen.
2. Dem Auftragnehmer steht die vereinbarte Vergütung zu. Er muss sich jedoch anrechnen lassen, was er infolge der Aufhebung des Vertrags an Kosten erspart oder durch anderweitige Verwendung seiner Arbeitskraft und seines Betriebs erwirbt oder zu erwerben böswillig unterlässt (§649 BGB).

(2) 1. Der Auftraggeber kann den Vertrag kündigen, wenn der Auftragnehmer seine Zahlungen einstellt, von ihm oder zulässigerweise vom Auftraggeber oder einem anderen Gläubiger das Insolvenzverfahren (§§14 und 15 InsO) beziehungsweise ein vergleichbares gesetzliches Verfahren beantragt ist, ein solches Verfahren eröffnet wird oder dessen Eröffnung mangels Masse abgelehnt wird.
2. Die ausgeführten Leistungen sind nach §6 Absatz 5 abzurechnen. Der Auftraggeber kann Schadensersatz wegen Nichterfüllung des Restes verlangen.

(3) 1. Der Auftraggeber kann den Vertrag kündigen, wenn in den Fällen des §4 Absätze 7 und 8 Nummer 1 und des §5 Absatz 4 die gesetzte Frist fruchtlos abgelaufen ist. Die Kündigung kann auf einen in sich abgeschlossenen Teil der vertraglichen Leistung beschränkt werden.
2. Nach der Kündigung ist der Auftraggeber berechtigt, den noch nicht vollendeten Teil der Leistung zu Lasten des Auftragnehmers durch einen Dritten ausführen zu lassen, doch bleiben seine Ansprüche auf Ersatz des etwa entstehenden weiteren Schadens bestehen. Er ist auch berechtigt, auf die weitere Ausführung zu verzichten und Schadensersatz wegen Nichterfüllung zu verlangen, wenn die Ausführung aus den Gründen, die zur Kündigung geführt haben, für ihn kein Interesse mehr hat.

3. Für die Weiterführung der Arbeiten kann der Auftraggeber Geräte, Gerüste, auf der Baustelle vorhandene andere Einrichtungen und angelieferte Stoffe und Bauteile gegen angemessene Vergütung in Anspruch nehmen.
4. Der Auftraggeber hat dem Auftragnehmer eine Aufstellung über die entstandenen Mehrkosten und über seine anderen Ansprüche spätestens binnen 12 Werktagen nach Abrechnung mit dem Dritten zuzusenden.

(4) Der Auftraggeber kann den Vertrag kündigen,
1. wenn der Auftragnehmer aus Anlass der Vergabe eine Abrede getroffen hatte, die eine unzulässige Wettbewerbsbeschränkung darstellt. Absatz 3 Nummer 1 Satz 2 und Nummer 2 bis 4 gilt entsprechend.
2. sofern dieser im Anwendungsbereich des 4. Teils des GWB geschlossen wurde,
    a) wenn der Auftragnehmer wegen eines zwingenden Ausschlussgrundes zum Zeitpunkt des Zuschlags nicht hätte beauftragt werden dürfen. Absatz 3 Nummer 1 Satz 2 und Nummer 2 bis 4 gilt entsprechend.
    b) bei wesentlicher Änderung des Vertrags oder bei Feststellung einer schweren Verletzung der Verträge über die Europäische Union und die Arbeitsweise der Europäischen Union durch den Europäischen Gerichtshof. Die ausgeführten Leistungen sind nach § 6 Absatz 5 abzurechnen. Etwaige Schadensersatzansprüche der Parteien bleiben unberührt.

Die Kündigung ist innerhalb von 12 Werktagen nach Bekanntwerden des Kündigungsgrundes auszusprechen.

(5) Sofern der Auftragnehmer die Leistung, ungeachtet des Anwendungsbereichs des 4. Teils des GWB, ganz oder teilweise an Nachunternehmer weitervergeben hat, steht auch ihm das Kündigungsrecht gem. Absatz 4 Nummer 2 Buchstabe b zu, wenn der ihn als Auftragnehmer verpflichtende Vertrag (Hauptauftrag) gem. Absatz 4 Nummer 2 Buchstabe b gekündigt wurde. Entsprechendes gilt für jeden Auftraggeber der Nachunternehmerkette, sofern sein jeweiliger Auftraggeber den Vertrag gem. Satz 1 gekündigt hat.

(6) Die Kündigung ist schriftlich zu erklären.

(7) Der Auftragnehmer kann Aufmaß und Abnahme der von ihm ausgeführten Leistungen alsbald nach der Kündigung verlangen; er hat unverzüglich eine prüfbare Rechnung über die ausgeführten Leistungen vorzulegen.

(8) Eine wegen Verzugs verwirkte, nach Zeit bemessene Vertragsstrafe kann nur für die Zeit bis zum Tag der Kündigung des Vertrags gefordert werden.

§ 9 Kündigung durch den Auftragnehmer

(1) Der Auftragnehmer kann den Vertrag kündigen:
1. wenn der Auftraggeber eine ihm obliegende Handlung unterlässt und dadurch den Auftragnehmer außerstande setzt, die Leistung auszuführen (Annahmeverzug nach §§ 293 ff. BGB),
2. wenn der Auftraggeber eine fällige Zahlung nicht leistet oder sonst in Schuldnerverzug gerät.

(2) Die Kündigung ist schriftlich zu erklären. Sie ist erst zulässig, wenn der Auftragnehmer dem Auftraggeber ohne Erfolg eine angemessene Frist zur Vertragserfüllung gesetzt und erklärt hat, dass er nach fruchtlosem Ablauf der Frist den Vertrag kündigen werde.

(3) Die bisherigen Leistungen sind nach den Vertragspreisen abzurechnen. Außerdem hat der Auftragnehmer Anspruch auf angemessene Entschädigung nach § 642 BGB; etwaige weitergehende Ansprüche des Auftragnehmers bleiben unberührt.

§ 10 Haftung der Vertragsparteien

(1) Die Vertragsparteien haften einander für eigenes Verschulden sowie für das Verschulden ihrer gesetzlichen Vertreter und der Personen, deren sie sich zur Erfüllung ihrer Verbindlichkeiten bedienen (§§ 276, 278 BGB).

(2) 1. Entsteht einem Dritten im Zusammenhang mit der Leistung ein Schaden, für den auf Grund gesetzlicher Haftpflichtbestimmungen beide Vertragsparteien haften, so gelten für den Ausgleich zwischen den Vertragsparteien die allgemeinen gesetzlichen Bestimmungen, soweit im Einzelfall nichts anderes vereinbart ist. Soweit der Schaden des Dritten nur die Folge einer Maßnahme ist, die der Auftraggeber in dieser Form angeordnet hat, trägt er den Schaden allein, wenn ihn der Auftragnehmer auf die mit der angeordneten Ausführung verbundene Gefahr nach § 4 Absatz 3 hingewiesen hat.

2. Der Auftragnehmer trägt den Schaden allein, soweit er ihn durch Versicherung seiner gesetzlichen Haftpflicht gedeckt hat oder durch eine solche zu tarifmäßigen, nicht auf außergewöhnliche Verhältnisse abgestellten Prämien und Prämienzuschlägen bei einem im Inland zum Geschäftsbetrieb zugelassenen Versicherer hätte decken können.

(3) Ist der Auftragnehmer einem Dritten nach den §§ 823 ff. BGB zu Schadensersatz verpflichtet wegen unbefugten Betretens oder Beschädigung angrenzender Grundstücke, wegen Entnahme oder Auflagerung von Boden oder anderen Gegenständen außerhalb der vom Auftraggeber dazu angewiesenen Flächen oder wegen der Folgen eigenmächtiger Versperrung von Wegen oder Wasserläufen, so trägt er im Verhältnis zum Auftraggeber den Schaden allein.

(4) Für die Verletzung gewerblicher Schutzrechte haftet im Verhältnis der Vertragsparteien zueinander der Auftragnehmer allein, wenn er selbst das geschützte Verfahren oder die Verwendung geschützter Gegenstände angeboten oder wenn der Auftraggeber die Verwendung vorgeschrieben und auf das Schutzrecht hingewiesen hat.

(5) Ist eine Vertragspartei gegenüber der anderen nach den Absätzen 2, 3 oder 4 von der Ausgleichspflicht befreit, so gilt diese Befreiung auch zugunsten ihrer gesetzlichen Vertreter und Erfüllungsgehilfen, wenn sie nicht vorsätzlich oder grob fahrlässig gehandelt haben.

(6) Soweit eine Vertragspartei von dem Dritten für einen Schaden in Anspruch genommen wird, den nach den Absätzen 2, 3 oder 4 die andere Vertragspartei zu tragen hat, kann sie verlangen, dass ihre Vertragspartei sie von der Verbindlichkeit gegenüber dem Dritten befreit. Sie darf den Anspruch des Dritten nicht anerkennen oder befriedigen, ohne der anderen Vertragspartei vorher Gelegenheit zur Äußerung gegeben zu haben.

§ 11 Vertragsstrafe

(1) Wenn Vertragsstrafen vereinbart sind, gelten die §§ 339 bis 345 BGB.

(2) Ist die Vertragsstrafe für den Fall vereinbart, dass der Auftragnehmer nicht in der vorgesehenen Frist erfüllt, so wird sie fällig, wenn der Auftragnehmer in Verzug gerät.

(3) Ist die Vertragsstrafe nach Tagen bemessen, so zählen nur Werktage; ist sie nach Wochen bemessen, so wird jeder Werktag angefangener Wochen als 1/6 Woche gerechnet.

(4) Hat der Auftraggeber die Leistung abgenommen, so kann er die Strafe nur verlangen, wenn er dies bei der Abnahme vorbehalten hat.

§ 12 Abnahme

(1) Verlangt der Auftragnehmer nach der Fertigstellung — gegebenenfalls auch vor Ablauf der vereinbarten Ausführungsfrist — die Abnahme der Leistung, so hat sie der Auftraggeber binnen 12 Werktagen durchzuführen; eine andere Frist kann vereinbart werden.

(2) Auf Verlangen sind in sich abgeschlossene Teile der Leistung besonders abzunehmen.

(3) Wegen wesentlicher Mängel kann die Abnahme bis zur Beseitigung verweigert werden.

(4) 1. Eine förmliche Abnahme hat stattzufinden, wenn eine Vertragspartei es verlangt. Jede Partei kann auf ihre Kosten einen Sachverständigen zuziehen. Der Befund ist in gemeinsamer Verhandlung schriftlich niederzulegen. In die Niederschrift sind etwaige Vorbehalte wegen

bekannter Mängel und wegen Vertragsstrafen aufzunehmen, ebenso etwaige Einwendungen des Auftragnehmers. Jede Partei erhält eine Ausfertigung.

2. Die förmliche Abnahme kann in Abwesenheit des Auftragnehmers stattfinden, wenn der Termin vereinbart war oder der Auftraggeber mit genügender Frist dazu eingeladen hatte. Das Ergebnis der Abnahme ist dem Auftragnehmer alsbald mitzuteilen.

(5) 1. Wird keine Abnahme verlangt, so gilt die Leistung als abgenommen mit Ablauf von 12 Werktagen nach schriftlicher Mitteilung über die Fertigstellung der Leistung.

2. Wird keine Abnahme verlangt und hat der Auftraggeber die Leistung oder einen Teil der Leistung in Benutzung genommen, so gilt die Abnahme nach Ablauf von 6 Werktagen nach Beginn der Benutzung als erfolgt, wenn nichts anderes vereinbart ist. Die Benutzung von Teilen einer baulichen Anlage zur Weiterführung der Arbeiten gilt nicht als Abnahme.

3. Vorbehalte wegen bekannter Mängel oder wegen Vertragsstrafen hat der Auftraggeber spätestens zu den in den Nummern 1 und 2 bezeichneten Zeitpunkten geltend zu machen.

(6) Mit der Abnahme geht die Gefahr auf den Auftraggeber über, soweit er sie nicht schon nach § 7 trägt.

§ 13 Mängelansprüche

(1) Der Auftragnehmer hat dem Auftraggeber seine Leistung zum Zeitpunkt der Abnahme frei von Sachmängeln zu verschaffen. Die Leistung ist zur Zeit der Abnahme frei von Sachmängeln, wenn sie die vereinbarte Beschaffenheit hat und den anerkannten Regeln der Technik entspricht. Ist die Beschaffenheit nicht vereinbart, so ist die Leistung zur Zeit der Abnahme frei von Sachmängeln,

1. wenn sie sich für die nach dem Vertrag vorausgesetzte,

sonst

2. für die gewöhnliche Verwendung eignet und eine Beschaffenheit aufweist, die bei Werken der gleichen Art üblich ist und die der Auftraggeber nach der Art der Leistung erwarten kann.

(2) Bei Leistungen nach Probe gelten die Eigenschaften der Probe als vereinbarte Beschaffenheit, soweit nicht Abweichungen nach der Verkehrssitte als bedeutungslos anzusehen sind. Dies gilt auch für Proben, die erst nach Vertragsabschluss als solche anerkannt sind.

(3) Ist ein Mangel zurückzuführen auf die Leistungsbeschreibung oder auf Anordnungen des Auftraggebers, auf die von diesem gelieferten oder vorgeschriebenen Stoffe oder Bauteile oder die Beschaffenheit der Vorleistung eines anderen Unternehmers, haftet der Auftragnehmer, es sei denn, er hat die ihm nach § 4 Absatz 3 obliegende Mitteilung gemacht.

(4) 1. Ist für Mängelansprüche keine Verjährungsfrist im Vertrag vereinbart, so beträgt sie für Bauwerke 4 Jahre, für andere Werke, deren Erfolg in der Herstellung, Wartung oder Veränderung einer Sache besteht und für die vom Feuer berührten Teile von Feuerungsanlagen 2 Jahre. Abweichend von Satz 1 beträgt die Verjährungsfrist für feuerberührte und abgasdämmende Teile von industriellen Feuerungsanlagen 1 Jahr.

2. Ist für Teile von maschinellen und elektrotechnischen/elektronischen Anlagen, bei denen die Wartung Einfluss auf Sicherheit und Funktionsfähigkeit hat, nichts anderes vereinbart, beträgt für diese Anlagenteile die Verjährungsfrist für Mängelansprüche abweichend von Nummer 1 zwei Jahre, wenn der Auftraggeber sich dafür entschieden hat, dem Auftragnehmer die Wartung für die Dauer der Verjährungsfrist nicht zu übertragen; dies gilt auch, wenn für weitere Leistungen eine andere Verjährungsfrist vereinbart ist.

3. Die Frist beginnt mit der Abnahme der gesamten Leistung; nur für in sich abgeschlossene Teile der Leistung beginnt sie mit der Teilabnahme (§ 12 Absatz 2).

(5) 1. Der Auftragnehmer ist verpflichtet, alle während der Verjährungsfrist hervortretenden Mängel, die auf vertragswidrige Leistung zurückzuführen sind, auf seine Kosten zu beseitigen, wenn es der Auftraggeber vor Ablauf der Frist schriftlich verlangt. Der Anspruch auf Beseitigung der gerügten Mängel verjährt in 2 Jahren, gerechnet vom Zugang des schriftlichen

Verlangens an, jedoch nicht vor Ablauf der Regelfristen nach Absatz 4 oder der an ihrer Stelle vereinbarten Frist. Nach Abnahme der Mängelbeseitigungsleistung beginnt für diese Leistung eine Verjährungsfrist von 2 Jahren neu, die jedoch nicht vor Ablauf der Regelfristen nach Absatz 4 oder der an ihrer Stelle vereinbarten Frist endet.

2. Kommt der Auftragnehmer der Aufforderung zur Mängelbeseitigung in einer vom Auftraggeber gesetzten angemessenen Frist nicht nach, so kann der Auftraggeber die Mängel auf Kosten des Auftragnehmers beseitigen lassen.

(6) Ist die Beseitigung des Mangels für den Auftraggeber unzumutbar oder ist sie unmöglich oder würde sie einen unverhältnismäßig hohen Aufwand erfordern und wird sie deshalb vom Auftragnehmer verweigert, so kann der Auftraggeber durch Erklärung gegenüber dem Auftragnehmer die Vergütung mindern (§ 638 BGB).

(7) 1. Der Auftragnehmer haftet bei schuldhaft verursachten Mängeln für Schäden aus der Verletzung des Lebens, des Körpers oder der Gesundheit.

2. Bei vorsätzlich oder grob fahrlässig verursachten Mängeln haftet er für alle Schäden.

3. Im Übrigen ist dem Auftraggeber der Schaden an der baulichen Anlage zu ersetzen, zu deren Herstellung, Instandhaltung oder Änderung die Leistung dient, wenn ein wesentlicher Mangel vorliegt, der die Gebrauchsfähigkeit erheblich beeinträchtigt und auf ein Verschulden des Auftragnehmers zurückzuführen ist. Einen darüber hinausgehenden Schaden hat der Auftragnehmer nur dann zu ersetzen,

   a) wenn der Mangel auf einem Verstoß gegen die anerkannten Regeln der Technik beruht,

   b) wenn der Mangel in dem Fehlen einer vertraglich vereinbarten Beschaffenheit besteht oder

   c) soweit der Auftragnehmer den Schaden durch Versicherung seiner gesetzlichen Haftpflicht gedeckt hat oder durch eine solche zu tarifmäßigen, nicht auf außergewöhnliche Verhältnisse abgestellten Prämien und Prämienzuschlägen bei einem im Inland zum Geschäftsbetrieb zugelassenen Versicherer hätte decken können.

4. Abweichend von Absatz 4 gelten die gesetzlichen Verjährungsfristen, soweit sich der Auftragnehmer nach Nummer 3 durch Versicherung geschützt hat oder hätte schützen können oder soweit ein besonderer Versicherungsschutz vereinbart ist.

5. Eine Einschränkung oder Erweiterung der Haftung kann in begründeten Sonderfällen vereinbart werden.

§ 14 Abrechnung

(1) Der Auftragnehmer hat seine Leistungen prüfbar abzurechnen. Er hat die Rechnungen übersichtlich aufzustellen und dabei die Reihenfolge der Posten einzuhalten und die in den Vertragsbestandteilen enthaltenen Bezeichnungen zu verwenden. Die zum Nachweis von Art und Umfang der Leistung erforderlichen Mengenberechnungen, Zeichnungen und andere Belege sind beizufügen. Änderungen und Ergänzungen des Vertrags sind in der Rechnung besonders kenntlich zu machen; sie sind auf Verlangen getrennt abzurechnen.

(2) Die für die Abrechnung notwendigen Feststellungen sind dem Fortgang der Leistung entsprechend möglichst gemeinsam vorzunehmen. Die Abrechnungsbestimmungen in den Technischen Vertragsbedingungen und den anderen Vertragsunterlagen sind zu beachten. Für Leistungen, die bei Weiterführung der Arbeiten nur schwer feststellbar sind, hat der Auftragnehmer rechtzeitig gemeinsame Feststellungen zu beantragen.

(3) Die Schlussrechnung muss bei Leistungen mit einer vertraglichen Ausführungsfrist von höchstens 3 Monaten spätestens 12 Werktage nach Fertigstellung eingereicht werden, wenn nichts anderes vereinbart ist; diese Frist wird um je 6 Werktage für je weitere 3 Monate Ausführungsfrist verlängert.

(4) Reicht der Auftragnehmer eine prüfbare Rechnung nicht ein, obwohl ihm der Auftraggeber dafür eine angemessene Frist gesetzt hat, so kann sie der Auftraggeber selbst auf Kosten des Auftragnehmers aufstellen.

§ 15 Stundenlohnarbeiten

(1) 1. Stundenlohnarbeiten werden nach den vertraglichen Vereinbarungen abgerechnet.

2. Soweit für die Vergütung keine Vereinbarungen getroffen worden sind, gilt die ortsübliche Vergütung. Ist diese nicht zu ermitteln, so werden die Aufwendungen des Auftragnehmers für Lohn- und Gehaltskosten der Baustelle, Lohn- und Gehaltsnebenkosten der Baustelle, Stoffkosten der Baustelle, Kosten der Einrichtungen, Geräte, Maschinen und maschinellen Anlagen der Baustelle, Fracht-, Fuhr- und Ladekosten, Sozialkassenbeiträge und Sonderkosten, die bei wirtschaftlicher Betriebsführung entstehen, mit angemessenen Zuschlägen für Gemeinkosten und Gewinn (einschließlich allgemeinem Unternehmerwagnis) zuzüglich Umsatzsteuer vergütet.

(2) Verlangt der Auftraggeber, dass die Stundenlohnarbeiten durch einen Polier oder eine andere Aufsichtsperson beaufsichtigt werden, oder ist die Aufsicht nach den einschlägigen Unfallverhütungsvorschriften notwendig, so gilt Absatz 1 entsprechend.

(3) Dem Auftraggeber ist die Ausführung von Stundenlohnarbeiten vor Beginn anzuzeigen. Über die geleisteten Arbeitsstunden und den dabei erforderlichen, besonders zu vergütenden Aufwand für den Verbrauch von Stoffen, für Vorhaltung von Einrichtungen, Geräten, Maschinen und maschinellen Anlagen, für Frachten, Fuhr- und Ladeleistungen sowie etwaige Sonderkosten sind, wenn nichts anderes vereinbart ist, je nach der Verkehrssitte werktäglich oder wöchentlich Listen (Stundenlohnzettel) einzureichen. Der Auftraggeber hat die von ihm bescheinigten Stundenlohnzettel unverzüglich, spätestens jedoch innerhalb von 6 Werktagen nach Zugang, zurückzugeben. Dabei kann er Einwendungen auf den Stundenlohnzetteln oder gesondert schriftlich erheben. Nicht fristgemäß zurückgegebene Stundenlohnzettel gelten als anerkannt.

(4) Stundenlohnrechnungen sind alsbald nach Abschluss der Stundenlohnarbeiten, längstens jedoch in Abständen von 4 Wochen, einzureichen. Für die Zahlung gilt § 16.

(5) Wenn Stundenlohnarbeiten zwar vereinbart waren, über den Umfang der Stundenlohnleistungen aber mangels rechtzeitiger Vorlage der Stundenlohnzettel Zweifel bestehen, so kann der Auftraggeber verlangen, dass für die nachweisbar ausgeführten Leistungen eine Vergütung vereinbart wird, die nach Maßgabe von Absatz 1 Nummer 2 für einen wirtschaftlich vertretbaren Aufwand an Arbeitszeit und Verbrauch von Stoffen, für Vorhaltung von Einrichtungen, Geräten, Maschinen und maschinellen Anlagen, für Frachten, Fuhr- und Ladeleistungen sowie etwaige Sonderkosten ermittelt wird.

§ 16 Zahlung

(1) 1. Abschlagszahlungen sind auf Antrag in möglichst kurzen Zeitabständen oder zu den vereinbarten Zeitpunkten zu gewähren, und zwar in Höhe des Wertes der jeweils nachgewiesenen vertragsgemäßen Leistungen einschließlich des ausgewiesenen, darauf entfallenden Umsatzsteuerbetrages. Die Leistungen sind durch eine prüfbare Aufstellung nachzuweisen, die eine rasche und sichere Beurteilung der Leistungen ermöglichen muss. Als Leistungen gelten hierbei auch die für die geforderte Leistung eigens angefertigten und bereitgestellten Bauteile sowie die auf der Baustelle angelieferten Stoffe und Bauteile, wenn dem Auftraggeber nach seiner Wahl das Eigentum an ihnen übertragen ist oder entsprechende Sicherheit gegeben wird.

2. Gegenforderungen können einbehalten werden. Andere Einbehalte sind nur in den im Vertrag und in den gesetzlichen Bestimmungen vorgesehenen Fällen zulässig.

3. Ansprüche auf Abschlagszahlungen werden binnen 21 Tagen nach Zugang der Aufstellung fällig.

4. Die Abschlagszahlungen sind ohne Einfluss auf die Haftung des Auftragnehmers; sie gelten nicht als Abnahme von Teilen der Leistung.

(2) 1. Vorauszahlungen können auch nach Vertragsabschluss vereinbart werden; hierfür ist auf Verlangen des Auftraggebers ausreichende Sicherheit zu leisten. Diese Vorauszahlungen sind, sofern nichts anderes vereinbart wird, mit 3 v. H. über dem Basiszinssatz des § 247 BGB zu verzinsen.

2. Vorauszahlungen sind auf die nächstfälligen Zahlungen anzurechnen, soweit damit Leistungen abzugelten sind, für welche die Vorauszahlungen gewährt worden sind.

(3) 1. Der Anspruch auf Schlusszahlung wird alsbald nach Prüfung und Feststellung fällig, spätestens innerhalb von 30 Tagen nach Zugang der Schlussrechnung. Die Frist verlängert sich auf höchstens 60 Tage, wenn sie aufgrund der besonderen Natur oder Merkmale der Vereinbarung sachlich gerechtfertigt ist und ausdrücklich vereinbart wurde. Werden Einwendungen gegen die Prüfbarkeit unter Angabe der Gründe nicht bis zum Ablauf der jeweiligen Frist erhoben, kann der Auftraggeber sich nicht mehr auf die fehlende Prüfbarkeit berufen. Die Prüfung der Schlussrechnung ist nach Möglichkeit zu beschleunigen. Verzögert sie sich, so ist das unbestrittene Guthaben als Abschlagszahlung sofort zu zahlen.

2. Die vorbehaltlose Annahme der Schlusszahlung schließt Nachforderungen aus, wenn der Auftragnehmer über die Schlusszahlung schriftlich unterrichtet und auf die Ausschlusswirkung hingewiesen wurde.

3. Einer Schlusszahlung steht es gleich, wenn der Auftraggeber unter Hinweis auf geleistete Zahlungen weitere Zahlungen endgültig und schriftlich ablehnt.

4. Auch früher gestellte, aber unerledigte Forderungen werden ausgeschlossen, wenn sie nicht nochmals vorbehalten werden.

5. Ein Vorbehalt ist innerhalb von 28 Tagen nach Zugang der Mitteilung nach den Nummern 2 und 3 über die Schlusszahlung zu erklären. Er wird hinfällig, wenn nicht innerhalb von weiteren 28 Tagen – beginnend am Tag nach Ablauf der in Satz 1 genannten 28 Tage – eine prüfbare Rechnung über die vorbehaltenen Forderungen eingereicht oder, wenn das nicht möglich ist, der Vorbehalt eingehend begründet wird.

6. Die Ausschlussfristen gelten nicht für ein Verlangen nach Richtigstellung der Schlussrechnung und -zahlung wegen Aufmaß-, Rechen- und Übertragungsfehlern.

(4) In sich abgeschlossene Teile der Leistung können nach Teilabnahme ohne Rücksicht auf die Vollendung der übrigen Leistungen endgültig festgestellt und bezahlt werden.

(5) 1. Alle Zahlungen sind aufs Äußerste zu beschleunigen.

2. Nicht vereinbarte Skontoabzüge sind unzulässig.

3. Zahlt der Auftraggeber bei Fälligkeit nicht, so kann ihm der Auftragnehmer eine angemessene Nachfrist setzen. Zahlt er auch innerhalb der Nachfrist nicht, so hat der Auftragnehmer vom Ende der Nachfrist an Anspruch auf Zinsen in Höhe der in § 288 Absatz 2 BGB angegebenen Zinssätze, wenn er nicht einen höheren Verzugsschaden nachweist. Der Auftraggeber kommt jedoch, ohne dass es einer Nachfristsetzung bedarf, spätestens 30 Tage nach Zugang der Rechnung oder der Aufstellung bei Abschlagszahlungen in Zahlungsverzug, wenn der Auftragnehmer seine vertraglichen und gesetzlichen Verpflichtungen erfüllt und den fälligen Entgeltbetrag nicht rechtzeitig erhalten hat, es sei denn, der Auftraggeber ist für den Zahlungsverzug nicht verantwortlich. Die Frist verlängert sich auf höchstens 60 Tage, wenn sie aufgrund der besonderen Natur oder Merkmale der Vereinbarung sachlich gerechtfertigt ist und ausdrücklich vereinbart wurde.

4. Der Auftragnehmer darf die Arbeiten bei Zahlungsverzug bis zur Zahlung einstellen, sofern eine dem Auftraggeber zuvor gesetzte angemessene Frist erfolglos verstrichen ist.

(6) Der Auftraggeber ist berechtigt, zur Erfüllung seiner Verpflichtungen aus den Absätzen 1 bis 5 Zahlungen an Gläubiger des Auftragnehmers zu leisten, soweit sie an der Ausführung der vertraglichen Leistung des Auftragnehmers aufgrund eines mit diesem abgeschlossenen Dienst- oder Werkvertrags beteiligt sind, wegen Zahlungsverzugs des Auftragnehmers die Fortsetzung ihrer Leistung zu Recht verweigern und die Direktzahlung die Fortsetzung der Leistung sicherstellen soll. Der Auftragnehmer ist verpflichtet, sich auf Verlangen des Auftraggebers innerhalb

einer von diesem gesetzten Frist darüber zu erklären, ob und inwieweit er die Forderungen seiner Gläubiger anerkennt; wird diese Erklärung nicht rechtzeitig abgegeben, so gelten die Voraussetzungen für die Direktzahlung als anerkannt.

§ 17 Sicherheitsleistung

(1) 1. Wenn Sicherheitsleistung vereinbart ist, gelten die §§ 232 bis 240 BGB, soweit sich aus den nachstehenden Bestimmungen nichts anderes ergibt.

2. Die Sicherheit dient dazu, die vertragsgemäße Ausführung der Leistung und die Mängelansprüche sicherzustellen.

(2) Wenn im Vertrag nichts anderes vereinbart ist, kann Sicherheit durch Einbehalt oder Hinterlegung von Geld oder durch Bürgschaft eines Kreditinstituts oder Kreditversicherers geleistet werden, sofern das Kreditinstitut oder der Kreditversicherer

1. in der Europäischen Gemeinschaft oder
2. in einem Staat der Vertragsparteien des Abkommens über den Europäischen Wirtschaftsraum oder
3. in einem Staat der Vertragsparteien des WTO-Übereinkommens über das öffentliche Beschaffungswesen

zugelassen ist.

(3) Der Auftragnehmer hat die Wahl unter den verschiedenen Arten der Sicherheit; er kann eine Sicherheit durch eine andere ersetzen.

(4) Bei Sicherheitsleistung durch Bürgschaft ist Voraussetzung, dass der Auftraggeber den Bürgen als tauglich anerkannt hat. Die Bürgschaftserklärung ist schriftlich unter Verzicht auf die Einrede der Vorausklage abzugeben (§ 771 BGB); sie darf nicht auf bestimmte Zeit begrenzt und muss nach Vorschrift des Auftraggebers ausgestellt sein. Der Auftraggeber kann als Sicherheit keine Bürgschaft fordern, die den Bürgen zur Zahlung auf erstes Anfordern verpflichtet.

(5) Wird Sicherheit durch Hinterlegung von Geld geleistet, so hat der Auftragnehmer den Betrag bei einem zu vereinbarenden Geldinstitut auf ein Sperrkonto einzuzahlen, über das beide nur gemeinsam verfügen können (»Und-Konto«). Etwaige Zinsen stehen dem Auftragnehmer zu.

(6) 1. Soll der Auftraggeber vereinbarungsgemäß die Sicherheit in Teilbeträgen von seinen Zahlungen einbehalten, so darf er jeweils die Zahlung um höchstens 10 v.H. kürzen, bis die vereinbarte Sicherheitssumme erreicht ist. Sofern Rechnungen ohne Umsatzsteuer gem. § 13 b UStG gestellt werden, bleibt die Umsatzsteuer bei der Berechnung des Sicherheitseinbehalts unberücksichtigt. Den jeweils einbehaltenen Betrag hat er dem Auftragnehmer mitzuteilen und binnen 18 Werktagen nach dieser Mitteilung auf ein Sperrkonto bei dem vereinbarten Geldinstitut einzuzahlen. Gleichzeitig muss er veranlassen, dass dieses Geldinstitut den Auftragnehmer von der Einzahlung des Sicherheitsbetrags benachrichtigt. Absatz 5 gilt entsprechend.

2. Bei kleineren oder kurzfristigen Aufträgen ist es zulässig, dass der Auftraggeber den einbehaltenen Sicherheitsbetrag erst bei der Schlusszahlung auf ein Sperrkonto einzahlt.

3. Zahlt der Auftraggeber den einbehaltenen Betrag nicht rechtzeitig ein, so kann ihm der Auftragnehmer hierfür eine angemessene Nachfrist setzen. Lässt der Auftraggeber auch diese verstreichen, so kann der Auftragnehmer die sofortige Auszahlung des einbehaltenen Betrags verlangen und braucht dann keine Sicherheit mehr zu leisten.

4. Öffentliche Auftraggeber sind berechtigt, den als Sicherheit einbehaltenen Betrag auf eigenes Verwahrgeldkonto zu nehmen; der Betrag wird nicht verzinst.

(7) Der Auftragnehmer hat die Sicherheit binnen 18 Werktagen nach Vertragsabschluss zu leisten, wenn nichts anderes vereinbart ist. Soweit er diese Verpflichtung nicht erfüllt hat, ist der Auftraggeber berechtigt, vom Guthaben des Auftragnehmers einen Betrag in Höhe der vereinbarten Sicherheit einzubehalten. Im Übrigen gelten die Absätze 5 und 6 außer Nummer 1 Satz 1 entsprechend.

(8) 1. Der Auftraggeber hat eine nicht verwertete Sicherheit für die Vertragserfüllung zum vereinbarten Zeitpunkt, spätestens nach Abnahme und Stellung der Sicherheit für Mängelansprüche zurückzugeben, es sei denn, dass Ansprüche des Auftraggebers, die nicht von der gestellten Sicherheit für Mängelansprüche umfasst sind, noch nicht erfüllt sind. Dann darf er für diese Vertragserfüllungsansprüche einen entsprechenden Teil der Sicherheit zurückhalten.

2. Der Auftraggeber hat eine nicht verwertete Sicherheit für Mängelansprüche nach Ablauf von 2 Jahren zurückzugeben, sofern kein anderer Rückgabezeitpunkt vereinbart worden ist. Soweit jedoch zu diesem Zeitpunkt seine geltend gemachten Ansprüche noch nicht erfüllt sind, darf er einen entsprechenden Teil der Sicherheit zurückhalten.

§ 18 Streitigkeiten

(1) Liegen die Voraussetzungen für eine Gerichtsstandvereinbarung nach § 38 Zivilprozessordnung vor, richtet sich der Gerichtsstand für Streitigkeiten aus dem Vertrag nach dem Sitz der für die Prozessvertretung des Auftraggebers zuständigen Stelle, wenn nichts anderes vereinbart ist. Sie ist dem Auftragnehmer auf Verlangen mitzuteilen.

(2) 1. Entstehen bei Verträgen mit Behörden Meinungsverschiedenheiten, so soll der Auftragnehmer zunächst die der auftraggebenden Stelle unmittelbar vorgesetzte Stelle anrufen. Diese soll dem Auftragnehmer Gelegenheit zur mündlichen Aussprache geben und ihn möglichst innerhalb von 2 Monaten nach der Anrufung schriftlich bescheiden und dabei auf die Rechtsfolgen des Satzes 3 hinweisen. Die Entscheidung gilt als anerkannt, wenn der Auftragnehmer nicht innerhalb von 3 Monaten nach Eingang des Bescheides schriftlich Einspruch beim Auftraggeber erhebt und dieser ihn auf die Ausschlussfrist hingewiesen hat.

2. Mit dem Eingang des schriftlichen Antrages auf Durchführung eines Verfahrens nach Nummer 1 wird die Verjährung des in diesem Antrag geltend gemachten Anspruchs gehemmt. Wollen Auftraggeber oder Auftragnehmer das Verfahren nicht weiter betreiben, teilen sie dies dem jeweils anderen Teil schriftlich mit. Die Hemmung endet 3 Monate nach Zugang des schriftlichen Bescheides oder der Mitteilung nach Satz 2.

(3) Daneben kann ein Verfahren zur Streitbeilegung vereinbart werden. Die Vereinbarung sollte mit Vertragsabschluss erfolgen.

(4) Bei Meinungsverschiedenheiten über die Eigenschaft von Stoffen und Bauteilen, für die allgemein gültige Prüfungsverfahren bestehen, und über die Zulässigkeit oder Zuverlässigkeit der bei der Prüfung verwendeten Maschinen oder angewendeten Prüfungsverfahren kann jede Vertragspartei nach vorheriger Benachrichtigung der anderen Vertragspartei die materialtechnische Untersuchung durch eine staatliche oder staatlich anerkannte Materialprüfungsstelle vornehmen lassen; deren Feststellungen sind verbindlich. Die Kosten trägt der unterliegende Teil.

(5) Streitfälle berechtigen den Auftragnehmer nicht, die Arbeiten einzustellen.

Anhang 2

BGB (Auszug)
Bürgerliches Gesetzbuch (BGB)

Auszug Buch 1
Allgemeiner Teil

Abschnitt 3
Rechtsgeschäfte

Titel 2
Willenserklärung

§ 119 Anfechtbarkeit wegen Irrtums
(1) Wer bei der Abgabe einer Willenserklärung über deren Inhalt im Irrtum war oder eine Erklärung dieses Inhalts überhaupt nicht abgeben wollte, kann die Erklärung anfechten, wenn anzunehmen ist, dass er sie bei Kenntnis der Sachlage und bei verständiger Würdigung des Falles nicht abgegeben haben würde.
(2) Als Irrtum über den Inhalt der Erklärung gilt auch der Irrtum über solche Eigenschaften der Person oder der Sache, die im Verkehr als wesentlich angesehen werden.

§ 120 Anfechtbarkeit wegen falscher Übermittlung
Eine Willenserklärung, welche durch die zur Übermittlung verwendete Person oder Einrichtung unrichtig übermittelt worden ist, kann unter der gleichen Voraussetzung angefochten werden wie nach § 119 eine irrtümlich abgegebene Willenserklärung.

§ 121 Anfechtungsfrist
(1) Die Anfechtung muss in den Fällen der §§ 119, 120 ohne schuldhaftes Zögern (unverzüglich) erfolgen, nachdem der Anfechtungsberechtigte von dem Anfechtungsgrund Kenntnis erlangt hat. Die einem Abwesenden gegenüber erfolgte Anfechtung gilt als rechtzeitig erfolgt, wenn die Anfechtungserklärung unverzüglich abgesendet worden ist.
(2) Die Anfechtung ist ausgeschlossen, wenn seit der Abgabe der Willenserklärung zehn Jahre verstrichen sind.

§ 122 Schadensersatzpflicht des Anfechtenden
(1) Ist eine Willenserklärung nach § 118 nichtig oder auf Grund der §§ 119, 120 angefochten, so hat der Erklärende, wenn die Erklärung einem anderen gegenüber abzugeben war, diesem, andernfalls jedem Dritten den Schaden zu ersetzen, den der andere oder der Dritte dadurch erleidet, dass er auf die Gültigkeit der Erklärung vertraut, jedoch nicht über den Betrag des Interesses hinaus, welches der andere oder der Dritte an der Gültigkeit der Erklärung hat.

(2) Die Schadensersatzpflicht tritt nicht ein, wenn der Beschädigte den Grund der Nichtigkeit oder der Anfechtbarkeit kannte oder infolge von Fahrlässigkeit nicht kannte (kennen musste).

§ 123 Anfechtbarkeit wegen Täuschung oder Drohung
(1) Wer zur Abgabe einer Willenserklärung durch arglistige Täuschung oder widerrechtlich durch Drohung bestimmt worden ist, kann die Erklärung anfechten.
(2) Hat ein Dritter die Täuschung verübt, so ist eine Erklärung, die einem anderen gegenüber abzugeben war, nur dann anfechtbar, wenn dieser die Täuschung kannte oder kennen musste. Soweit ein anderer als derjenige, welchem gegenüber die Erklärung abzugeben war, aus der Erklärung unmittelbar ein Recht erworben hat, ist die Erklärung ihm gegenüber anfechtbar, wenn er die Täuschung kannte oder kennen musste.

§ 124 Anfechtungsfrist
(1) Die Anfechtung einer nach § 123 anfechtbaren Willenserklärung kann nur binnen Jahresfrist erfolgen.
(2) Die Frist beginnt im Falle der arglistigen Täuschung mit dem Zeitpunkt, in welchem der Anfechtungsberechtigte die Täuschung entdeckt, im Falle der Drohung mit dem Zeitpunkt, in welchem die Zwangslage aufhört. Auf den Lauf der Frist finden die für die Verjährung geltenden Vorschriften der §§ 206, 210 und 211 entsprechende Anwendung.
(3) Die Anfechtung ist ausgeschlossen, wenn seit der Abgabe der Willenserklärung zehn Jahre verstrichen sind.

§ 125 Nichtigkeit wegen Formmangels
Ein Rechtsgeschäft, welches der durch Gesetz vorgeschriebenen Form ermangelt, ist nichtig. Der Mangel der durch Rechtsgeschäft bestimmten Form hat im Zweifel gleichfalls Nichtigkeit zur Folge.

§ 126 Schriftform
(1) Ist durch Gesetz schriftliche Form vorgeschrieben, so muss die Urkunde von dem Aussteller eigenhändig durch Namensunterschrift oder mittels notariell beglaubigten Handzeichens unterzeichnet werden.
(2) Bei einem Vertrag muss die Unterzeichnung der Parteien auf derselben Urkunde erfolgen. Werden über den Vertrag mehrere gleichlautende Urkunden aufgenommen, so genügt es, wenn jede Partei die für die andere Partei bestimmte Urkunde unterzeichnet.
(3) Die schriftliche Form kann durch die elektronische Form ersetzt werden, wenn sich nicht aus dem Gesetz ein anderes ergibt.
(1) Die schriftliche Form wird durch die notarielle Beurkundung ersetzt.

§ 126a Elektronische Form
(1) Soll die gesetzlich vorgeschriebene schriftliche Form durch die elektronische Form ersetzt werden, so muss der Aussteller der Erklärung dieser seinen Namen hinzufügen und das elektronische Dokument mit einer qualifizierten elektronischen Signatur nach dem Signaturgesetz versehen.
(2) Bei einem Vertrag müssen die Parteien jeweils ein gleichlautendes Dokument in der in Absatz 1 bezeichneten Weise elektronisch signieren.

§ 126b Textform
Ist durch Gesetz Textform vorgeschrieben, so muss eine lesbare Erklärung, in der die Person des Erklärenden genannt ist, auf einem dauerhaften Datenträger abgegeben werden. Ein dauerhafter Datenträger ist jedes Medium, das
1. es dem Empfänger ermöglicht, eine auf dem Datenträger befindliche, an ihn persönlich gerichtete Erklärung so aufzubewahren oder zu speichern, dass sie ihm während eines für ihren Zweck angemessenen Zeitraums zugänglich ist, und
2. geeignet ist, die Erklärung unverändert wiederzugeben.

§ 127 Vereinbarte Form
(1) Die Vorschriften des § 126, des § 126a oder des § 126b gelten im Zweifel auch für die durch Rechtsgeschäft bestimmte Form.
(2) Zur Wahrung der durch Rechtsgeschäft bestimmten schriftlichen Form genügt, soweit nicht ein anderer Wille anzunehmen ist, die telekommunikative Übermittlung und bei einem Vertrag der Briefwechsel. Wird eine solche Form gewählt, so kann nachträglich eine dem § 126 entsprechende Beurkundung verlangt werden.
(3) Zur Wahrung der durch Rechtsgeschäft bestimmten elektronischen Form genügt, soweit nicht ein anderer Wille anzunehmen ist, auch eine andere als die in § 126a bestimmte elektronische Signatur und bei einem Vertrag der Austausch von Angebots- und Annahmeerklärung, die jeweils mit einer elektronischen Signatur versehen sind. Wird eine solche Form gewählt, so kann nachträglich eine dem § 126a entsprechende elektronische Signierung oder, wenn diese einer der Parteien nicht möglich ist, eine dem § 126 entsprechende Beurkundung verlangt werden.

§ 127a Gerichtlicher Vergleich
Die notarielle Beurkundung wird bei einem gerichtlichen Vergleich durch die Aufnahme der Erklärungen in ein nach den Vorschriften der Zivilprozessordnung errichtetes Protokoll ersetzt.

§ 128 Notarielle Beurkundung
Ist durch Gesetz notarielle Beurkundung eines Vertrags vorgeschrieben, so genügt es, wenn zunächst der Antrag und sodann die Annahme des Antrags von einem Notar beurkundet wird.

§ 129 Öffentliche Beglaubigung
(1) Ist durch Gesetz für eine Erklärung öffentliche Beglaubigung vorgeschrieben, so muss die Erklärung schriftlich abgefasst und die Unterschrift des Erklärenden von einem Notar beglaubigt werden. Wird die Erklärung von dem Aussteller mittels Handzeichens unterzeichnet, so ist die im § 126 Abs. 1 vorgeschriebene Beglaubigung des Handzeichens erforderlich und genügend.
(2) Die öffentliche Beglaubigung wird durch die notarielle Beurkundung der Erklärung ersetzt.

§ 130 Wirksamwerden der Willenserklärung gegenüber Abwesenden
(1) Eine Willenserklärung, die einem anderen gegenüber abzugeben ist, wird, wenn sie in dessen Abwesenheit abgegeben wird, in dem Zeitpunkt wirksam, in welchem sie ihm zugeht. Sie wird nicht wirksam, wenn dem anderen vorher oder gleichzeitig ein Widerruf zugeht.
(2) Auf die Wirksamkeit der Willenserklärung ist es ohne Einfluss, wenn der Erklärende nach der Abgabe stirbt oder geschäftsunfähig wird.
(3) Diese Vorschriften finden auch dann Anwendung, wenn die Willenserklärung einer Behörde gegenüber abzugeben ist.

§ 131 Wirksamwerden gegenüber nicht voll Geschäftsfähigen
(1) Wird die Willenserklärung einem Geschäftsunfähigen gegenüber abgegeben, so wird sie nicht wirksam, bevor sie dem gesetzlichen Vertreter zugeht.
(2) Das Gleiche gilt, wenn die Willenserklärung einer in der Geschäftsfähigkeit beschränkten Person gegenüber abgegeben wird. Bringt die Erklärung jedoch der in der Geschäftsfähigkeit beschränkten Person lediglich einen rechtlichen Vorteil oder hat der gesetzliche Vertreter seine Einwilligung erteilt, so wird die Erklärung in dem Zeitpunkt wirksam, in welchem sie ihr zugeht.

§ 132 Ersatz des Zugehens durch Zustellung
(1) Eine Willenserklärung gilt auch dann als zugegangen, wenn sie durch Vermittlung eines Gerichtsvollziehers zugestellt worden ist. Die Zustellung erfolgt nach den Vorschriften der Zivilprozeßordnung.
(2) Befindet sich der Erklärende über die Person desjenigen, welchem gegenüber die Erklärung abzugeben ist, in einer nicht auf Fahrlässigkeit beruhenden Unkenntnis oder ist der Aufenthalt dieser Person unbekannt, so kann die Zustellung nach den für die öffentliche Zustellung geltenden Vorschriften der Zivilprozeßordnung erfolgen. Zuständig für die Bewilligung ist im ersteren

Fall das Amtsgericht, in dessen Bezirk der Erklärende seinen Wohnsitz oder in Ermangelung eines inländischen Wohnsitzes seinen Aufenthalt hat, im letzteren Falle das Amtsgericht, in dessen Bezirk die Person, welcher zuzustellen ist, den letzten Wohnsitz oder in Ermangelung eines inländischen Wohnsitzes den letzten Aufenthalt hatte.

§ 133 Auslegung einer Willenserklärung
Bei der Auslegung einer Willenserklärung ist der wirkliche Wille zu erforschen und nicht an dem buchstäblichen Sinne des Ausdrucks zu haften.

§ 134 Gesetzliches Verbot
Ein Rechtsgeschäft, das gegen ein gesetzliches Verbot verstößt, ist nichtig, wenn sich nicht aus dem Gesetz ein anderes ergibt.

§ 135 Gesetzliches Veräußerungsverbot
(1) Verstößt die Verfügung über einen Gegenstand gegen ein gesetzliches Veräußerungsverbot, das nur den Schutz bestimmter Personen bezweckt, so ist sie nur diesen Personen gegenüber unwirksam. Der rechtsgeschäftlichen Verfügung steht eine Verfügung gleich, die im Wege der Zwangsvollstreckung oder der Arrestvollziehung erfolgt.

(2) Die Vorschriften zugunsten derjenigen, welche Rechte von einem Nichtberechtigten herleiten, finden entsprechende Anwendung.

§ 136 Behördliches Veräußerungsverbot
Ein Veräußerungsverbot, das von einem Gericht oder von einer anderen Behörde innerhalb ihrer Zuständigkeit erlassen wird, steht einem gesetzlichen Veräußerungsverbot der in § 135 bezeichneten Art gleich.

§ 137 Rechtsgeschäftliches Verfügungsverbot
Die Befugnis zur Verfügung über ein veräußerliches Recht kann nicht durch Rechtsgeschäft ausgeschlossen oder beschränkt werden. Die Wirksamkeit einer Verpflichtung, über ein solches Recht nicht zu verfügen, wird durch diese Vorschrift nicht berührt.

§ 138 Sittenwidriges Rechtsgeschäft; Wucher
(1) Ein Rechtsgeschäft, das gegen die guten Sitten verstößt, ist nichtig.

(2) Nichtig ist insbesondere ein Rechtsgeschäft, durch das jemand unter Ausbeutung der Zwangslage, der Unerfahrenheit, des Mangels an Urteilsvermögen oder der erheblichen Willensschwäche eines anderen sich oder einem Dritten für eine Leistung Vermögensvorteile versprechen oder gewähren lässt, die in einem auffälligen Missverhältnis zu der Leistung stehen.

§ 139 Teilnichtigkeit
Ist ein Teil eines Rechtsgeschäfts nichtig, so ist das ganze Rechtsgeschäft nichtig, wenn nicht anzunehmen ist, dass es auch ohne den nichtigen Teil vorgenommen sein würde.

§ 140 Umdeutung
Entspricht ein nichtiges Rechtsgeschäft den Erfordernissen eines anderen Rechtsgeschäfts, so gilt das letztere, wenn anzunehmen ist, dass dessen Geltung bei Kenntnis der Nichtigkeit gewollt sein würde.

§ 141 Bestätigung des nichtigen Rechtsgeschäfts
(1) Wird ein nichtiges Rechtsgeschäft von demjenigen, welcher es vorgenommen hat, bestätigt, so ist die Bestätigung als erneute Vornahme zu beurteilen.

(2) Wird ein nichtiger Vertrag von den Parteien bestätigt, so sind diese im Zweifel verpflichtet, einander zu gewähren, was sie haben würden, wenn der Vertrag von Anfang an gültig gewesen wäre.

§ 142 Wirkung der Anfechtung
(1) Wird ein anfechtbares Rechtsgeschäft angefochten, so ist es als von Anfang an nichtig anzusehen.

(2) Wer die Anfechtbarkeit kannte oder kennen musste, wird, wenn die Anfechtung erfolgt, so behandelt, wie wenn er die Nichtigkeit des Rechtsgeschäfts gekannt hätte oder hätte kennen müssen.

§ 143 Anfechtungserklärung
(1) Die Anfechtung erfolgt durch Erklärung gegenüber dem Anfechtungsgegner.
(2) Anfechtungsgegner ist bei einem Vertrag der andere Teil, im Falle des § 123 Abs. 2 S. 2 derjenige, welcher aus dem Vertrag unmittelbar ein Recht erworben hat.
(3) Bei einem einseitigen Rechtsgeschäft, das einem anderen gegenüber vorzunehmen war, ist der andere der Anfechtungsgegner. Das Gleiche gilt bei einem Rechtsgeschäft, das einem anderen oder einer Behörde gegenüber vorzunehmen war, auch dann, wenn das Rechtsgeschäft der Behörde gegenüber vorgenommen worden ist.
(4) Bei einem einseitigen Rechtsgeschäft anderer Art ist Anfechtungsgegner jeder, der auf Grund des Rechtsgeschäfts unmittelbar einen rechtlichen Vorteil erlangt hat. Die Anfechtung kann jedoch, wenn die Willenserklärung einer Behörde gegenüber abzugeben war, durch Erklärung gegenüber der Behörde erfolgen; die Behörde soll die Anfechtung demjenigen mitteilen, welcher durch das Rechtsgeschäft unmittelbar betroffen worden ist.

§ 144 Bestätigung des anfechtbaren Rechtsgeschäfts
(1) Die Anfechtung ist ausgeschlossen, wenn das anfechtbare Rechtsgeschäft von dem Anfechtungsberechtigten bestätigt wird.
(2) Die Bestätigung bedarf nicht der für das Rechtsgeschäft bestimmten Form.

Titel 3
Vertrag

§ 145 Bindung an den Antrag
Wer einem anderen die Schließung eines Vertrags anträgt, ist an den Antrag gebunden, es sei denn, dass er die Gebundenheit ausgeschlossen hat.

§ 146 Erlöschen des Antrags
Der Antrag erlischt, wenn er dem Antragenden gegenüber abgelehnt oder wenn er nicht diesem gegenüber nach den §§ 147 bis 149 rechtzeitig angenommen wird.

§ 147 Annahmefrist
(1) Der einem Anwesenden gemachte Antrag kann nur sofort angenommen werden. Dies gilt auch von einem mittels Fernsprechers oder einer sonstigen technischen Einrichtung von Person zu Person gemachten Antrag.
(2) Der einem Abwesenden gemachte Antrag kann nur bis zu dem Zeitpunkt angenommen werden, in welchem der Antragende den Eingang der Antwort unter regelmäßigen Umständen erwarten darf.

§ 148 Bestimmung einer Annahmefrist
Hat der Antragende für die Annahme des Antrags eine Frist bestimmt, so kann die Annahme nur innerhalb der Frist erfolgen.

§ 149 Verspätet zugegangene Annahmeerklärung
Ist eine dem Antragenden verspätet zugegangene Annahmeerklärung dergestalt abgesendet worden, dass sie bei regelmäßiger Beförderung ihm rechtzeitig zugegangen sein würde, und musste der Antragende dies erkennen, so hat er die Verspätung dem Annehmenden unverzüglich nach dem Empfang der Erklärung anzuzeigen, sofern es nicht schon vorher geschehen ist. Verzögert er die Absendung der Anzeige, so gilt die Annahme als nicht verspätet.

§ 150 Verspätete und abändernde Annahme
(1) Die verspätete Annahme eines Antrags gilt als neuer Antrag.
(2) Eine Annahme unter Erweiterungen, Einschränkungen oder sonstigen Änderungen gilt als Ablehnung verbunden mit einem neuen Antrag.

§ 151 Annahme ohne Erklärung gegenüber dem Antragenden
Der Vertrag kommt durch die Annahme des Antrags zustande, ohne dass die Annahme dem Antragenden gegenüber erklärt zu werden braucht, wenn eine solche Erklärung nach der Verkehrssitte nicht zu erwarten ist oder der Antragende auf sie verzichtet hat. Der Zeitpunkt, in welchem der Antrag erlischt, bestimmt sich nach dem aus dem Antrag oder den Umständen zu entnehmenden Willen des Antragenden.

§ 152 Annahme bei notarieller Beurkundung
Wird ein Vertrag notariell beurkundet, ohne dass beide Teile gleichzeitig anwesend sind, so kommt der Vertrag mit der nach § 128 erfolgten Beurkundung der Annahme zustande, wenn nicht ein anderes bestimmt ist. Die Vorschrift des § 151 S. 2 findet Anwendung.

§ 153 Tod oder Geschäftsunfähigkeit des Antragenden
Das Zustandekommen des Vertrags wird nicht dadurch gehindert, dass der Antragende vor der Annahme stirbt oder geschäftsunfähig wird, es sei denn, dass ein anderer Wille des Antragenden anzunehmen ist.

§ 154 Offener Einigungsmangel; fehlende Beurkundung
(1) Solange nicht die Parteien sich über alle Punkte eines Vertrags geeinigt haben, über die nach der Erklärung auch nur einer Partei eine Vereinbarung getroffen werden soll, ist im Zweifel der Vertrag nicht geschlossen. Die Verständigung über einzelne Punkte ist auch dann nicht bindend, wenn eine Aufzeichnung stattgefunden hat.
(2) Ist eine Beurkundung des beabsichtigten Vertrags verabredet worden, so ist im Zweifel der Vertrag nicht geschlossen, bis die Beurkundung erfolgt ist.

§ 155 Versteckter Einigungsmangel
Haben sich die Parteien bei einem Vertrag, den sie als geschlossen ansehen, über einen Punkt, über den eine Vereinbarung getroffen werden sollte, in Wirklichkeit nicht geeinigt, so gilt das Vereinbarte, sofern anzunehmen ist, dass der Vertrag auch ohne eine Bestimmung über diesen Punkt geschlossen sein würde.

§ 156 Vertragsschluss bei Versteigerung
Bei einer Versteigerung kommt der Vertrag erst durch den Zuschlag zustande. Ein Gebot erlischt, wenn ein Übergebot abgegeben oder die Versteigerung ohne Erteilung des Zuschlags geschlossen wird.

§ 157 Auslegung von Verträgen
Verträge sind so auszulegen, wie Treu und Glauben mit Rücksicht auf die Verkehrssitte es erfordern.

Titel 4
Bedingung und Zeitbestimmung

§ 158 Aufschiebende und auflösende Bedingung
(1) Wird ein Rechtsgeschäft unter einer aufschiebenden Bedingung vorgenommen, so tritt die von der Bedingung abhängig gemachte Wirkung mit dem Eintritt der Bedingung ein.
(2) Wird ein Rechtsgeschäft unter einer auflösenden Bedingung vorgenommen, so endigt mit dem Eintritt der Bedingung die Wirkung des Rechtsgeschäfts; mit diesem Zeitpunkt tritt der frühere Rechtszustand wieder ein.

§ 159 Rückbeziehung
Sollen nach dem Inhalt des Rechtsgeschäfts die an den Eintritt der Bedingung geknüpften Folgen auf einen früheren Zeitpunkt zurückbezogen werden, so sind im Falle des Eintritts der Bedingung die Beteiligten verpflichtet, einander zu gewähren, was sie haben würden, wenn die Folgen in dem früheren Zeitpunkt eingetreten wären.

§ 160 Haftung während der Schwebezeit
(1) Wer unter einer aufschiebenden Bedingung berechtigt ist, kann im Falle des Eintritts der Bedingung Schadensersatz von dem anderen Teil verlangen, wenn dieser während der Schwebezeit das von der Bedingung abhängige Recht durch sein Verschulden vereitelt oder beeinträchtigt.

(2) Den gleichen Anspruch hat unter denselben Voraussetzungen bei einem unter einer auflösenden Bedingung vorgenommenen Rechtsgeschäft derjenige, zu dessen Gunsten der frühere Rechtszustand wieder eintritt.

§ 161 Unwirksamkeit von Verfügungen während der Schwebezeit
(1) Hat jemand unter einer aufschiebenden Bedingung über einen Gegenstand verfügt, so ist jede weitere Verfügung, die er während der Schwebezeit über den Gegenstand trifft, im Falle des Eintritts der Bedingung insoweit unwirksam, als sie die von der Bedingung abhängige Wirkung vereiteln oder beeinträchtigen würde. Einer solchen Verfügung steht eine Verfügung gleich, die während der Schwebezeit im Wege der Zwangsvollstreckung oder der Arrestvollziehung oder durch den Insolvenzverwalter erfolgt.

(2) Dasselbe gilt bei einer auflösenden Bedingung von den Verfügungen desjenigen, dessen Recht mit dem Eintritt der Bedingung endigt.

(3) Die Vorschriften zugunsten derjenigen, welche Rechte von einem Nichtberechtigten herleiten, finden entsprechende Anwendung.

§ 162 Verhinderung oder Herbeiführung des Bedingungseintritts
(1) Wird der Eintritt der Bedingung von der Partei, zu deren Nachteil er gereichen würde, wider Treu und Glauben verhindert, so gilt die Bedingung als eingetreten.

(2) Wird der Eintritt der Bedingung von der Partei, zu deren Vorteil er gereicht, wider Treu und Glauben herbeigeführt, so gilt der Eintritt als nicht erfolgt.

§ 163 Zeitbestimmung
Ist für die Wirkung eines Rechtsgeschäfts bei dessen Vornahme ein Anfangs- oder ein Endtermin bestimmt worden, so finden im ersteren Falle die für die aufschiebende, im letzteren Falle die für die auflösende Bedingung geltenden Vorschriften der §§ 158, 160, 161 entsprechende Anwendung.

Titel 5
Vertretung und Vollmacht

§ 164 Wirkung der Erklärung des Vertreters
(1) Eine Willenserklärung, die jemand innerhalb der ihm zustehenden Vertretungsmacht im Namen des Vertretenen abgibt, wirkt unmittelbar für und gegen den Vertretenen. Es macht keinen Unterschied, ob die Erklärung ausdrücklich im Namen des Vertretenen erfolgt oder ob die Umstände ergeben, dass sie in dessen Namen erfolgen soll.

(2) Tritt der Wille, in fremdem Namen zu handeln, nicht erkennbar hervor, so kommt der Mangel des Willens, im eigenen Namen zu handeln, nicht in Betracht.

(3) Die Vorschriften des Absatzes 1 finden entsprechende Anwendung, wenn eine gegenüber einem anderen abzugebende Willenserklärung dessen Vertreter gegenüber erfolgt.

§ 165 Beschränkt geschäftsfähiger Vertreter
Die Wirksamkeit einer von oder gegenüber einem Vertreter abgegebenen Willenserklärung wird nicht dadurch beeinträchtigt, dass der Vertreter in der Geschäftsfähigkeit beschränkt ist.

§ 166 Willensmängel; Wissenszurechnung

(1) Soweit die rechtlichen Folgen einer Willenserklärung durch Willensmängel oder durch die Kenntnis oder das Kennenmüssen gewisser Umstände beeinflusst werden, kommt nicht die Person des Vertretenen, sondern die des Vertreters in Betracht.

(2) Hat im Falle einer durch Rechtsgeschäft erteilten Vertretungsmacht (Vollmacht) der Vertreter nach bestimmten Weisungen des Vollmachtgebers gehandelt, so kann sich dieser in Ansehung solcher Umstände, die er selbst kannte, nicht auf die Unkenntnis des Vertreters berufen. Dasselbe gilt von Umständen, die der Vollmachtgeber kennen musste, sofern das Kennenmüssen der Kenntnis gleichsteht.

§ 167 Erteilung der Vollmacht

(1) Die Erteilung der Vollmacht erfolgt durch Erklärung gegenüber dem zu Bevollmächtigenden oder dem Dritten, dem gegenüber die Vertretung stattfinden soll.

(2) Die Erklärung bedarf nicht der Form, welche für das Rechtsgeschäft bestimmt ist, auf das sich die Vollmacht bezieht.

§ 168 Erlöschen der Vollmacht

Das Erlöschen der Vollmacht bestimmt sich nach dem ihrer Erteilung zugrunde liegenden Rechtsverhältnis. Die Vollmacht ist auch bei dem Fortbestehen des Rechtsverhältnisses widerruflich, sofern sich nicht aus diesem ein anderes ergibt. Auf die Erklärung des Widerrufs findet die Vorschrift des § 167 Abs. 1 entsprechende Anwendung.

§ 169 Vollmacht des Beauftragten und des geschäftsführenden Gesellschafters

Soweit nach den §§ 674, 729 die erloschene Vollmacht eines Beauftragten oder eines geschäftsführenden Gesellschafters als fortbestehend gilt, wirkt sie nicht zugunsten eines Dritten, der bei der Vornahme eines Rechtsgeschäfts das Erlöschen kennt oder kennen muss.

§ 170 Wirkungsdauer der Vollmacht

Wird die Vollmacht durch Erklärung gegenüber einem Dritten erteilt, so bleibt sie diesem gegenüber in Kraft, bis ihm das Erlöschen von dem Vollmachtgeber angezeigt wird.

§ 171 Wirkungsdauer bei Kundgebung

(1) Hat jemand durch besondere Mitteilung an einen Dritten oder durch öffentliche Bekanntmachung kundgegeben, dass er einen anderen bevollmächtigt habe, so ist dieser auf Grund der Kundgebung im ersteren Falle dem Dritten gegenüber, im letzteren Falle jedem Dritten gegenüber zur Vertretung befugt.

(2) Die Vertretungsmacht bleibt bestehen, bis die Kundgebung in derselben Weise, wie sie erfolgt ist, widerrufen wird.

§ 172 Vollmachtsurkunde

(1) Der besonderen Mitteilung einer Bevollmächtigung durch den Vollmachtgeber steht es gleich, wenn dieser dem Vertreter eine Vollmachtsurkunde ausgehändigt hat und der Vertreter sie dem Dritten vorlegt.

(2) Die Vertretungsmacht bleibt bestehen, bis die Vollmachtsurkunde dem Vollmachtgeber zurückgegeben oder für kraftlos erklärt wird.

§ 173 Wirkungsdauer bei Kenntnis und fahrlässiger Unkenntnis

Die Vorschriften des § 170, des § 171 Abs. 2 und des § 172 Abs. 2 finden keine Anwendung, wenn der Dritte das Erlöschen der Vertretungsmacht bei der Vornahme des Rechtsgeschäfts kennt oder kennen muss.

§ 174 Einseitiges Rechtsgeschäft eines Bevollmächtigten

Ein einseitiges Rechtsgeschäft, das ein Bevollmächtigter einem anderen gegenüber vornimmt, ist unwirksam, wenn der Bevollmächtigte eine Vollmachtsurkunde nicht vorlegt und der andere das Rechtsgeschäft aus diesem Grunde unverzüglich zurückweist. Die Zurückweisung ist ausgeschlossen, wenn der Vollmachtgeber den anderen von der Bevollmächtigung in Kenntnis gesetzt hatte.

§ 175 Rückgabe der Vollmachtsurkunde
Nach dem Erlöschen der Vollmacht hat der Bevollmächtigte die Vollmachtsurkunde dem Vollmachtgeber zurückzugeben; ein Zurückbehaltungsrecht steht ihm nicht zu.

§ 176 Kraftloserklärung der Vollmachtsurkunde
(1) Der Vollmachtgeber kann die Vollmachtsurkunde durch eine öffentliche Bekanntmachung für kraftlos erklären; die Kraftloserklärung muss nach den für die öffentliche Zustellung einer Ladung geltenden Vorschriften der Zivilprozessordnung veröffentlicht werden. Mit dem Ablauf eines Monats nach der letzten Einrückung in die öffentlichen Blätter wird die Kraftloserklärung wirksam.

(2) Zuständig für die Bewilligung der Veröffentlichung ist sowohl das Amtsgericht, in dessen Bezirk der Vollmachtgeber seinen allgemeinen Gerichtsstand hat, als das Amtsgericht, welches für die Klage auf Rückgabe der Urkunde, abgesehen von dem Wert des Streitgegenstands, zuständig sein würde.

(3) Die Kraftloserklärung ist unwirksam, wenn der Vollmachtgeber die Vollmacht nicht widerrufen kann.

§ 177 Vertragsschluss durch Vertreter ohne Vertretungsmacht
(1) Schließt jemand ohne Vertretungsmacht im Namen eines anderen einen Vertrag, so hängt die Wirksamkeit des Vertrags für und gegen den Vertretenen von dessen Genehmigung ab.

(2) Fordert der andere Teil den Vertretenen zur Erklärung über die Genehmigung auf, so kann die Erklärung nur ihm gegenüber erfolgen; eine vor der Aufforderung dem Vertreter gegenüber erklärte Genehmigung oder Verweigerung der Genehmigung wird unwirksam. Die Genehmigung kann nur bis zum Ablauf von zwei Wochen nach dem Empfang der Aufforderung erklärt werden; wird sie nicht erklärt, so gilt sie als verweigert.

§ 178 Widerrufsrecht des anderen Teils
Bis zur Genehmigung des Vertrags ist der andere Teil zum Widerruf berechtigt, es sei denn, dass er den Mangel der Vertretungsmacht bei dem Abschluss des Vertrags gekannt hat. Der Widerruf kann auch dem Vertreter gegenüber erklärt werden.

§ 179 Haftung des Vertreters ohne Vertretungsmacht
(1) Wer als Vertreter einen Vertrag geschlossen hat, ist, sofern er nicht seine Vertretungsmacht nachweist, dem anderen Teil nach dessen Wahl zur Erfüllung oder zum Schadensersatz verpflichtet, wenn der Vertretene die Genehmigung des Vertrags verweigert.

(2) Hat der Vertreter den Mangel der Vertretungsmacht nicht gekannt, so ist er nur zum Ersatz desjenigen Schadens verpflichtet, welchen der andere Teil dadurch erleidet, dass er auf die Vertretungsmacht vertraut, jedoch nicht über den Betrag des Interesses hinaus, welches der andere Teil an der Wirksamkeit des Vertrags hat.

(3) Der Vertreter haftet nicht, wenn der andere Teil den Mangel der Vertretungsmacht kannte oder kennen musste. Der Vertreter haftet auch dann nicht, wenn er in der Geschäftsfähigkeit beschränkt war, es sei denn, dass er mit Zustimmung seines gesetzlichen Vertreters gehandelt hat.

§ 180 Einseitiges Rechtsgeschäft
Bei einem einseitigen Rechtsgeschäft ist Vertretung ohne Vertretungsmacht unzulässig. Hat jedoch derjenige, welchem gegenüber ein solches Rechtsgeschäft vorzunehmen war, die von dem Vertreter behauptete Vertretungsmacht bei der Vornahme des Rechtsgeschäfts nicht beanstandet oder ist er damit einverstanden gewesen, dass der Vertreter ohne Vertretungsmacht handele, so finden die Vorschriften über Verträge entsprechende Anwendung. Das Gleiche gilt, wenn ein einseitiges Rechtsgeschäft gegenüber einem Vertreter ohne Vertretungsmacht mit dessen Einverständnis vorgenommen wird.

§ 181 Insichgeschäft
Ein Vertreter kann, soweit nicht ein anderes ihm gestattet ist, im Namen des Vertretenen mit sich im eigenen Namen oder als Vertreter eines Dritten ein Rechtsgeschäft nicht vornehmen, es sei denn, dass das Rechtsgeschäft ausschließlich in der Erfüllung einer Verbindlichkeit besteht.

(…)

Abschnitt 5
Verjährung

Titel 1
Gegenstand und Dauer der Verjährung

§ 194 Gegenstand der Verjährung
(1) Das Recht, von einem anderen ein Tun oder Unterlassen zu verlangen (Anspruch), unterliegt der Verjährung.
(2) Ansprüche aus einem familienrechtlichen Verhältnis unterliegen der Verjährung nicht, soweit sie auf die Herstellung des dem Verhältnis entsprechenden Zustands für die Zukunft oder auf die Einwilligung in eine genetische Untersuchung zur Klärung der leiblichen Abstammung gerichtet sind.

§ 195 Regelmäßige Verjährungsfrist
Die regelmäßige Verjährungsfrist beträgt drei Jahre.

§ 196 Verjährungsfrist bei Rechten an einem Grundstück
Ansprüche auf Übertragung des Eigentums an einem Grundstück sowie auf Begründung, Übertragung oder Aufhebung eines Rechts an einem Grundstück oder auf Änderung des Inhalts eines solchen Rechts sowie die Ansprüche auf die Gegenleistung verjähren in zehn Jahren.

§ 197 Dreißigjährige Verjährungsfrist
(1) In 30 Jahren verjähren, soweit nicht ein anderes bestimmt ist,
   1. Schadensersatzansprüche, die auf der vorsätzlichen Verletzung des Lebens, des Körpers, der Gesundheit, der Freiheit oder der sexuellen Selbstbestimmung beruhen,
   2. Herausgabeansprüche aus Eigentum, anderen dinglichen Rechten, den §§ 2018, 2130 und 2362 sowie die Ansprüche, die der Geltendmachung der Herausgabeansprüche dienen,
   3. rechtskräftig festgestellte Ansprüche,
   4. Ansprüche aus vollstreckbaren Vergleichen oder vollstreckbaren Urkunden,
   5. Ansprüche, die durch die im Insolvenzverfahren erfolgte Feststellung vollstreckbar geworden sind, und
   6. Ansprüche auf Erstattung der Kosten der Zwangsvollstreckung.
(2) Soweit Ansprüche nach Absatz 1 Nr. 3 bis 5 künftig fällig werdende regelmäßig wiederkehrende Leistungen zum Inhalt haben, tritt an die Stelle der Verjährungsfrist von 30 Jahren die regelmäßige Verjährungsfrist.

§ 198 Verjährung bei Rechtsnachfolge
Gelangt eine Sache, hinsichtlich derer ein dinglicher Anspruch besteht, durch Rechtsnachfolge in den Besitz eines Dritten, so kommt die während des Besitzes des Rechtsvorgängers verstrichene Verjährungszeit dem Rechtsnachfolger zugute.

§ 199 Beginn der regelmäßigen Verjährungsfrist und Verjährungshöchstfristen
(1) Die regelmäßige Verjährungsfrist beginnt, soweit nicht ein anderer Verjährungsbeginn bestimmt ist, mit dem Schluss des Jahres, in dem
   1. der Anspruch entstanden ist und

2. der Gläubiger von den den Anspruch begründenden Umständen und der Person des Schuldners Kenntnis erlangt oder ohne grobe Fahrlässigkeit erlangen müsste.
(2) Schadensersatzansprüche, die auf der Verletzung des Lebens, des Körpers, der Gesundheit oder der Freiheit beruhen, verjähren ohne Rücksicht auf ihre Entstehung und die Kenntnis oder grob fahrlässige Unkenntnis in 30 Jahren von der Begehung der Handlung, der Pflichtverletzung oder dem sonstigen, den Schaden auslösenden Ereignis an.
(3) Sonstige Schadensersatzansprüche verjähren
1. ohne Rücksicht auf die Kenntnis oder grob fahrlässige Unkenntnis in zehn Jahren von ihrer Entstehung an und
2. ohne Rücksicht auf ihre Entstehung und die Kenntnis oder grob fahrlässige Unkenntnis in 30 Jahren von der Begehung der Handlung, der Pflichtverletzung oder dem sonstigen, den Schaden auslösenden Ereignis an.

Maßgeblich ist die früher endende Frist.
(3a) Ansprüche, die auf einem Erbfall beruhen oder deren Geltendmachung die Kenntnis einer Verfügung von Todes wegen voraussetzt, verjähren ohne Rücksicht auf die Kenntnis oder grob fahrlässige Unkenntnis in 30 Jahren von der Entstehung des Anspruchs an.
(4) Andere Ansprüche als die nach den Absätzen 2 bis 3a verjähren ohne Rücksicht auf die Kenntnis oder grob fahrlässige Unkenntnis in zehn Jahren von ihrer Entstehung an.
(5) Geht der Anspruch auf ein Unterlassen, so tritt an die Stelle der Entstehung die Zuwiderhandlung.

§ 200 Beginn anderer Verjährungsfristen
Die Verjährungsfrist von Ansprüchen, die nicht der regelmäßigen Verjährungsfrist unterliegen, beginnt mit der Entstehung des Anspruchs, soweit nicht ein anderer Verjährungsbeginn bestimmt ist. § 199 Abs. 5 findet entsprechende Anwendung.

§ 201 Beginn der Verjährungsfrist von festgestellten Ansprüchen
Die Verjährung von Ansprüchen der in § 197 Abs. 1 Nr. 3 bis 6 bezeichneten Art beginnt mit der Rechtskraft der Entscheidung, der Errichtung des vollstreckbaren Titels oder der Feststellung im Insolvenzverfahren, nicht jedoch vor der Entstehung des Anspruchs. § 199 Abs. 5 findet entsprechende Anwendung.

§ 202 Unzulässigkeit von Vereinbarungen über die Verjährung
(1) Die Verjährung kann bei Haftung wegen Vorsatzes nicht im Voraus durch Rechtsgeschäft erleichtert werden.
(2) Die Verjährung kann durch Rechtsgeschäft nicht über eine Verjährungsfrist von 30 Jahren ab dem gesetzlichen Verjährungsbeginn hinaus erschwert werden.

Titel 2
Hemmung, Ablaufhemmung und Neubeginn der Verjährung

§ 203 Hemmung der Verjährung bei Verhandlungen
Schweben zwischen dem Schuldner und dem Gläubiger Verhandlungen über den Anspruch oder die den Anspruch begründenden Umstände, so ist die Verjährung gehemmt, bis der eine oder der andere Teil die Fortsetzung der Verhandlungen verweigert. Die Verjährung tritt frühestens drei Monate nach dem Ende der Hemmung ein.

§ 204 Hemmung der Verjährung durch Rechtsverfolgung
(1) Die Verjährung wird gehemmt durch
1. die Erhebung der Klage auf Leistung oder auf Feststellung des Anspruchs, auf Erteilung der Vollstreckungsklausel oder auf Erlass des Vollstreckungsurteils,
2. die Zustellung des Antrags im vereinfachten Verfahren über den Unterhalt Minderjähriger,

3. die Zustellung des Mahnbescheids im Mahnverfahren oder des Europäischen Zahlungsbefehls im Europäischen Mahnverfahren nach der Verordnung (EG) Nr. 1896/2006 des Europäischen Parlaments und des Rates vom 12. Dezember 2006 zur Einführung eines Europäischen Mahnverfahrens (ABl. EU Nr. L 399 S. 1),
4. die Veranlassung der Bekanntgabe eines Antrags, mit dem der Anspruch geltend gemacht wird, bei einer
   a) staatlichen oder staatlich anerkannten Streitbeilegungsstelle oder
   b) anderen Streitbeilegungsstelle, wenn das Verfahren im Einvernehmen mit dem Antragsgegner betrieben wird;
   die Verjährung wird schon durch den Eingang des Antrags bei der Streitbeilegungsstelle gehemmt, wenn der Antrag demnächst bekannt gegeben wird,
5. die Geltendmachung der Aufrechnung des Anspruchs im Prozess,
6. die Zustellung der Streitverkündung,
6a. die Zustellung der Anmeldung zu einem Musterverfahren für darin bezeichnete Ansprüche, soweit diesen der gleiche Lebenssachverhalt zugrunde liegt wie den Feststellungszielen des Musterverfahrens und wenn innerhalb von drei Monaten nach dem rechtskräftigen Ende des Musterverfahrens die Klage auf Leistung oder Feststellung der in der Anmeldung bezeichneten Ansprüche erhoben wird,
7. die Zustellung des Antrags auf Durchführung eines selbständigen Beweisverfahrens,
8. den Beginn eines vereinbarten Begutachtungsverfahrens,
9. die Zustellung des Antrags auf Erlass eines Arrests, einer einstweiligen Verfügung oder einer einstweiligen Anordnung, oder, wenn der Antrag nicht zugestellt wird, dessen Einreichung, wenn der Arrestbefehl, die einstweilige Verfügung oder die einstweilige Anordnung innerhalb eines Monats seit Verkündung oder Zustellung an den Gläubiger dem Schuldner zugestellt wird,
10. die Anmeldung des Anspruchs im Insolvenzverfahren oder im Schifffahrtsrechtlichen Verteilungsverfahren,
11. den Beginn des schiedsrichterlichen Verfahrens,
12. die Einreichung des Antrags bei einer Behörde, wenn die Zulässigkeit der Klage von der Vorentscheidung dieser Behörde abhängt und innerhalb von drei Monaten nach Erledigung des Gesuchs die Klage erhoben wird; dies gilt entsprechend für bei einem Gericht oder bei einer in Nummer 4 bezeichneten Streitbeilegungsstelle zu stellende Anträge, deren Zulässigkeit von der Vorentscheidung einer Behörde abhängt,
13. die Einreichung des Antrags bei dem höheren Gericht, wenn dieses das zuständige Gericht zu bestimmen hat und innerhalb von drei Monaten nach Erledigung des Gesuchs die Klage erhoben oder der Antrag, für den die Gerichtsstandsbestimmung zu erfolgen hat, gestellt wird, und
14. die Veranlassung der Bekanntgabe des erstmaligen Antrags auf Gewährung von Prozesskostenhilfe oder Verfahrenskostenhilfe; wird die Bekanntgabe demnächst nach der Einreichung des Antrags veranlasst, so tritt die Hemmung der Verjährung bereits mit der Einreichung ein.

(2) Die Hemmung nach Absatz 1 endet sechs Monate nach der rechtskräftigen Entscheidung oder anderweitigen Beendigung des eingeleiteten Verfahrens. Gerät das Verfahren dadurch in Stillstand, dass die Parteien es nicht betreiben, so tritt an die Stelle der Beendigung des Verfahrens die letzte Verfahrenshandlung der Parteien, des Gerichts oder der sonst mit dem Verfahren befassten Stelle. Die Hemmung beginnt erneut, wenn eine der Parteien das Verfahren weiter betreibt.

(3) Auf die Frist nach Absatz 1 Nr. 6a, 9, 12 und 13 finden die §§ 206, 210 und 211 entsprechende Anwendung.

§ 205 Hemmung der Verjährung bei Leistungsverweigerungsrecht
Die Verjährung ist gehemmt, solange der Schuldner auf Grund einer Vereinbarung mit dem Gläubiger vorübergehend zur Verweigerung der Leistung berechtigt ist.

(…)

§ 212 Neubeginn der Verjährung
(1) Die Verjährung beginnt erneut, wenn
1. der Schuldner dem Gläubiger gegenüber den Anspruch durch Abschlagszahlung, Zinszahlung, Sicherheitsleistung oder in anderer Weise anerkennt oder
2. eine gerichtliche oder behördliche Vollstreckungshandlung vorgenommen oder beantragt wird.

(2) Der erneute Beginn der Verjährung infolge einer Vollstreckungshandlung gilt als nicht eingetreten, wenn die Vollstreckungshandlung auf Antrag des Gläubigers oder wegen Mangels der gesetzlichen Voraussetzungen aufgehoben wird.

(3) Der erneute Beginn der Verjährung durch den Antrag auf Vornahme einer Vollstreckungshandlung gilt als nicht eingetreten, wenn dem Antrag nicht stattgegeben oder der Antrag vor der Vollstreckungshandlung zurückgenommen oder die erwirkte Vollstreckungshandlung nach Absatz 2 aufgehoben wird.

§ 213 Hemmung, Ablaufhemmung und erneuter Beginn der Verjährung bei anderen Ansprüchen
Die Hemmung, die Ablaufhemmung und der erneute Beginn der Verjährung gelten auch für Ansprüche, die aus demselben Grunde wahlweise neben dem Anspruch oder an seiner Stelle gegeben sind.

Titel 3
Rechtsfolgen der Verjährung

§ 214 Wirkung der Verjährung
(1) Nach Eintritt der Verjährung ist der Schuldner berechtigt, die Leistung zu verweigern.

(2) Das zur Befriedigung eines verjährten Anspruchs Geleistete kann nicht zurückgefordert werden, auch wenn in Unkenntnis der Verjährung geleistet worden ist. Das Gleiche gilt von einem vertragsmäßigen Anerkenntnis sowie einer Sicherheitsleistung des Schuldners.

§ 215 Aufrechnung und Zurückbehaltungsrecht nach Eintritt der Verjährung
Die Verjährung schließt die Aufrechnung und die Geltendmachung eines Zurückbehaltungsrechts nicht aus, wenn der Anspruch in dem Zeitpunkt noch nicht verjährt war, in dem erstmals aufgerechnet oder die Leistung verweigert werden konnte.

§ 216 Wirkung der Verjährung bei gesicherten Ansprüchen
(1) Die Verjährung eines Anspruchs, für den eine Hypothek, eine Schiffshypothek oder ein Pfandrecht besteht, hindert den Gläubiger nicht, seine Befriedigung aus dem belasteten Gegenstand zu suchen.

(2) Ist zur Sicherung eines Anspruchs ein Recht verschafft worden, so kann die Rückübertragung nicht auf Grund der Verjährung des Anspruchs gefordert werden. Ist das Eigentum vorbehalten, so kann der Rücktritt vom Vertrag auch erfolgen, wenn der gesicherte Anspruch verjährt ist.

(3) Die Absätze 1 und 2 finden keine Anwendung auf die Verjährung von Ansprüchen auf Zinsen und andere wiederkehrende Leistungen.

§ 217 Verjährung von Nebenleistungen
Mit dem Hauptanspruch verjährt der Anspruch auf die von ihm abhängenden Nebenleistungen, auch wenn die für diesen Anspruch geltende besondere Verjährung noch nicht eingetreten ist.

(…)

Abschnitt 7
Sicherheitsleistung

§ 232 Arten
(1) Wer Sicherheit zu leisten hat, kann dies bewirken durch Hinterlegung von Geld oder Wertpapieren, durch Verpfändung von Forderungen, die in das Bundesschuldbuch oder in das Landesschuldbuch eines Landes eingetragen sind, durch Verpfändung beweglicher Sachen, durch Bestellung von Schiffshypotheken an Schiffen oder Schiffsbauwerken, die in einem deutschen Schiffsregister oder Schiffsbauregister eingetragen sind, durch Bestellung von Hypotheken an inländischen Grundstücken, durch Verpfändung von Forderungen, für die eine Hypothek an einem inländischen Grundstück besteht, oder durch Verpfändung von Grundschulden oder Rentenschulden an inländischen Grundstücken.

(2) Kann die Sicherheit nicht in dieser Weise geleistet werden, so ist die Stellung eines tauglichen Bürgen zulässig.

§ 233 Wirkung der Hinterlegung
Mit der Hinterlegung erwirbt der Berechtigte ein Pfandrecht an dem hinterlegten Geld oder an den hinterlegten Wertpapieren und, wenn das Geld oder die Wertpapiere in das Eigentum des Fiskus oder der als Hinterlegungsstelle bestimmten Anstalt übergehen, ein Pfandrecht an der Forderung auf Rückerstattung.

§ 234 Geeignete Wertpapiere
(1) Wertpapiere sind zur Sicherheitsleistung nur geeignet, wenn sie auf den Inhaber lauten, einen Kurswert haben und einer Gattung angehören, in der Mündelgeld angelegt werden darf. Den Inhaberpapieren stehen Orderpapiere gleich, die mit Blankoindossament versehen sind.

(2) Mit den Wertpapieren sind die Zins-, Renten-, Gewinnanteil- und Erneuerungsscheine zu hinterlegen.

(3) Mit Wertpapieren kann Sicherheit nur in Höhe von drei Vierteln des Kurswerts geleistet werden.

§ 235 Umtauschrecht
Wer durch Hinterlegung von Geld oder von Wertpapieren Sicherheit geleistet hat, ist berechtigt, das hinterlegte Geld gegen geeignete Wertpapiere, die hinterlegten Wertpapiere gegen andere geeignete Wertpapiere oder gegen Geld umzutauschen.

§ 236 Buchforderungen
Mit einer Schuldbuchforderung gegen den Bund oder ein Land kann Sicherheit nur in Höhe von drei Vierteln des Kurswerts der Wertpapiere geleistet werden, deren Aushändigung der Gläubiger gegen Löschung seiner Forderung verlangen kann.

§ 237 Bewegliche Sachen
Mit einer beweglichen Sache kann Sicherheit nur in Höhe von zwei Dritteln des Schätzungswerts geleistet werden. Sachen, deren Verderb zu besorgen oder deren Aufbewahrung mit besonderen Schwierigkeiten verbunden ist, können zurückgewiesen werden.

§ 238 Hypotheken, Grund- und Rentenschulden
(1) Eine Hypothekenforderung, eine Grundschuld oder eine Rentenschuld ist zur Sicherheitsleistung nur geeignet, wenn sie den Voraussetzungen entspricht, unter denen am Orte der Sicherheitsleistung Mündelgeld in Hypothekenforderungen, Grundschulden oder Rentenschulden angelegt werden darf.

(2) Eine Forderung, für die eine Sicherungshypothek besteht, ist zur Sicherheitsleistung nicht geeignet.

§ 239 Bürge
(1) Ein Bürge ist tauglich, wenn er ein der Höhe der zu leistenden Sicherheit angemessenes Vermögen besitzt und seinen allgemeinen Gerichtsstand im Inland hat.
(2) Die Bürgschaftserklärung muss den Verzicht auf die Einrede der Vorausklage enthalten.

§ 240 Ergänzungspflicht
Wird die geleistete Sicherheit ohne Verschulden des Berechtigten unzureichend, so ist sie zu ergänzen oder anderweitige Sicherheit zu leisten.

Buch 2
Recht der Schuldverhältnisse

Abschnitt 1
Inhalt der Schuldverhältnisse

Titel 1
Verpflichtung zur Leistung

§ 241 Pflichten aus dem Schuldverhältnis
(1) Kraft des Schuldverhältnisses ist der Gläubiger berechtigt, von dem Schuldner eine Leistung zu fordern. Die Leistung kann auch in einem Unterlassen bestehen.
(2) Das Schuldverhältnis kann nach seinem Inhalt jeden Teil zur Rücksicht auf die Rechte, Rechtsgüter und Interessen des anderen Teils verpflichten.
(…)

§ 247 Basiszinssatz
(1) Der Basiszinssatz beträgt 3,62 Prozent. Er verändert sich zum 1. Januar und 1. Juli eines jeden Jahres um die Prozentpunkte, um welche die Bezugsgröße seit der letzten Veränderung des Basiszinssatzes gestiegen oder gefallen ist. Bezugsgröße ist der Zinssatz für die jüngste Hauptrefinanzierungsoperation der Europäischen Zentralbank vor dem ersten Kalendertag des betreffenden Halbjahrs.
(2) Die Deutsche Bundesbank gibt den geltenden Basiszinssatz unverzüglich nach den in Absatz 1 S. 2 genannten Zeitpunkten im Bundesanzeiger bekannt.

§ 248 Zinseszinsen
(1) Eine im Voraus getroffene Vereinbarung, dass fällige Zinsen wieder Zinsen tragen sollen, ist nichtig.
(2) Sparkassen, Kreditanstalten und Inhaber von Bankgeschäften können im Voraus vereinbaren, dass nicht erhobene Zinsen von Einlagen als neue verzinsliche Einlagen gelten sollen. Kreditanstalten, die berechtigt sind, für den Betrag der von ihnen gewährten Darlehen verzinsliche Schuldverschreibungen auf den Inhaber auszugeben, können sich bei solchen Darlehen die Verzinsung rückständiger Zinsen im Voraus versprechen lassen.

§ 249 Art und Umfang des Schadensersatzes
(1) Wer zum Schadensersatz verpflichtet ist, hat den Zustand herzustellen, der bestehen würde, wenn der zum Ersatz verpflichtende Umstand nicht eingetreten wäre.
(2) Ist wegen Verletzung einer Person oder wegen Beschädigung einer Sache Schadensersatz zu leisten, so kann der Gläubiger statt der Herstellung den dazu erforderlichen Geldbetrag verlangen. Bei der Beschädigung einer Sache schließt der nach S. 1 erforderliche Geldbetrag die Umsatzsteuer nur mit ein, wenn und soweit sie tatsächlich angefallen ist.

§ 250 Schadensersatz in Geld nach Fristsetzung
Der Gläubiger kann dem Ersatzpflichtigen zur Herstellung eine angemessene Frist mit der Erklärung bestimmen, dass er die Herstellung nach dem Ablauf der Frist ablehne. Nach dem Ablauf der Frist kann der Gläubiger den Ersatz in Geld verlangen, wenn nicht die Herstellung rechtzeitig erfolgt; der Anspruch auf die Herstellung ist ausgeschlossen.

§ 251 Schadensersatz in Geld ohne Fristsetzung
(1) Soweit die Herstellung nicht möglich oder zur Entschädigung des Gläubigers nicht genügend ist, hat der Ersatzpflichtige den Gläubiger in Geld zu entschädigen.

(2) Der Ersatzpflichtige kann den Gläubiger in Geld entschädigen, wenn die Herstellung nur mit unverhältnismäßigen Aufwendungen möglich ist. Die aus der Heilbehandlung eines verletzten Tieres entstandenen Aufwendungen sind nicht bereits dann unverhältnismäßig, wenn sie dessen Wert erheblich übersteigen.

§ 252 Entgangener Gewinn
Der zu ersetzende Schaden umfasst auch den entgangenen Gewinn. Als entgangen gilt der Gewinn, welcher nach dem gewöhnlichen Lauf der Dinge oder nach den besonderen Umständen, insbesondere nach den getroffenen Anstalten und Vorkehrungen, mit Wahrscheinlichkeit erwartet werden konnte.

§ 253 Immaterieller Schaden
(1) Wegen eines Schadens, der nicht Vermögensschaden ist, kann Entschädigung in Geld nur in den durch das Gesetz bestimmten Fällen gefordert werden.

(2) Ist wegen einer Verletzung des Körpers, der Gesundheit, der Freiheit oder der sexuellen Selbstbestimmung Schadensersatz zu leisten, kann auch wegen des Schadens, der nicht Vermögensschaden ist, eine billige Entschädigung in Geld gefordert werden.

§ 254 Mitverschulden
(1) Hat bei der Entstehung des Schadens ein Verschulden des Beschädigten mitgewirkt, so hängt die Verpflichtung zum Ersatz sowie der Umfang des zu leistenden Ersatzes von den Umständen, insbesondere davon ab, inwieweit der Schaden vorwiegend von dem einen oder dem anderen Teil verursacht worden ist.

(2) Dies gilt auch dann, wenn sich das Verschulden des Beschädigten darauf beschränkt, dass er unterlassen hat, den Schuldner auf die Gefahr eines ungewöhnlich hohen Schadens aufmerksam zu machen, die der Schuldner weder kannte noch kennen musste, oder dass er unterlassen hat, den Schaden abzuwenden oder zu mindern. Die Vorschrift des § 278 findet entsprechende Anwendung.

(…)

§ 273 Zurückbehaltungsrecht
(1) Hat der Schuldner aus demselben rechtlichen Verhältnis, auf dem seine Verpflichtung beruht, einen fälligen Anspruch gegen den Gläubiger, so kann er, sofern nicht aus dem Schuldverhältnis sich ein anderes ergibt, die geschuldete Leistung verweigern, bis die ihm gebührende Leistung bewirkt wird (Zurückbehaltungsrecht).

(2) Wer zur Herausgabe eines Gegenstands verpflichtet ist, hat das gleiche Recht, wenn ihm ein fälliger Anspruch wegen Verwendungen auf den Gegenstand oder wegen eines ihm durch diesen verursachten Schadens zusteht, es sei denn, dass er den Gegenstand durch eine vorsätzlich begangene unerlaubte Handlung erlangt hat.

(3) Der Gläubiger kann die Ausübung des Zurückbehaltungsrechts durch Sicherheitsleistung abwenden. Die Sicherheitsleistung durch Bürgen ist ausgeschlossen.

§ 274 Wirkungen des Zurückbehaltungsrechts
(1) Gegenüber der Klage des Gläubigers hat die Geltendmachung des Zurückbehaltungsrechts nur die Wirkung, dass der Schuldner zur Leistung gegen Empfang der ihm gebührenden Leistung (Erfüllung Zug um Zug) zu verurteilen ist.

(2) Auf Grund einer solchen Verurteilung kann der Gläubiger seinen Anspruch ohne Bewirkung der ihm obliegenden Leistung im Wege der Zwangsvollstreckung verfolgen, wenn der Schuldner im Verzug der Annahme ist.

§ 275 Ausschluss der Leistungspflicht
(1) Der Anspruch auf Leistung ist ausgeschlossen, soweit diese für den Schuldner oder für jedermann unmöglich ist.
(2) Der Schuldner kann die Leistung verweigern, soweit diese einen Aufwand erfordert, der unter Beachtung des Inhalts des Schuldverhältnisses und der Gebote von Treu und Glauben in einem groben Missverhältnis zu dem Leistungsinteresse des Gläubigers steht. Bei der Bestimmung der dem Schuldner zuzumutenden Anstrengungen ist auch zu berücksichtigen, ob der Schuldner das Leistungshindernis zu vertreten hat.
(3) Der Schuldner kann die Leistung ferner verweigern, wenn er die Leistung persönlich zu erbringen hat und sie ihm unter Abwägung des seiner Leistung entgegenstehenden Hindernisses mit dem Leistungsinteresse des Gläubigers nicht zugemutet werden kann.
(4) Die Rechte des Gläubigers bestimmen sich nach den §§ 280, 283 bis 285, 311a und 326.

§ 276 Verantwortlichkeit des Schuldners
(1) Der Schuldner hat Vorsatz und Fahrlässigkeit zu vertreten, wenn eine strengere oder mildere Haftung weder bestimmt noch aus dem sonstigen Inhalt des Schuldverhältnisses, insbesondere aus der Übernahme einer Garantie oder eines Beschaffungsrisikos zu entnehmen ist. Die Vorschriften der §§ 827 und 828 finden entsprechende Anwendung.
(2) Fahrlässig handelt, wer die im Verkehr erforderliche Sorgfalt außer Acht lässt.
(3) Die Haftung wegen Vorsatzes kann dem Schuldner nicht im Voraus erlassen werden.

§ 277 Sorgfalt in eigenen Angelegenheiten
Wer nur für diejenige Sorgfalt einzustehen hat, welche er in eigenen Angelegenheiten anzuwenden pflegt, ist von der Haftung wegen grober Fahrlässigkeit nicht befreit.

§ 278 Verantwortlichkeit des Schuldners für Dritte
Der Schuldner hat ein Verschulden seines gesetzlichen Vertreters und der Personen, deren er sich zur Erfüllung seiner Verbindlichkeit bedient, in gleichem Umfang zu vertreten wie eigenes Verschulden. Die Vorschrift des § 276 Abs. 3 findet keine Anwendung.

§ 279 (weggefallen)

§ 280 Schadensersatz wegen Pflichtverletzung
(1) Verletzt der Schuldner eine Pflicht aus dem Schuldverhältnis, so kann der Gläubiger Ersatz des hierdurch entstehenden Schadens verlangen. Dies gilt nicht, wenn der Schuldner die Pflichtverletzung nicht zu vertreten hat.
(2) Schadensersatz wegen Verzögerung der Leistung kann der Gläubiger nur unter der zusätzlichen Voraussetzung des § 286 verlangen.
(3) Schadensersatz statt der Leistung kann der Gläubiger nur unter den zusätzlichen Voraussetzungen des § 281, des § 282 oder des § 283 verlangen.

§ 281 Schadensersatz statt der Leistung wegen nicht oder nicht wie geschuldet erbrachter Leistung
(1) Soweit der Schuldner die fällige Leistung nicht oder nicht wie geschuldet erbringt, kann der Gläubiger unter den Voraussetzungen des § 280 Abs. 1 Schadensersatz statt der Leistung verlangen, wenn er dem Schuldner erfolglos eine angemessene Frist zur Leistung oder Nacherfüllung bestimmt hat. Hat der Schuldner eine Teilleistung bewirkt, so kann der Gläubiger Schadensersatz statt der ganzen Leistung nur verlangen, wenn er an der Teilleistung kein Interesse hat. Hat der Schuldner die Leistung nicht wie geschuldet bewirkt, so kann der Gläubiger Schadensersatz statt der ganzen Leistung nicht verlangen, wenn die Pflichtverletzung unerheblich ist.

(2) Die Fristsetzung ist entbehrlich, wenn der Schuldner die Leistung ernsthaft und endgültig verweigert oder wenn besondere Umstände vorliegen, die unter Abwägung der beiderseitigen Interessen die sofortige Geltendmachung des Schadensersatzanspruchs rechtfertigen.

(3) Kommt nach der Art der Pflichtverletzung eine Fristsetzung nicht in Betracht, so tritt an deren Stelle eine Abmahnung.

(4) Der Anspruch auf die Leistung ist ausgeschlossen, sobald der Gläubiger statt der Leistung Schadensersatz verlangt hat.

(5) Verlangt der Gläubiger Schadensersatz statt der ganzen Leistung, so ist der Schuldner zur Rückforderung des Geleisteten nach den §§ 346 bis 348 berechtigt.

§ 282 Schadensersatz statt der Leistung wegen Verletzung einer Pflicht nach § 241 Abs. 2

Verletzt der Schuldner eine Pflicht nach § 241 Abs. 2, kann der Gläubiger unter den Voraussetzungen des § 280 Abs. 1 Schadensersatz statt der Leistung verlangen, wenn ihm die Leistung durch den Schuldner nicht mehr zuzumuten ist.

§ 283 Schadensersatz statt der Leistung bei Ausschluss der Leistungspflicht

Braucht der Schuldner nach § 275 Abs. 1 bis 3 nicht zu leisten, kann der Gläubiger unter den Voraussetzungen des § 280 Abs. 1 Schadensersatz statt der Leistung verlangen. § 281 Abs. 1 S. 2 und 3 und Abs. 5 findet entsprechende Anwendung.

§ 284 Ersatz vergeblicher Aufwendungen

Anstelle des Schadensersatzes statt der Leistung kann der Gläubiger Ersatz der Aufwendungen verlangen, die er im Vertrauen auf den Erhalt der Leistung gemacht hat und billigerweise machen durfte, es sei denn, deren Zweck wäre auch ohne die Pflichtverletzung des Schuldners nicht erreicht worden.

§ 285 Herausgabe des Ersatzes

(1) Erlangt der Schuldner infolge des Umstands, auf Grund dessen er die Leistung nach § 275 Abs. 1 bis 3 nicht zu erbringen braucht, für den geschuldeten Gegenstand einen Ersatz oder einen Ersatzanspruch, so kann der Gläubiger Herausgabe des als Ersatz Empfangenen oder Abtretung des Ersatzanspruchs verlangen.

(2) Kann der Gläubiger statt der Leistung Schadensersatz verlangen, so mindert sich dieser, wenn er von dem in Absatz 1 bestimmten Recht Gebrauch macht, um den Wert des erlangten Ersatzes oder Ersatzanspruchs.

§ 286 Verzug des Schuldners

(1) Leistet der Schuldner auf eine Mahnung des Gläubigers nicht, die nach dem Eintritt der Fälligkeit erfolgt, so kommt er durch die Mahnung in Verzug. Der Mahnung stehen die Erhebung der Klage auf die Leistung sowie die Zustellung eines Mahnbescheids im Mahnverfahren gleich.

(2) Der Mahnung bedarf es nicht, wenn

1. für die Leistung eine Zeit nach dem Kalender bestimmt ist,
2. der Leistung ein Ereignis vorauszugehen hat und eine angemessene Zeit für die Leistung in der Weise bestimmt ist, dass sie sich von dem Ereignis an nach dem Kalender berechnen lässt,
3. der Schuldner die Leistung ernsthaft und endgültig verweigert,
4. aus besonderen Gründen unter Abwägung der beiderseitigen Interessen der sofortige Eintritt des Verzugs gerechtfertigt ist.

(3) Der Schuldner einer Entgeltforderung kommt spätestens in Verzug, wenn er nicht innerhalb von 30 Tagen nach Fälligkeit und Zugang einer Rechnung oder gleichwertigen Zahlungsaufstellung leistet; dies gilt gegenüber einem Schuldner, der Verbraucher ist, nur, wenn auf diese Folgen in der Rechnung oder Zahlungsaufstellung besonders hingewiesen worden ist. Wenn der Zeitpunkt des Zugangs der Rechnung oder Zahlungsaufstellung unsicher ist, kommt der Schuldner, der nicht Verbraucher ist, spätestens 30 Tage nach Fälligkeit und Empfang der Gegenleistung in Verzug.

(4) Der Schuldner kommt nicht in Verzug, solange die Leistung infolge eines Umstands unterbleibt, den er nicht zu vertreten hat.

(5) Für eine von den Absätzen 1 bis 3 abweichende Vereinbarung über den Eintritt des Verzugs gilt §271a Absatz 1 bis 5 entsprechend.

§287 Verantwortlichkeit während des Verzugs
Der Schuldner hat während des Verzugs jede Fahrlässigkeit zu vertreten. Er haftet wegen der Leistung auch für Zufall, es sei denn, dass der Schaden auch bei rechtzeitiger Leistung eingetreten sein würde.

§288 Verzugszinsen und sonstiger Verzugsschaden
(1) Eine Geldschuld ist während des Verzugs zu verzinsen. Der Verzugszinssatz beträgt für das Jahr fünf Prozentpunkte über dem Basiszinssatz.

(2) Bei Rechtsgeschäften, an denen ein Verbraucher nicht beteiligt ist, beträgt der Zinssatz für Entgeltforderungen neun Prozentpunkte über dem Basiszinssatz.

(3) Der Gläubiger kann aus einem anderen Rechtsgrund höhere Zinsen verlangen.

(4) Die Geltendmachung eines weiteren Schadens ist nicht ausgeschlossen.

(5) Der Gläubiger einer Entgeltforderung hat bei Verzug des Schuldners, wenn dieser kein Verbraucher ist, außerdem einen Anspruch auf Zahlung einer Pauschale in Höhe von 40 Euro. Dies gilt auch, wenn es sich bei der Entgeltforderung um eine Abschlagszahlung oder sonstige Ratenzahlung handelt. Die Pauschale nach S. 1 ist auf einen geschuldeten Schadensersatz anzurechnen, soweit der Schaden in Kosten der Rechtsverfolgung begründet ist.

(6) Eine im Voraus getroffene Vereinbarung, die den Anspruch des Gläubigers einer Entgeltforderung auf Verzugszinsen ausschließt, ist unwirksam. Gleiches gilt für eine Vereinbarung, die diesen Anspruch beschränkt oder den Anspruch des Gläubigers einer Entgeltforderung auf die Pauschale nach Absatz 5 oder auf Ersatz des Schadens, der in Kosten der Rechtsverfolgung begründet ist, ausschließt oder beschränkt, wenn sie im Hinblick auf die Belange des Gläubigers grob unbillig ist. Eine Vereinbarung über den Ausschluss der Pauschale nach Absatz 5 oder des Ersatzes des Schadens, der in Kosten der Rechtsverfolgung begründet ist, ist im Zweifel als grob unbillig anzusehen. Die Sätze 1 bis 3 sind nicht anzuwenden, wenn sich der Anspruch gegen einen Verbraucher richtet.

(…)

Abschnitt 2
Gestaltung rechtsgeschäftlicher Schuldverhältnisse durch Allgemeine Geschäftsbedingungen

§305 Einbeziehung Allgemeiner Geschäftsbedingungen in den Vertrag
(1) Allgemeine Geschäftsbedingungen sind alle für eine Vielzahl von Verträgen vorformulierten Vertragsbedingungen, die eine Vertragspartei (Verwender) der anderen Vertragspartei bei Abschluss eines Vertrags stellt. Gleichgültig ist, ob die Bestimmungen einen äußerlich gesonderten Bestandteil des Vertrags bilden oder in die Vertragsurkunde selbst aufgenommen werden, welchen Umfang sie haben, in welcher Schriftart sie verfasst sind und welche Form der Vertrag hat. Allgemeine Geschäftsbedingungen liegen nicht vor, soweit die Vertragsbedingungen zwischen den Vertragsparteien im Einzelnen ausgehandelt sind.

(2) Allgemeine Geschäftsbedingungen werden nur dann Bestandteil eines Vertrags, wenn der Verwender bei Vertragsschluss

1. die andere Vertragspartei ausdrücklich oder, wenn ein ausdrücklicher Hinweis wegen der Art des Vertragsschlusses nur unter unverhältnismäßigen Schwierigkeiten möglich ist, durch deutlich sichtbaren Aushang am Ort des Vertragsschlusses auf sie hinweist und

2. der anderen Vertragspartei die Möglichkeit verschafft, in zumutbarer Weise, die auch eine für den Verwender erkennbare körperliche Behinderung der anderen Vertragspartei angemessen berücksichtigt, von ihrem Inhalt Kenntnis zu nehmen,

und wenn die andere Vertragspartei mit ihrer Geltung einverstanden ist.
(3) Die Vertragsparteien können für eine bestimmte Art von Rechtsgeschäften die Geltung bestimmter Allgemeiner Geschäftsbedingungen unter Beachtung der in Absatz 2 bezeichneten Erfordernisse im Voraus vereinbaren.

§ 305a Einbeziehung in besonderen Fällen
Auch ohne Einhaltung der in § 305 Abs. 2 Nr. 1 und 2 bezeichneten Erfordernisse werden einbezogen, wenn die andere Vertragspartei mit ihrer Geltung einverstanden ist,

1. die mit Genehmigung der zuständigen Verkehrsbehörde oder auf Grund von internationalen Übereinkommen erlassenen Tarife und Ausführungsbestimmungen der Eisenbahnen und die nach Maßgabe des Personenbeförderungsgesetzes genehmigten Beförderungsbedingungen der Straßenbahnen, Obusse und Kraftfahrzeuge im Linienverkehr in den Beförderungsvertrag,
2. die im Amtsblatt der Bundesnetzagentur für Elektrizität, Gas, Telekommunikation, Post und Eisenbahnen veröffentlichten und in den Geschäftsstellen des Verwenders bereitgehaltenen Allgemeinen Geschäftsbedingungen
   a) in Beförderungsverträge, die außerhalb von Geschäftsräumen durch den Einwurf von Postsendungen in Briefkästen abgeschlossen werden,
   b) in Verträge über Telekommunikations-, Informations- und andere Dienstleistungen, die unmittelbar durch Einsatz von Fernkommunikationsmitteln und während der Erbringung einer Telekommunikationsdienstleistung in einem Mal erbracht werden, wenn die Allgemeinen Geschäftsbedingungen der anderen Vertragspartei nur unter unverhältnismäßigen Schwierigkeiten vor dem Vertragsschluss zugänglich gemacht werden können.

§ 305b Vorrang der Individualabrede
Individuelle Vertragsabreden haben Vorrang vor Allgemeinen Geschäftsbedingungen.

§ 305c Überraschende und mehrdeutige Klauseln
(1) Bestimmungen in Allgemeinen Geschäftsbedingungen, die nach den Umständen, insbesondere nach dem äußeren Erscheinungsbild des Vertrags, so ungewöhnlich sind, dass der Vertragspartner des Verwenders mit ihnen nicht zu rechnen braucht, werden nicht Vertragsbestandteil.
(2) Zweifel bei der Auslegung Allgemeiner Geschäftsbedingungen gehen zu Lasten des Verwenders.

§ 306 Rechtsfolgen bei Nichteinbeziehung und Unwirksamkeit
(1) Sind Allgemeine Geschäftsbedingungen ganz oder teilweise nicht Vertragsbestandteil geworden oder unwirksam, so bleibt der Vertrag im Übrigen wirksam.
(2) Soweit die Bestimmungen nicht Vertragsbestandteil geworden oder unwirksam sind, richtet sich der Inhalt des Vertrags nach den gesetzlichen Vorschriften.
(3) Der Vertrag ist unwirksam, wenn das Festhalten an ihm auch unter Berücksichtigung der nach Absatz 2 vorgesehenen Änderung eine unzumutbare Härte für eine Vertragspartei darstellen würde.

§ 306a Umgehungsverbot
Die Vorschriften dieses Abschnitts finden auch Anwendung, wenn sie durch anderweitige Gestaltungen umgangen werden.

§ 307 Inhaltskontrolle
(1) Bestimmungen in Allgemeinen Geschäftsbedingungen sind unwirksam, wenn sie den Vertragspartner des Verwenders entgegen den Geboten von Treu und Glauben unangemessen benachteiligen. Eine unangemessene Benachteiligung kann sich auch daraus ergeben, dass die Bestimmung nicht klar und verständlich ist.
(2) Eine unangemessene Benachteiligung ist im Zweifel anzunehmen, wenn eine Bestimmung

1. mit wesentlichen Grundgedanken der gesetzlichen Regelung, von der abgewichen wird, nicht zu vereinbaren ist oder
2. wesentliche Rechte oder Pflichten, die sich aus der Natur des Vertrags ergeben, so einschränkt, dass die Erreichung des Vertragszwecks gefährdet ist.

(3) Die Absätze 1 und 2 sowie die §§ 308 und 309 gelten nur für Bestimmungen in Allgemeinen Geschäftsbedingungen, durch die von Rechtsvorschriften abweichende oder diese ergänzende Regelungen vereinbart werden. Andere Bestimmungen können nach Absatz 1 S. 2 in Verbindung mit Absatz 1 S. 1 unwirksam sein.

§ 308 Klauselverbote mit Wertungsmöglichkeit
In Allgemeinen Geschäftsbedingungen ist insbesondere unwirksam

1. (Annahme- und Leistungsfrist)

   eine Bestimmung, durch die sich der Verwender unangemessen lange oder nicht hinreichend bestimmte Fristen für die Annahme oder Ablehnung eines Angebots oder die Erbringung einer Leistung vorbehält; ausgenommen hiervon ist der Vorbehalt, erst nach Ablauf der Widerrufsfrist nach § 355 Absatz 1 und 2 zu leisten;

1a. (Zahlungsfrist)

   eine Bestimmung, durch die sich der Verwender eine unangemessen lange Zeit für die Erfüllung einer Entgeltforderung des Vertragspartners vorbehält; ist der Verwender kein Verbraucher, ist im Zweifel anzunehmen, dass eine Zeit von mehr als 30 Tagen nach Empfang der Gegenleistung oder, wenn dem Schuldner nach Empfang der Gegenleistung eine Rechnung oder gleichwertige Zahlungsaufstellung zugeht, von mehr als 30 Tagen nach Zugang dieser Rechnung oder Zahlungsaufstellung unangemessen lang ist;

1b. (Überprüfungs- und Abnahmefrist)

   eine Bestimmung, durch die sich der Verwender vorbehält, eine Entgeltforderung des Vertragspartners erst nach unangemessen langer Zeit für die Überprüfung oder Abnahme der Gegenleistung zu erfüllen; ist der Verwender kein Verbraucher, ist im Zweifel anzunehmen, dass eine Zeit von mehr als 15 Tagen nach Empfang der Gegenleistung unangemessen lang ist;

2. (Nachfrist)

   eine Bestimmung, durch die sich der Verwender für die von ihm zu bewirkende Leistung abweichend von Rechtsvorschriften eine unangemessen lange oder nicht hinreichend bestimmte Nachfrist vorbehält;

3. (Rücktrittsvorbehalt)

   die Vereinbarung eines Rechts des Verwenders, sich ohne sachlich gerechtfertigten und im Vertrag angegebenen Grund von seiner Leistungspflicht zu lösen; dies gilt nicht für Dauerschuldverhältnisse;

4. (Änderungsvorbehalt)

   die Vereinbarung eines Rechts des Verwenders, die versprochene Leistung zu ändern oder von ihr abzuweichen, wenn nicht die Vereinbarung der Änderung oder Abweichung unter Berücksichtigung der Interessen des Verwenders für den anderen Vertragsteil zumutbar ist;

5. (Fingierte Erklärungen)

   eine Bestimmung, wonach eine Erklärung des Vertragspartners des Verwenders bei Vornahme oder Unterlassung einer bestimmten Handlung als von ihm abgegeben oder nicht abgegeben gilt, es sei denn, dass

   a) dem Vertragspartner eine angemessene Frist zur Abgabe einer ausdrücklichen Erklärung eingeräumt ist und

   b) der Verwender sich verpflichtet, den Vertragspartner bei Beginn der Frist auf die vorgesehene Bedeutung seines Verhaltens besonders hinzuweisen;

6. (Fiktion des Zugangs)

eine Bestimmung, die vorsieht, dass eine Erklärung des Verwenders von besonderer Bedeutung dem anderen Vertragsteil als zugegangen gilt;

7. (Abwicklung von Verträgen)

    eine Bestimmung, nach der der Verwender für den Fall, dass eine Vertragspartei vom Vertrag zurücktritt oder den Vertrag kündigt,

    a) eine unangemessen hohe Vergütung für die Nutzung oder den Gebrauch einer Sache oder eines Rechts oder für erbrachte Leistungen oder

    b) einen unangemessen hohen Ersatz von Aufwendungen verlangen kann;

8. (Nichtverfügbarkeit der Leistung)

    die nach Nummer 3 zulässige Vereinbarung eines Vorbehalts des Verwenders, sich von der Verpflichtung zur Erfüllung des Vertrags bei Nichtverfügbarkeit der Leistung zu lösen, wenn sich der Verwender nicht verpflichtet,

    a) den Vertragspartner unverzüglich über die Nichtverfügbarkeit zu informieren und

    b) Gegenleistungen des Vertragspartners unverzüglich zu erstatten.

§ 309 Klauselverbote ohne Wertungsmöglichkeit

Auch soweit eine Abweichung von den gesetzlichen Vorschriften zulässig ist, ist in Allgemeinen Geschäftsbedingungen unwirksam

1. (Kurzfristige Preiserhöhungen)

    eine Bestimmung, welche die Erhöhung des Entgelts für Waren oder Leistungen vorsieht, die innerhalb von vier Monaten nach Vertragsschluss geliefert oder erbracht werden sollen; dies gilt nicht bei Waren oder Leistungen, die im Rahmen von Dauerschuldverhältnissen geliefert oder erbracht werden;

2. (Leistungsverweigerungsrechte)

    eine Bestimmung, durch die

    a) das Leistungsverweigerungsrecht, das dem Vertragspartner des Verwenders nach § 320 zusteht, ausgeschlossen oder eingeschränkt wird oder

    b) ein dem Vertragspartner des Verwenders zustehendes Zurückbehaltungsrecht, soweit es auf demselben Vertragsverhältnis beruht, ausgeschlossen oder eingeschränkt, insbesondere von der Anerkennung von Mängeln durch den Verwender abhängig gemacht wird;

3. (Aufrechnungsverbot)

    eine Bestimmung, durch die dem Vertragspartner des Verwenders die Befugnis genommen wird, mit einer unbestrittenen oder rechtskräftig festgestellten Forderung aufzurechnen;

4. (Mahnung, Fristsetzung)

    eine Bestimmung, durch die der Verwender von der gesetzlichen Obliegenheit freigestellt wird, den anderen Vertragsteil zu mahnen oder ihm eine Frist für die Leistung oder Nacherfüllung zu setzen;

5. (Pauschalierung von Schadensersatzansprüchen)

    die Vereinbarung eines pauschalierten Anspruchs des Verwenders auf Schadensersatz oder Ersatz einer Wertminderung, wenn

    a) die Pauschale den in den geregelten Fällen nach dem gewöhnlichen Lauf der Dinge zu erwartenden Schaden oder die gewöhnlich eintretende Wertminderung übersteigt oder

    b) dem anderen Vertragsteil nicht ausdrücklich der Nachweis gestattet wird, ein Schaden oder eine Wertminderung sei überhaupt nicht entstanden oder wesentlich niedriger als die Pauschale;

6. (Vertragsstrafe)

   eine Bestimmung, durch die dem Verwender für den Fall der Nichtabnahme oder verspäteten Abnahme der Leistung, des Zahlungsverzugs oder für den Fall, dass der andere Vertragsteil sich vom Vertrag löst, Zahlung einer Vertragsstrafe versprochen wird;

7. (Haftungsausschluss bei Verletzung von Leben, Körper, Gesundheit und bei grobem Verschulden)

   a) (Verletzung von Leben, Körper, Gesundheit)

   ein Ausschluss oder eine Begrenzung der Haftung für Schäden aus der Verletzung des Lebens, des Körpers oder der Gesundheit, die auf einer fahrlässigen Pflichtverletzung des Verwenders oder einer vorsätzlichen oder fahrlässigen Pflichtverletzung eines gesetzlichen Vertreters oder Erfüllungsgehilfen des Verwenders beruhen;

   b) (Grobes Verschulden)

   ein Ausschluss oder eine Begrenzung der Haftung für sonstige Schäden, die auf einer grob fahrlässigen Pflichtverletzung des Verwenders oder auf einer vorsätzlichen oder grob fahrlässigen Pflichtverletzung eines gesetzlichen Vertreters oder Erfüllungsgehilfen des Verwenders beruhen;

   die Buchstaben a und b gelten nicht für Haftungsbeschränkungen in den nach Maßgabe des Personenbeförderungsgesetzes genehmigten Beförderungsbedingungen und Tarifvorschriften der Straßenbahnen, Obusse und Kraftfahrzeuge im Linienverkehr, soweit sie nicht zum Nachteil des Fahrgasts von der Verordnung über die Allgemeinen Beförderungsbedingungen für den Straßenbahn- und Obusverkehr sowie den Linienverkehr mit Kraftfahrzeugen vom 27. Februar 1970 abweichen; Buchstabe b gilt nicht für Haftungsbeschränkungen für staatlich genehmigte Lotterie- oder Ausspielverträge;

8. (Sonstige Haftungsausschlüsse bei Pflichtverletzung)

   a) (Ausschluss des Rechts, sich vom Vertrag zu lösen)

   eine Bestimmung, die bei einer vom Verwender zu vertretenden, nicht in einem Mangel der Kaufsache oder des Werkes bestehenden Pflichtverletzung das Recht des anderen Vertragsteils, sich vom Vertrag zu lösen, ausschließt oder einschränkt; dies gilt nicht für die in der Nummer 7 bezeichneten Beförderungsbedingungen und Tarifvorschriften unter den dort genannten Voraussetzungen;

   b) (Mängel)

   eine Bestimmung, durch die bei Verträgen über Lieferungen neu hergestellter Sachen und über Werkleistungen

   aa) (Ausschluss und Verweisung auf Dritte)

   die Ansprüche gegen den Verwender wegen eines Mangels insgesamt oder bezüglich einzelner Teile ausgeschlossen, auf die Einräumung von Ansprüchen gegen Dritte beschränkt oder von der vorherigen gerichtlichen Inanspruchnahme Dritter abhängig gemacht werden;

   bb) (Beschränkung auf Nacherfüllung)

   die Ansprüche gegen den Verwender insgesamt oder bezüglich einzelner Teile auf ein Recht auf Nacherfüllung beschränkt werden, sofern dem anderen Vertragsteil nicht ausdrücklich das Recht vorbehalten wird, bei Fehlschlagen der Nacherfüllung zu mindern oder, wenn nicht eine Bauleistung Gegenstand der Mängelhaftung ist, nach seiner Wahl vom Vertrag zurückzutreten;

   cc) (Aufwendungen bei Nacherfüllung)

   die Verpflichtung des Verwenders ausgeschlossen oder beschränkt wird, die zum Zweck der Nacherfüllung erforderlichen Aufwendungen nach § 439 Absatz 2 und 3 oder § 635 Absatz 2 zu tragen oder zu ersetzen;

dd) (Vorenthalten der Nacherfüllung)

der Verwender die Nacherfüllung von der vorherigen Zahlung des vollständigen Entgelts oder eines unter Berücksichtigung des Mangels unverhältnismäßig hohen Teils des Entgelts abhängig macht;

ee) (Ausschlussfrist für Mängelanzeige)

der Verwender dem anderen Vertragsteil für die Anzeige nicht offensichtlicher Mängel eine Ausschlussfrist setzt, die kürzer ist als die nach dem Doppelbuchstaben ff zulässige Frist;

ff) (Erleichterung der Verjährung)

die Verjährung von Ansprüchen gegen den Verwender wegen eines Mangels in den Fällen des § 438 Abs. 1 Nr. 2 und des § 634a Abs. 1 Nr. 2 erleichtert oder in den sonstigen Fällen eine weniger als ein Jahr betragende Verjährungsfrist ab dem gesetzlichen Verjährungsbeginn erreicht wird;

9. (Laufzeit bei Dauerschuldverhältnissen)

bei einem Vertragsverhältnis, das die regelmäßige Lieferung von Waren oder die regelmäßige Erbringung von Dienst- oder Werkleistungen durch den Verwender zum Gegenstand hat,

a) eine den anderen Vertragsteil länger als zwei Jahre bindende Laufzeit des Vertrags,

b) eine den anderen Vertragsteil bindende stillschweigende Verlängerung des Vertragsverhältnisses um jeweils mehr als ein Jahr oder

c) zu Lasten des anderen Vertragsteils eine längere Kündigungsfrist als drei Monate vor Ablauf der zunächst vorgesehenen oder stillschweigend verlängerten Vertragsdauer;

dies gilt nicht für Verträge über die Lieferung als zusammengehörig verkaufter Sachen sowie für Versicherungsverträge;

10. (Wechsel des Vertragspartners)

eine Bestimmung, wonach bei Kauf-, Darlehens-, Dienst- oder Werkverträgen ein Dritter anstelle des Verwenders in die sich aus dem Vertrag ergebenden Rechte und Pflichten eintritt oder eintreten kann, es sei denn, in der Bestimmung wird

a) der Dritte namentlich bezeichnet oder

b) dem anderen Vertragsteil das Recht eingeräumt, sich vom Vertrag zu lösen;

11. (Haftung des Abschlussvertreters)

eine Bestimmung, durch die der Verwender einem Vertreter, der den Vertrag für den anderen Vertragsteil abschließt,

a) ohne hierauf gerichtete ausdrückliche und gesonderte Erklärung eine eigene Haftung oder Einstandspflicht oder

b) im Falle vollmachtsloser Vertretung eine über § 179 hinausgehende Haftung

auferlegt;

12. (Beweislast)

eine Bestimmung, durch die der Verwender die Beweislast zum Nachteil des anderen Vertragsteils ändert, insbesondere indem er

c) diesem die Beweislast für Umstände auferlegt, die im Verantwortungsbereich des Verwenders liegen, oder

a) den anderen Vertragsteil bestimmte Tatsachen bestätigen lässt;

Buchstabe b gilt nicht für Empfangsbekenntnisse, die gesondert unterschrieben oder mit einer gesonderten qualifizierten elektronischen Signatur versehen sind;

13. (Form von Anzeigen und Erklärungen)

eine Bestimmung, durch die Anzeigen oder Erklärungen, die dem Verwender oder einem Dritten gegenüber abzugeben sind, gebunden werden

a) an eine strengere Form als die schriftliche Form in einem Vertrag, für den durch Gesetz notarielle Beurkundung vorgeschrieben ist oder

b) an eine strengere Form als die Textform in anderen als den in Buchstabe a genannten Verträgen oder

c) an besondere Zugangserfordernisse;

14. (Klageverzicht)

eine Bestimmung, wonach der andere Vertragsteil seine Ansprüche gegen den Verwender gerichtlich nur geltend machen darf, nachdem er eine gütliche Einigung in einem Verfahren zur außergerichtlichen Streitbeilegung versucht hat;

15. (Abschlagszahlungen und Sicherheitsleistung)

eine Bestimmung, nach der der Verwender bei einem Werkvertrag

a) für Teilleistungen Abschlagszahlungen vom anderen Vertragsteil verlangen kann, die wesentlich höher sind als die nach § 632a Absatz 1 und § 650m Absatz 1 zu leistenden Abschlagszahlungen, oder

b) die Sicherheitsleistung nach § 650m Absatz 2 nicht oder nur in geringerer Höhe leisten muss.

§ 310 Anwendungsbereich

(1) § 305 Absatz 2 und 3, § 308 Nummer 1, 2 bis 8 und § 309 finden keine Anwendung auf Allgemeine Geschäftsbedingungen, die gegenüber einem Unternehmer, einer juristischen Person des öffentlichen Rechts oder einem öffentlich-rechtlichen Sondervermögen verwendet werden. § 307 Abs. 1 und 2 findet in den Fällen des Satzes 1 auch insoweit Anwendung, als dies zur Unwirksamkeit von in § 308 Nummer 1, 2 bis 8 und § 309 genannten Vertragsbestimmungen führt; auf die im Handelsverkehr geltenden Gewohnheiten und Gebräuche ist angemessen Rücksicht zu nehmen. In den Fällen des Satzes 1 finden § 307 Absatz 1 und 2 sowie § 308 Nummer 1a und 1b auf Verträge, in die die Vergabe- und Vertragsordnung für Bauleistungen Teil B (VOB/B) in der jeweils zum Zeitpunkt des Vertragsschlusses geltenden Fassung ohne inhaltliche Abweichungen insgesamt einbezogen ist, in Bezug auf eine Inhaltskontrolle einzelner Bestimmungen keine Anwendung.

(2) Die §§ 308 und 309 finden keine Anwendung auf Verträge der Elektrizitäts-, Gas-, Fernwärme- und Wasserversorgungsunternehmen über die Versorgung von Sonderabnehmern mit elektrischer Energie, Gas, Fernwärme und Wasser aus dem Versorgungsnetz, soweit die Versorgungsbedingungen nicht zum Nachteil der Abnehmer von Verordnungen über Allgemeine Bedingungen für die Versorgung von Tarifkunden mit elektrischer Energie, Gas, Fernwärme und Wasser abweichen. S. 1 gilt entsprechend für Verträge über die Entsorgung von Abwasser.

(3) Bei Verträgen zwischen einem Unternehmer und einem Verbraucher (Verbraucherverträge) finden die Vorschriften dieses Abschnitts mit folgenden Maßgaben Anwendung:

1. Allgemeine Geschäftsbedingungen gelten als vom Unternehmer gestellt, es sei denn, dass sie durch den Verbraucher in den Vertrag eingeführt wurden;

2. § 305c Abs. 2 und die §§ 306 und 307 bis 309 dieses Gesetzes sowie Artikel 46b des Einführungsgesetzes zum Bürgerlichen Gesetzbuche finden auf vorformulierte Vertragsbedingungen auch dann Anwendung, wenn diese nur zur einmaligen Verwendung bestimmt sind und soweit der Verbraucher auf Grund der Vorformulierung auf ihren Inhalt keinen Einfluss nehmen konnte;

3. bei der Beurteilung der unangemessenen Benachteiligung nach § 307 Abs. 1 und 2 sind auch die den Vertragsschluss begleitenden Umstände zu berücksichtigen.

(4) Dieser Abschnitt findet keine Anwendung bei Verträgen auf dem Gebiet des Erb-, Familien- und Gesellschaftsrechts sowie auf Tarifverträge, Betriebs- und Dienstvereinbarungen. Bei der Anwendung auf Arbeitsverträge sind die im Arbeitsrecht geltenden Besonderheiten angemessen zu berücksichtigen; § 305 Abs. 2 und 3 ist nicht anzuwenden. Tarifverträge, Betriebs- und Dienstvereinbarungen stehen Rechtsvorschriften im Sinne von § 307 Abs. 3 gleich.

Abschnitt 3
Schuldverhältnisse aus Verträgen

Titel 1
Begründung, Inhalt und Beendigung

Untertitel 1
Begründung

§ 311 Rechtsgeschäftliche und rechtsgeschäftsähnliche Schuldverhältnisse
(1) Zur Begründung eines Schuldverhältnisses durch Rechtsgeschäft sowie zur Änderung des Inhalts eines Schuldverhältnisses ist ein Vertrag zwischen den Beteiligten erforderlich, soweit nicht das Gesetz ein anderes vorschreibt.
(2) Ein Schuldverhältnis mit Pflichten nach § 241 Abs. 2 entsteht auch durch
   1. die Aufnahme von Vertragsverhandlungen,
   2. die Anbahnung eines Vertrags, bei welcher der eine Teil im Hinblick auf eine etwaige rechtsgeschäftliche Beziehung dem anderen Teil die Möglichkeit zur Einwirkung auf seine Rechte, Rechtsgüter und Interessen gewährt oder ihm diese anvertraut, oder
   3. ähnliche geschäftliche Kontakte.
(3) Ein Schuldverhältnis mit Pflichten nach § 241 Abs. 2 kann auch zu Personen entstehen, die nicht selbst Vertragspartei werden sollen. Ein solches Schuldverhältnis entsteht insbesondere, wenn der Dritte in besonderem Maße Vertrauen für sich in Anspruch nimmt und dadurch die Vertragsverhandlungen oder den Vertragsschluss erheblich beeinflusst.

§ 311a Leistungshindernis bei Vertragsschluss
(1) Der Wirksamkeit eines Vertrags steht es nicht entgegen, dass der Schuldner nach § 275 Abs. 1 bis 3 nicht zu leisten braucht und das Leistungshindernis schon bei Vertragsschluss vorliegt.
(2) Der Gläubiger kann nach seiner Wahl Schadensersatz statt der Leistung oder Ersatz seiner Aufwendungen in dem in § 284 bestimmten Umfang verlangen. Dies gilt nicht, wenn der Schuldner das Leistungshindernis bei Vertragsschluss nicht kannte und seine Unkenntnis auch nicht zu vertreten hat. § 281 Abs. 1 S. 2 und 3 und Abs. 5 findet entsprechende Anwendung.

§ 311b Verträge über Grundstücke, das Vermögen und den Nachlass
(1) Ein Vertrag, durch den sich der eine Teil verpflichtet, das Eigentum an einem Grundstück zu übertragen oder zu erwerben, bedarf der notariellen Beurkundung. Ein ohne Beachtung dieser Form geschlossener Vertrag wird seinem ganzen Inhalt nach gültig, wenn die Auflassung und die Eintragung in das Grundbuch erfolgen.
(2) Ein Vertrag, durch den sich der eine Teil verpflichtet, sein künftiges Vermögen oder einen Bruchteil seines künftigen Vermögens zu übertragen oder mit einem Nießbrauch zu belasten, ist nichtig.
(3) Ein Vertrag, durch den sich der eine Teil verpflichtet, sein gegenwärtiges Vermögen oder einen Bruchteil seines gegenwärtigen Vermögens zu übertragen oder mit einem Nießbrauch zu belasten, bedarf der notariellen Beurkundung.
(4) Ein Vertrag über den Nachlass eines noch lebenden Dritten ist nichtig. Das Gleiche gilt von einem Vertrag über den Pflichtteil oder ein Vermächtnis aus dem Nachlass eines noch lebenden Dritten.
(5) Absatz 4 gilt nicht für einen Vertrag, der unter künftigen gesetzlichen Erben über den gesetzlichen Erbteil oder den Pflichtteil eines von ihnen geschlossen wird. Ein solcher Vertrag bedarf der notariellen Beurkundung.

§ 311c Erstreckung auf Zubehör
Verpflichtet sich jemand zur Veräußerung oder Belastung einer Sache, so erstreckt sich diese Verpflichtung im Zweifel auch auf das Zubehör der Sache.

(…)

Untertitel 3
Anpassung und Beendigung von Verträgen

§ 313 Störung der Geschäftsgrundlage
(1) Haben sich Umstände, die zur Grundlage des Vertrags geworden sind, nach Vertragsschluss schwerwiegend verändert und hätten die Parteien den Vertrag nicht oder mit anderem Inhalt geschlossen, wenn sie diese Veränderung vorausgesehen hätten, so kann Anpassung des Vertrags verlangt werden, soweit einem Teil unter Berücksichtigung aller Umstände des Einzelfalls, insbesondere der vertraglichen oder gesetzlichen Risikoverteilung, das Festhalten am unveränderten Vertrag nicht zugemutet werden kann.
(2) Einer Veränderung der Umstände steht es gleich, wenn wesentliche Vorstellungen, die zur Grundlage des Vertrags geworden sind, sich als falsch herausstellen.
(3) Ist eine Anpassung des Vertrags nicht möglich oder einem Teil nicht zumutbar, so kann der benachteiligte Teil vom Vertrag zurücktreten. An die Stelle des Rücktrittsrechts tritt für Dauerschuldverhältnisse das Recht zur Kündigung.

(…)

Titel 2
Gegenseitiger Vertrag

§ 320 Einrede des nicht erfüllten Vertrags
(1) Wer aus einem gegenseitigen Vertrag verpflichtet ist, kann die ihm obliegende Leistung bis zur Bewirkung der Gegenleistung verweigern, es sei denn, dass er vorzuleisten verpflichtet ist. Hat die Leistung an mehrere zu erfolgen, so kann dem einzelnen der ihm gebührende Teil bis zur Bewirkung der ganzen Gegenleistung verweigert werden. Die Vorschrift des § 273 Abs. 3 findet keine Anwendung.
(2) Ist von der einen Seite teilweise geleistet worden, so kann die Gegenleistung insoweit nicht verweigert werden, als die Verweigerung nach den Umständen, insbesondere wegen verhältnismäßiger Geringfügigkeit des rückständigen Teils, gegen Treu und Glauben verstoßen würde.

§ 321 Unsicherheitseinrede
(1) Wer aus einem gegenseitigen Vertrag vorzuleisten verpflichtet ist, kann die ihm obliegende Leistung verweigern, wenn nach Abschluss des Vertrags erkennbar wird, dass sein Anspruch auf die Gegenleistung durch mangelnde Leistungsfähigkeit des anderen Teils gefährdet wird. Das Leistungsverweigerungsrecht entfällt, wenn die Gegenleistung bewirkt oder Sicherheit für sie geleistet wird.
(2) Der Vorleistungspflichtige kann eine angemessene Frist bestimmen, in welcher der andere Teil Zug um Zug gegen die Leistung nach seiner Wahl die Gegenleistung zu bewirken oder Sicherheit zu leisten hat. Nach erfolglosem Ablauf der Frist kann der Vorleistungspflichtige vom Vertrag zurücktreten. § 323 findet entsprechende Anwendung.

§ 322 Verurteilung zur Leistung Zug-um-Zug
(1) Erhebt aus einem gegenseitigen Vertrag der eine Teil Klage auf die ihm geschuldete Leistung, so hat die Geltendmachung des dem anderen Teil zustehenden Rechts, die Leistung bis zur Bewirkung der Gegenleistung zu verweigern, nur die Wirkung, dass der andere Teil zur Erfüllung Zug um Zug zu verurteilen ist.

(2) Hat der klagende Teil vorzuleisten, so kann er, wenn der andere Teil im Verzug der Annahme ist, auf Leistung nach Empfang der Gegenleistung klagen.

(3) Auf die Zwangsvollstreckung findet die Vorschrift des § 274 Abs. 2 Anwendung.

§ 323 Rücktritt wegen nicht oder nicht vertragsgemäß erbrachter Leistung

(1) Erbringt bei einem gegenseitigen Vertrag der Schuldner eine fällige Leistung nicht oder nicht vertragsgemäß, so kann der Gläubiger, wenn er dem Schuldner erfolglos eine angemessene Frist zur Leistung oder Nacherfüllung bestimmt hat, vom Vertrag zurücktreten.

(2) Die Fristsetzung ist entbehrlich, wenn

1. der Schuldner die Leistung ernsthaft und endgültig verweigert,
2. der Schuldner die Leistung bis zu einem im Vertrag bestimmten Termin oder innerhalb einer im Vertrag bestimmten Frist nicht bewirkt, obwohl die termin- oder fristgerechte Leistung nach einer Mitteilung des Gläubigers an den Schuldner vor Vertragsschluss oder auf Grund anderer den Vertragsabschluss begleitenden Umstände für den Gläubiger wesentlich ist, oder
3. im Falle einer nicht vertragsgemäß erbrachten Leistung besondere Umstände vorliegen, die unter Abwägung der beiderseitigen Interessen den sofortigen Rücktritt rechtfertigen.

(3) Kommt nach der Art der Pflichtverletzung eine Fristsetzung nicht in Betracht, so tritt an deren Stelle eine Abmahnung.

(4) Der Gläubiger kann bereits vor dem Eintritt der Fälligkeit der Leistung zurücktreten, wenn offensichtlich ist, dass die Voraussetzungen des Rücktritts eintreten werden.

(5) Hat der Schuldner eine Teilleistung bewirkt, so kann der Gläubiger vom ganzen Vertrag nur zurücktreten, wenn er an der Teilleistung kein Interesse hat. Hat der Schuldner die Leistung nicht vertragsgemäß bewirkt, so kann der Gläubiger vom Vertrag nicht zurücktreten, wenn die Pflichtverletzung unerheblich ist.

(6) Der Rücktritt ist ausgeschlossen, wenn der Gläubiger für den Umstand, der ihn zum Rücktritt berechtigen würde, allein oder weit überwiegend verantwortlich ist oder wenn der vom Schuldner nicht zu vertretende Umstand zu einer Zeit eintritt, zu welcher der Gläubiger im Verzug der Annahme ist.

§ 324 Rücktritt wegen Verletzung einer Pflicht nach § 241 Abs. 2

Verletzt der Schuldner bei einem gegenseitigen Vertrag eine Pflicht nach § 241 Abs. 2, so kann der Gläubiger zurücktreten, wenn ihm ein Festhalten am Vertrag nicht mehr zuzumuten ist.

§ 325 Schadensersatz und Rücktritt

Das Recht, bei einem gegenseitigen Vertrag Schadensersatz zu verlangen, wird durch den Rücktritt nicht ausgeschlossen.

§ 326 Befreiung von der Gegenleistung und Rücktritt beim Ausschluss der Leistungspflicht

(1) Braucht der Schuldner nach § 275 Abs. 1 bis 3 nicht zu leisten, entfällt der Anspruch auf die Gegenleistung; bei einer Teilleistung findet § 441 Abs. 3 entsprechende Anwendung. S. 1 gilt nicht, wenn der Schuldner im Falle der nicht vertragsgemäßen Leistung die Nacherfüllung nach § 275 Abs. 1 bis 3 nicht zu erbringen braucht.

(2) Ist der Gläubiger für den Umstand, auf Grund dessen der Schuldner nach § 275 Abs. 1 bis 3 nicht zu leisten braucht, allein oder weit überwiegend verantwortlich oder tritt dieser vom Schuldner nicht zu vertretende Umstand zu einer Zeit ein, zu welcher der Gläubiger im Verzug der Annahme ist, so behält der Schuldner den Anspruch auf die Gegenleistung. Er muss sich jedoch dasjenige anrechnen lassen, was er infolge der Befreiung von der Leistung erspart oder durch anderweitige Verwendung seiner Arbeitskraft erwirbt oder zu erwerben böswillig unterlässt.

(3) Verlangt der Gläubiger nach § 285 Herausgabe des für den geschuldeten Gegenstand erlangten Ersatzes oder Abtretung des Ersatzanspruchs, so bleibt er zur Gegenleistung verpflichtet. Diese

mindert sich jedoch nach Maßgabe des § 441 Abs. 3 insoweit, als der Wert des Ersatzes oder des Ersatzanspruchs hinter dem Wert der geschuldeten Leistung zurückbleibt.

(4) Soweit die nach dieser Vorschrift nicht geschuldete Gegenleistung bewirkt ist, kann das Geleistete nach den §§ 346 bis 348 zurückgefordert werden.

(5) Braucht der Schuldner nach § 275 Abs. 1 bis 3 nicht zu leisten, kann der Gläubiger zurücktreten; auf den Rücktritt findet § 323 mit der Maßgabe entsprechende Anwendung, dass die Fristsetzung entbehrlich ist.

(…)

Titel 4
Draufgabe, Vertragsstrafe

§ 336 Auslegung der Draufgabe
(1) Wird bei der Eingehung eines Vertrags etwas als Draufgabe gegeben, so gilt dies als Zeichen des Abschlusses des Vertrags.
(2) Die Draufgabe gilt im Zweifel nicht als Reugeld.

§ 337 Anrechnung oder Rückgabe der Draufgabe
(1) Die Draufgabe ist im Zweifel auf die von dem Geber geschuldete Leistung anzurechnen oder, wenn dies nicht geschehen kann, bei der Erfüllung des Vertrags zurückzugeben.
(2) Wird der Vertrag wieder aufgehoben, so ist die Draufgabe zurückzugeben.

§ 338 Draufgabe bei zu vertretender Unmöglichkeit der Leistung
Wird die von dem Geber geschuldete Leistung infolge eines Umstands, den er zu vertreten hat, unmöglich oder verschuldet der Geber die Wiederaufhebung des Vertrags, so ist der Empfänger berechtigt, die Draufgabe zu behalten. Verlangt der Empfänger Schadensersatz wegen Nichterfüllung, so ist die Draufgabe im Zweifel anzurechnen oder, wenn dies nicht geschehen kann, bei der Leistung des Schadensersatzes zurückzugeben.

§ 339 Verwirkung der Vertragsstrafe
Verspricht der Schuldner dem Gläubiger für den Fall, dass er seine Verbindlichkeit nicht oder nicht in gehöriger Weise erfüllt, die Zahlung einer Geldsumme als Strafe, so ist die Strafe verwirkt, wenn er in Verzug kommt. Besteht die geschuldete Leistung in einem Unterlassen, so tritt die Verwirkung mit der Zuwiderhandlung ein.

§ 340 Strafversprechen für Nichterfüllung
(1) Hat der Schuldner die Strafe für den Fall versprochen, dass er seine Verbindlichkeit nicht erfüllt, so kann der Gläubiger die verwirkte Strafe statt der Erfüllung verlangen. Erklärt der Gläubiger dem Schuldner, dass er die Strafe verlange, so ist der Anspruch auf Erfüllung ausgeschlossen.
(2) Steht dem Gläubiger ein Anspruch auf Schadensersatz wegen Nichterfüllung zu, so kann er die verwirkte Strafe als Mindestbetrag des Schadens verlangen. Die Geltendmachung eines weiteren Schadens ist nicht ausgeschlossen.

§ 341 Strafversprechen für nicht gehörige Erfüllung
(1) Hat der Schuldner die Strafe für den Fall versprochen, dass er seine Verbindlichkeit nicht in gehöriger Weise, insbesondere nicht zu der bestimmten Zeit, erfüllt, so kann der Gläubiger die verwirkte Strafe neben der Erfüllung verlangen.
(2) Steht dem Gläubiger ein Anspruch auf Schadensersatz wegen der nicht gehörigen Erfüllung zu, so findet die Vorschrift des § 340 Abs. 2 Anwendung.
(3) Nimmt der Gläubiger die Erfüllung an, so kann er die Strafe nur verlangen, wenn er sich das Recht dazu bei der Annahme vorbehält.

§ 342 Andere als Geldstrafe
Wird als Strafe eine andere Leistung als die Zahlung einer Geldsumme versprochen, so finden die Vorschriften der §§ 339 bis 341 Anwendung; der Anspruch auf Schadensersatz ist ausgeschlossen, wenn der Gläubiger die Strafe verlangt.

§ 343 Herabsetzung der Strafe
(1) Ist eine verwirkte Strafe unverhältnismäßig hoch, so kann sie auf Antrag des Schuldners durch Urteil auf den angemessenen Betrag herabgesetzt werden. Bei der Beurteilung der Angemessenheit ist jedes berechtigte Interesse des Gläubigers, nicht bloß das Vermögensinteresse, in Betracht zu ziehen. Nach der Entrichtung der Strafe ist die Herabsetzung ausgeschlossen.

(2) Das Gleiche gilt auch außer in den Fällen der §§ 339, 342, wenn jemand eine Strafe für den Fall verspricht, dass er eine Handlung vornimmt oder unterlässt.

§ 344 Unwirksames Strafversprechen
Erklärt das Gesetz das Versprechen einer Leistung für unwirksam, so ist auch die für den Fall der Nichterfüllung des Versprechens getroffene Vereinbarung einer Strafe unwirksam, selbst wenn die Parteien die Unwirksamkeit des Versprechens gekannt haben.

§ 345 Beweislast
Bestreitet der Schuldner die Verwirkung der Strafe, weil er seine Verbindlichkeit erfüllt habe, so hat er die Erfüllung zu beweisen, sofern nicht die geschuldete Leistung in einem Unterlassen besteht.

Titel 5
Rücktritt; Widerrufsrecht bei Verbraucherverträgen

Untertitel 1
Rücktritt

§ 346 Wirkungen des Rücktritts
(1) Hat sich eine Vertragspartei vertraglich den Rücktritt vorbehalten oder steht ihr ein gesetzliches Rücktrittsrecht zu, so sind im Falle des Rücktritts die empfangenen Leistungen zurückzugewähren und die gezogenen Nutzungen herauszugeben.

(2) Statt der Rückgewähr oder Herausgabe hat der Schuldner Wertersatz zu leisten, soweit
1. die Rückgewähr oder die Herausgabe nach der Natur des Erlangten ausgeschlossen ist,
2. er den empfangenen Gegenstand verbraucht, veräußert, belastet, verarbeitet oder umgestaltet hat,
3. der empfangene Gegenstand sich verschlechtert hat oder untergegangen ist; jedoch bleibt die durch die bestimmungsgemäße Ingebrauchnahme entstandene Verschlechterung außer Betracht.

Ist im Vertrag eine Gegenleistung bestimmt, ist sie bei der Berechnung des Wertersatzes zugrunde zu legen; ist Wertersatz für den Gebrauchsvorteil eines Darlehens zu leisten, kann nachgewiesen werden, dass der Wert des Gebrauchsvorteils niedriger war.

(3) Die Pflicht zum Wertersatz entfällt,
1. wenn sich der zum Rücktritt berechtigende Mangel erst während der Verarbeitung oder Umgestaltung des Gegenstandes gezeigt hat,
2. soweit der Gläubiger die Verschlechterung oder den Untergang zu vertreten hat oder der Schaden bei ihm gleichfalls eingetreten wäre,
3. wenn im Falle eines gesetzlichen Rücktrittsrechts die Verschlechterung oder der Untergang beim Berechtigten eingetreten ist, obwohl dieser diejenige Sorgfalt beobachtet hat, die er in eigenen Angelegenheiten anzuwenden pflegt.

Eine verbleibende Bereicherung ist herauszugeben.

(4) Der Gläubiger kann wegen Verletzung einer Pflicht aus Absatz 1 nach Maßgabe der §§ 280 bis 283 Schadensersatz verlangen.

§ 347 Nutzungen und Verwendungen nach Rücktritt
(1) Zieht der Schuldner Nutzungen entgegen den Regeln einer ordnungsmäßigen Wirtschaft nicht, obwohl ihm das möglich gewesen wäre, so ist er dem Gläubiger zum Wertersatz verpflichtet. Im Falle eines gesetzlichen Rücktrittsrechts hat der Berechtigte hinsichtlich der Nutzungen nur für diejenige Sorgfalt einzustehen, die er in eigenen Angelegenheiten anzuwenden pflegt.
(2) Gibt der Schuldner den Gegenstand zurück, leistet er Wertersatz oder ist seine Wertersatzpflicht gem. § 346 Abs. 3 Nr. 1 oder 2 ausgeschlossen, so sind ihm notwendige Verwendungen zu ersetzen. Andere Aufwendungen sind zu ersetzen, soweit der Gläubiger durch diese bereichert wird.

§ 348 Erfüllung Zug-um-Zug
Die sich aus dem Rücktritt ergebenden Verpflichtungen der Parteien sind Zug um Zug zu erfüllen. Die Vorschriften der §§ 320, 322 finden entsprechende Anwendung.

§ 349 Erklärung des Rücktritts
Der Rücktritt erfolgt durch Erklärung gegenüber dem anderen Teil.

§ 350 Erlöschen des Rücktrittsrechts nach Fristsetzung
Ist für die Ausübung des vertraglichen Rücktrittsrechts eine Frist nicht vereinbart, so kann dem Berechtigten von dem anderen Teil für die Ausübung eine angemessene Frist bestimmt werden. Das Rücktrittsrecht erlischt, wenn nicht der Rücktritt vor dem Ablauf der Frist erklärt wird.

§ 351 Unteilbarkeit des Rücktrittsrechts
Sind bei einem Vertrag auf der einen oder der anderen Seite mehrere beteiligt, so kann das Rücktrittsrecht nur von allen und gegen alle ausgeübt werden. Erlischt das Rücktrittsrecht für einen der Berechtigten, so erlischt es auch für die übrigen.

§ 352 Aufrechnung nach Nichterfüllung
Der Rücktritt wegen Nichterfüllung einer Verbindlichkeit wird unwirksam, wenn der Schuldner sich von der Verbindlichkeit durch Aufrechnung befreien konnte und unverzüglich nach dem Rücktritt die Aufrechnung erklärt.

§ 353 Rücktritt gegen Reugeld
Ist der Rücktritt gegen Zahlung eines Reugeldes vorbehalten, so ist der Rücktritt unwirksam, wenn das Reugeld nicht vor oder bei der Erklärung entrichtet wird und der andere Teil aus diesem Grunde die Erklärung unverzüglich zurückweist. Die Erklärung ist jedoch wirksam, wenn das Reugeld unverzüglich nach der Zurückweisung entrichtet wird.

§ 354 Verwirkungsklausel
Ist ein Vertrag mit dem Vorbehalt geschlossen, dass der Schuldner seiner Rechte aus dem Vertrag verlustig sein soll, wenn er seine Verbindlichkeit nicht erfüllt, so ist der Gläubiger bei dem Eintritt dieses Falles zum Rücktritt von dem Vertrag berechtigt.

(…)

Titel 3
Aufrechnung

§ 387 Voraussetzungen
Schulden zwei Personen einander Leistungen, die ihrem Gegenstand nach gleichartig sind, so kann jeder Teil seine Forderung gegen die Forderung des anderen Teils aufrechnen, sobald er die ihm gebührende Leistung fordern und die ihm obliegende Leistung bewirken kann.

§ 388 Erklärung der Aufrechnung
Die Aufrechnung erfolgt durch Erklärung gegenüber dem anderen Teil. Die Erklärung ist unwirksam, wenn sie unter einer Bedingung oder einer Zeitbestimmung abgegeben wird.

§ 389 Wirkung der Aufrechnung
Die Aufrechnung bewirkt, dass die Forderungen, soweit sie sich decken, als in dem Zeitpunkt erloschen gelten, in welchem sie zur Aufrechnung geeignet einander gegenübergetreten sind.

§ 390 Keine Aufrechnung mit einredebehafteter Forderung
Eine Forderung, der eine Einrede entgegensteht, kann nicht aufgerechnet werden.

§ 391 Aufrechnung bei Verschiedenheit der Leistungsorte
(1) Die Aufrechnung wird nicht dadurch ausgeschlossen, dass für die Forderungen verschiedene Leistungs- oder Ablieferungsorte bestehen. Der aufrechnende Teil hat jedoch den Schaden zu ersetzen, den der andere Teil dadurch erleidet, dass er infolge der Aufrechnung die Leistung nicht an dem bestimmten Orte erhält oder bewirken kann.

(2) Ist vereinbart, dass die Leistung zu einer bestimmten Zeit an einem bestimmten Orte erfolgen soll, so ist im Zweifel anzunehmen, dass die Aufrechnung einer Forderung, für die ein anderer Leistungsort besteht, ausgeschlossen sein soll.

§ 392 Aufrechnung gegen beschlagnahmte Forderung
Durch die Beschlagnahme einer Forderung wird die Aufrechnung einer dem Schuldner gegen den Gläubiger zustehenden Forderung nur dann ausgeschlossen, wenn der Schuldner seine Forderung nach der Beschlagnahme erworben hat oder wenn seine Forderung erst nach der Beschlagnahme und später als die in Beschlag genommene Forderung fällig geworden ist.

§ 393 Keine Aufrechnung gegen Forderung aus unerlaubter Handlung
Gegen eine Forderung aus einer vorsätzlich begangenen unerlaubten Handlung ist die Aufrechnung nicht zulässig.

§ 394 Keine Aufrechnung gegen unpfändbare Forderung
Soweit eine Forderung der Pfändung nicht unterworfen ist, findet die Aufrechnung gegen die Forderung nicht statt. Gegen die aus Kranken-, Hilfs- oder Sterbekassen, insbesondere aus Knappschaftskassen und Kassen der Knappschaftsvereine, zu beziehenden Hebungen können jedoch geschuldete Beiträge aufgerechnet werden.

§ 395 Aufrechnung gegen Forderungen öffentlich-rechtlicher Körperschaften
Gegen eine Forderung des Bundes oder eines Landes sowie gegen eine Forderung einer Gemeinde oder eines anderen Kommunalverbands ist die Aufrechnung nur zulässig, wenn die Leistung an dieselbe Kasse zu erfolgen hat, aus der die Forderung des Aufrechnenden zu berichtigen ist.

§ 396 Mehrheit von Forderungen
(1) Hat der eine oder der andere Teil mehrere zur Aufrechnung geeignete Forderungen, so kann der aufrechnende Teil die Forderungen bestimmen, die gegeneinander aufgerechnet werden sollen. Wird die Aufrechnung ohne eine solche Bestimmung erklärt oder widerspricht der andere Teil unverzüglich, so findet die Vorschrift des § 366 Abs. 2 entsprechende Anwendung.

(2) Schuldet der aufrechnende Teil dem anderen Teil außer der Hauptleistung Zinsen und Kosten, so findet die Vorschrift des § 367 entsprechende Anwendung.

Titel 4
Erlass

§ 397 Erlassvertrag, negatives Schuldanerkenntnis
(1) Das Schuldverhältnis erlischt, wenn der Gläubiger dem Schuldner durch Vertrag die Schuld erlässt.

(2) Das Gleiche gilt, wenn der Gläubiger durch Vertrag mit dem Schuldner anerkennt, dass das Schuldverhältnis nicht bestehe.

Abschnitt 5
Übertragung einer Forderung

§ 398 Abtretung
Eine Forderung kann von dem Gläubiger durch Vertrag mit einem anderen auf diesen übertragen werden (Abtretung). Mit dem Abschluss des Vertrags tritt der neue Gläubiger an die Stelle des bisherigen Gläubigers.

§ 399 Ausschluss der Abtretung bei Inhaltsänderung oder Vereinbarung
Eine Forderung kann nicht abgetreten werden, wenn die Leistung an einen anderen als den ursprünglichen Gläubiger nicht ohne Veränderung ihres Inhalts erfolgen kann oder wenn die Abtretung durch Vereinbarung mit dem Schuldner ausgeschlossen ist.

§ 400 Ausschluss bei unpfändbaren Forderungen
Eine Forderung kann nicht abgetreten werden, soweit sie der Pfändung nicht unterworfen ist.

§ 401 Übergang der Neben- und Vorzugsrechte
(1) Mit der abgetretenen Forderung gehen die Hypotheken, Schiffshypotheken oder Pfandrechte, die für sie bestehen, sowie die Rechte aus einer für sie bestellten Bürgschaft auf den neuen Gläubiger über.

(2) Ein mit der Forderung für den Fall der Zwangsvollstreckung oder des Insolvenzverfahrens verbundenes Vorzugsrecht kann auch der neue Gläubiger geltend machen.

§ 402 Auskunftspflicht; Urkundenauslieferung
Der bisherige Gläubiger ist verpflichtet, dem neuen Gläubiger die zur Geltendmachung der Forderung nötige Auskunft zu erteilen und ihm die zum Beweis der Forderung dienenden Urkunden, soweit sie sich in seinem Besitz befinden, auszuliefern.

§ 403 Pflicht zur Beurkundung
Der bisherige Gläubiger hat dem neuen Gläubiger auf Verlangen eine öffentlich beglaubigte Urkunde über die Abtretung auszustellen. Die Kosten hat der neue Gläubiger zu tragen und vorzuschießen.

§ 404 Einwendungen des Schuldners
Der Schuldner kann dem neuen Gläubiger die Einwendungen entgegensetzen, die zur Zeit der Abtretung der Forderung gegen den bisherigen Gläubiger begründet waren.

§ 405 Abtretung unter Urkundenvorlegung
Hat der Schuldner eine Urkunde über die Schuld ausgestellt, so kann er sich, wenn die Forderung unter Vorlegung der Urkunde abgetreten wird, dem neuen Gläubiger gegenüber nicht darauf berufen, dass die Eingehung oder Anerkennung des Schuldverhältnisses nur zum Schein erfolgt oder dass die Abtretung durch Vereinbarung mit dem ursprünglichen Gläubiger ausgeschlossen sei, es sei denn, dass der neue Gläubiger bei der Abtretung den Sachverhalt kannte oder kennen musste.

§ 406 Aufrechnung gegenüber dem neuen Gläubiger
Der Schuldner kann eine ihm gegen den bisherigen Gläubiger zustehende Forderung auch dem neuen Gläubiger gegenüber aufrechnen, es sei denn, dass er bei dem Erwerb der Forderung von der Abtretung Kenntnis hatte oder dass die Forderung erst nach der Erlangung der Kenntnis und später als die abgetretene Forderung fällig geworden ist.

§ 407 Rechtshandlungen gegenüber dem bisherigen Gläubiger
(1) Der neue Gläubiger muss eine Leistung, die der Schuldner nach der Abtretung an den bisherigen Gläubiger bewirkt, sowie jedes Rechtsgeschäft, das nach der Abtretung zwischen dem Schuldner und dem bisherigen Gläubiger in Ansehung der Forderung vorgenommen wird,

gegen sich gelten lassen, es sei denn, dass der Schuldner die Abtretung bei der Leistung oder der Vornahme des Rechtsgeschäfts kennt.

(2) Ist in einem nach der Abtretung zwischen dem Schuldner und dem bisherigen Gläubiger anhängig gewordenen Rechtsstreit ein rechtskräftiges Urteil über die Forderung ergangen, so muss der neue Gläubiger das Urteil gegen sich gelten lassen, es sei denn, dass der Schuldner die Abtretung bei dem Eintritt der Rechtshängigkeit gekannt hat.

§408 Mehrfache Abtretung

(1) Wird eine abgetretene Forderung von dem bisherigen Gläubiger nochmals an einen Dritten abgetreten, so finden, wenn der Schuldner an den Dritten leistet oder wenn zwischen dem Schuldner und dem Dritten ein Rechtsgeschäft vorgenommen oder ein Rechtsstreit anhängig wird, zugunsten des Schuldners die Vorschriften des §407 dem früheren Erwerber gegenüber entsprechende Anwendung.

(2) Das Gleiche gilt, wenn die bereits abgetretene Forderung durch gerichtlichen Beschluss einem Dritten überwiesen wird oder wenn der bisherige Gläubiger dem Dritten gegenüber anerkennt, dass die bereits abgetretene Forderung kraft Gesetzes auf den Dritten übergegangen sei.

§409 Abtretungsanzeige

(1) Zeigt der Gläubiger dem Schuldner an, dass er die Forderung abgetreten habe, so muss er dem Schuldner gegenüber die angezeigte Abtretung gegen sich gelten lassen, auch wenn sie nicht erfolgt oder nicht wirksam ist. Der Anzeige steht es gleich, wenn der Gläubiger eine Urkunde über die Abtretung dem in der Urkunde bezeichneten neuen Gläubiger ausgestellt hat und dieser sie dem Schuldner vorlegt.

(2) Die Anzeige kann nur mit Zustimmung desjenigen zurückgenommen werden, welcher als der neue Gläubiger bezeichnet worden ist.

§410 Aushändigung der Abtretungsurkunde

(1) Der Schuldner ist dem neuen Gläubiger gegenüber zur Leistung nur gegen Aushändigung einer von dem bisherigen Gläubiger über die Abtretung ausgestellten Urkunde verpflichtet. Eine Kündigung oder eine Mahnung des neuen Gläubigers ist unwirksam, wenn sie ohne Vorlegung einer solchen Urkunde erfolgt und der Schuldner sie aus diesem Grunde unverzüglich zurückweist.

(2) Diese Vorschriften finden keine Anwendung, wenn der bisherige Gläubiger dem Schuldner die Abtretung schriftlich angezeigt hat.

§411 Gehaltsabtretung

Tritt eine Militärperson, ein Beamter, ein Geistlicher oder ein Lehrer an einer öffentlichen Unterrichtsanstalt den übertragbaren Teil des Diensteinkommens, des Wartegelds oder des Ruhegehalts ab, so ist die auszahlende Kasse durch Aushändigung einer von dem bisherigen Gläubiger ausgestellten, öffentlich oder amtlich beglaubigten Urkunde von der Abtretung zu benachrichtigen. Bis zur Benachrichtigung gilt die Abtretung als der Kasse nicht bekannt.

§412 Gesetzlicher Forderungsübergang

Auf die Übertragung einer Forderung kraft Gesetzes finden die Vorschriften der §§ 399 bis 404, 406 bis 410 entsprechende Anwendung.

§413 Übertragung anderer Rechte

Die Vorschriften über die Übertragung von Forderungen finden auf die Übertragung anderer Rechte entsprechende Anwendung, soweit nicht das Gesetz ein anderes vorschreibt.

(…)

Abschnitt 7
Mehrheit von Schuldnern und Gläubigern

§ 420 Teilbare Leistung
Schulden mehrere eine teilbare Leistung oder haben mehrere eine teilbare Leistung zu fordern, so ist im Zweifel jeder Schuldner nur zu einem gleichen Anteil verpflichtet, jeder Gläubiger nur zu einem gleichen Anteil berechtigt.

§ 421 Gesamtschuldner
Schulden mehrere eine Leistung in der Weise, dass jeder die ganze Leistung zu bewirken verpflichtet, der Gläubiger aber die Leistung nur einmal zu fordern berechtigt ist (Gesamtschuldner), so kann der Gläubiger die Leistung nach seinem Belieben von jedem der Schuldner ganz oder zu einem Teil fordern. Bis zur Bewirkung der ganzen Leistung bleiben sämtliche Schuldner verpflichtet.

§ 422 Wirkung der Erfüllung
(1) Die Erfüllung durch einen Gesamtschuldner wirkt auch für die übrigen Schuldner. Das Gleiche gilt von der Leistung an Erfüllungs statt, der Hinterlegung und der Aufrechnung.

(2) Eine Forderung, die einem Gesamtschuldner zusteht, kann nicht von den übrigen Schuldnern aufgerechnet werden.

§ 423 Wirkung des Erlasses
Ein zwischen dem Gläubiger und einem Gesamtschuldner vereinbarter Erlass wirkt auch für die übrigen Schuldner, wenn die Vertragschließenden das ganze Schuldverhältnis aufheben wollten.

§ 424 Wirkung des Gläubigerverzugs
Der Verzug des Gläubigers gegenüber einem Gesamtschuldner wirkt auch für die übrigen Schuldner.

§ 425 Wirkung anderer Tatsachen
(1) Andere als die in den §§ 422 bis 424 bezeichneten Tatsachen wirken, soweit sich nicht aus dem Schuldverhältnis ein anderes ergibt, nur für und gegen den Gesamtschuldner, in dessen Person sie eintreten.

(2) Dies gilt insbesondere von der Kündigung, dem Verzug, dem Verschulden, von der Unmöglichkeit der Leistung in der Person eines Gesamtschuldners, von der Verjährung, deren Neubeginn, Hemmung und Ablaufhemmung, von der Vereinigung der Forderung mit der Schuld und von dem rechtskräftigen Urteil.

§ 426 Ausgleichungspflicht, Forderungsübergang
(1) Die Gesamtschuldner sind im Verhältnis zueinander zu gleichen Anteilen verpflichtet, soweit nicht ein anderes bestimmt ist. Kann von einem Gesamtschuldner der auf ihn entfallende Beitrag nicht erlangt werden, so ist der Ausfall von den übrigen zur Ausgleichung verpflichteten Schuldnern zu tragen.

(2) Soweit ein Gesamtschuldner den Gläubiger befriedigt und von den übrigen Schuldnern Ausgleichung verlangen kann, geht die Forderung des Gläubigers gegen die übrigen Schuldner auf ihn über. Der Übergang kann nicht zum Nachteil des Gläubigers geltend gemacht werden.

§ 427 Gemeinschaftliche vertragliche Verpflichtung
Verpflichten sich mehrere durch Vertrag gemeinschaftlich zu einer teilbaren Leistung, so haften sie im Zweifel als Gesamtschuldner.

§ 428 Gesamtgläubiger
Sind mehrere eine Leistung in der Weise zu fordern berechtigt, dass jeder die ganze Leistung fordern kann, der Schuldner aber die Leistung nur einmal zu bewirken verpflichtet ist (Gesamtgläubiger), so kann der Schuldner nach seinem Belieben an jeden der Gläubiger leisten. Dies gilt auch dann, wenn einer der Gläubiger bereits Klage auf die Leistung erhoben hat.

§ 429 Wirkung von Veränderungen
(1) Der Verzug eines Gesamtgläubigers wirkt auch gegen die übrigen Gläubiger.
(2) Vereinigen sich Forderung und Schuld in der Person eines Gesamtgläubigers, so erlöschen die Rechte der übrigen Gläubiger gegen den Schuldner.
(3) Im Übrigen finden die Vorschriften der §§ 422, 423, 425 entsprechende Anwendung. Insbesondere bleiben, wenn ein Gesamtgläubiger seine Forderung auf einen anderen überträgt, die Rechte der übrigen Gläubiger unberührt.

§ 430 Ausgleichungspflicht der Gesamtgläubiger
Die Gesamtgläubiger sind im Verhältnis zueinander zu gleichen Anteilen berechtigt, soweit nicht ein anderes bestimmt ist.

§ 431 Mehrere Schuldner einer unteilbaren Leistung
Schulden mehrere eine unteilbare Leistung, so haften sie als Gesamtschuldner.

§ 432 Mehrere Gläubiger einer unteilbaren Leistung
(1) Haben mehrere eine unteilbare Leistung zu fordern, so kann, sofern sie nicht Gesamtgläubiger sind, der Schuldner nur an alle gemeinschaftlich leisten und jeder Gläubiger nur die Leistung an alle fordern. Jeder Gläubiger kann verlangen, dass der Schuldner die geschuldete Sache für alle Gläubiger hinterlegt oder, wenn sie sich nicht zur Hinterlegung eignet, an einen gerichtlich zu bestellenden Verwahrer abliefert.
(2) Im Übrigen wirkt eine Tatsache, die nur in der Person eines der Gläubiger eintritt, nicht für und gegen die übrigen Gläubiger.

Abschnitt 8
Einzelne Schuldverhältnisse

(…)

Titel 9
Werkvertrag und ähnliche Verträge

Untertitel 1
Werkvertrag

Kapitel 1
Allgemeine Vorschriften

§ 631 Vertragstypische Pflichten beim Werkvertrag
(1) Durch den Werkvertrag wird der Unternehmer zur Herstellung des versprochenen Werkes, der Besteller zur Entrichtung der vereinbarten Vergütung verpflichtet.
(2) Gegenstand des Werkvertrags kann sowohl die Herstellung oder Veränderung einer Sache als auch ein anderer durch Arbeit oder Dienstleistung herbeizuführender Erfolg sein.

§ 632 Vergütung
(1) Eine Vergütung gilt als stillschweigend vereinbart, wenn die Herstellung des Werkes den Umständen nach nur gegen eine Vergütung zu erwarten ist.
(2) Ist die Höhe der Vergütung nicht bestimmt, so ist bei dem Bestehen einer Taxe die taxmäßige Vergütung, in Ermangelung einer Taxe die übliche Vergütung als vereinbart anzusehen.
(3) Ein Kostenanschlag ist im Zweifel nicht zu vergüten.

§ 632a Abschlagszahlungen

(1) Der Unternehmer kann von dem Besteller eine Abschlagszahlung in Höhe des Wertes der von ihm erbrachten und nach dem Vertrag geschuldeten Leistungen verlangen. Sind die erbrachten Leistungen nicht vertragsgemäß, kann der Besteller die Zahlung eines angemessenen Teils des Abschlags verweigern. Die Beweislast für die vertragsgemäße Leistung verbleibt bis zur Abnahme beim Unternehmer. § 641 Abs. 3 gilt entsprechend. Die Leistungen sind durch eine Aufstellung nachzuweisen, die eine rasche und sichere Beurteilung der Leistungen ermöglichen muss. Die Sätze 1 bis 5 gelten auch für erforderliche Stoffe oder Bauteile, die angeliefert oder eigens angefertigt und bereitgestellt sind, wenn dem Besteller nach seiner Wahl Eigentum an den Stoffen oder Bauteilen übertragen oder entsprechende Sicherheit hierfür geleistet wird.

(2) Die Sicherheit nach Absatz 1 S. 6 kann auch durch eine Garantie oder ein sonstiges Zahlungsversprechen eines im Geltungsbereich dieses Gesetzes zum Geschäftsbetrieb befugten Kreditinstituts oder Kreditversicherers geleistet werden.

§ 633 Sach- und Rechtsmangel

(1) Der Unternehmer hat dem Besteller das Werk frei von Sach- und Rechtsmängeln zu verschaffen.

(2) Das Werk ist frei von Sachmängeln, wenn es die vereinbarte Beschaffenheit hat. Soweit die Beschaffenheit nicht vereinbart ist, ist das Werk frei von Sachmängeln,

1. wenn es sich für die nach dem Vertrag vorausgesetzte, sonst
2. die gewöhnliche Verwendung eignet und eine Beschaffenheit aufweist, die bei Werken der gleichen Art üblich ist und die der Besteller nach der Art des Werkes erwarten kann.

Einem Sachmangel steht es gleich, wenn der Unternehmer ein anderes als das bestellte Werk oder das Werk in zu geringer Menge herstellt.

(3) Das Werk ist frei von Rechtsmängeln, wenn Dritte in Bezug auf das Werk keine oder nur die im Vertrag übernommenen Rechte gegen den Besteller geltend machen können.

§ 634 Rechte des Bestellers bei Mängeln

Ist das Werk mangelhaft, kann der Besteller, wenn die Voraussetzungen der folgenden Vorschriften vorliegen und soweit nicht ein anderes bestimmt ist,

1. nach § 635 Nacherfüllung verlangen,
2. nach § 637 den Mangel selbst beseitigen und Ersatz der erforderlichen Aufwendungen verlangen,
3. nach den §§ 636, 323 und 326 Abs. 5 von dem Vertrag zurücktreten oder nach § 638 die Vergütung mindern und
4. nach den §§ 636, 280, 281, 283 und 311a Schadensersatz oder nach § 284 Ersatz vergeblicher Aufwendungen verlangen.

§ 634a Verjährung der Mängelansprüche

(1) Die in § 634 Nr. 1, 2 und 4 bezeichneten Ansprüche verjähren

1. vorbehaltlich der Nummer 2 in zwei Jahren bei einem Werk, dessen Erfolg in der Herstellung, Wartung oder Veränderung einer Sache oder in der Erbringung von Planungs- oder Überwachungsleistungen hierfür besteht,
2. in fünf Jahren bei einem Bauwerk und einem Werk, dessen Erfolg in der Erbringung von Planungs- oder Überwachungsleistungen hierfür besteht, und
3. im Übrigen in der regelmäßigen Verjährungsfrist.

(2) Die Verjährung beginnt in den Fällen des Absatzes 1 Nr. 1 und 2 mit der Abnahme.

(3) Abweichend von Absatz 1 Nr. 1 und 2 und Absatz 2 verjähren die Ansprüche in der regelmäßigen Verjährungsfrist, wenn der Unternehmer den Mangel arglistig verschwiegen hat. Im Fall des Absatzes 1 Nr. 2 tritt die Verjährung jedoch nicht vor Ablauf der dort bestimmten Frist ein.

(4) Für das in § 634 bezeichnete Rücktrittsrecht gilt § 218. Der Besteller kann trotz einer Unwirksamkeit des Rücktritts nach § 218 Abs. 1 die Zahlung der Vergütung insoweit verweigern, als er auf Grund des Rücktritts dazu berechtigt sein würde. Macht er von diesem Recht Gebrauch, kann der Unternehmer vom Vertrag zurücktreten.

(5) Auf das in § 634 bezeichnete Minderungsrecht finden § 218 und Absatz 4 S. 2 entsprechende Anwendung.

§ 635 Nacherfüllung

(1) Verlangt der Besteller Nacherfüllung, so kann der Unternehmer nach seiner Wahl den Mangel beseitigen oder ein neues Werk herstellen.

(2) Der Unternehmer hat die zum Zwecke der Nacherfüllung erforderlichen Aufwendungen, insbesondere Transport-, Wege-, Arbeits- und Materialkosten zu tragen.

(3) Der Unternehmer kann die Nacherfüllung unbeschadet des § 275 Abs. 2 und 3 verweigern, wenn sie nur mit unverhältnismäßigen Kosten möglich ist.

(4) Stellt der Unternehmer ein neues Werk her, so kann er vom Besteller Rückgewähr des mangelhaften Werkes nach Maßgabe der §§ 346 bis 348 verlangen.

§ 636 Besondere Bestimmungen für Rücktritt und Schadensersatz

Außer in den Fällen der § 281 Abs. 2 und 323 Abs. 2 bedarf es der Fristsetzung auch dann nicht, wenn der Unternehmer die Nacherfüllung gem. § 635 Abs. 3 verweigert oder wenn die Nacherfüllung fehlgeschlagen oder dem Besteller unzumutbar ist.

§ 637 Selbstvornahme

(1) Der Besteller kann wegen eines Mangels des Werkes nach erfolglosem Ablauf einer von ihm zur Nacherfüllung bestimmten angemessenen Frist den Mangel selbst beseitigen und Ersatz der erforderlichen Aufwendungen verlangen, wenn nicht der Unternehmer die Nacherfüllung zu Recht verweigert.

(2) § 323 Abs. 2 findet entsprechende Anwendung. Der Bestimmung einer Frist bedarf es auch dann nicht, wenn die Nacherfüllung fehlgeschlagen oder dem Besteller unzumutbar ist.

(3) Der Besteller kann von dem Unternehmer für die zur Beseitigung des Mangels erforderlichen Aufwendungen Vorschuss verlangen.

§ 638 Minderung

(1) Statt zurückzutreten, kann der Besteller die Vergütung durch Erklärung gegenüber dem Unternehmer mindern. Der Ausschlussgrund des § 323 Abs. 5 S. 2 findet keine Anwendung.

(2) Sind auf der Seite des Bestellers oder auf der Seite des Unternehmers mehrere beteiligt, so kann die Minderung nur von allen oder gegen alle erklärt werden.

(3) Bei der Minderung ist die Vergütung in dem Verhältnis herabzusetzen, in welchem zur Zeit des Vertragsschlusses der Wert des Werkes in mangelfreiem Zustand zu dem wirklichen Wert gestanden haben würde. Die Minderung ist, soweit erforderlich, durch Schätzung zu ermitteln.

(4) Hat der Besteller mehr als die geminderte Vergütung gezahlt, so ist der Mehrbetrag vom Unternehmer zu erstatten. § 346 Abs. 1 und § 347 Abs. 1 finden entsprechende Anwendung.

§ 639 Haftungsausschluss

Auf eine Vereinbarung, durch welche die Rechte des Bestellers wegen eines Mangels ausgeschlossen oder beschränkt werden, kann sich der Unternehmer nicht berufen, soweit er den Mangel arglistig verschwiegen oder eine Garantie für die Beschaffenheit des Werkes übernommen hat.

§ 640 Abnahme

(1) Der Besteller ist verpflichtet, das vertragsmäßig hergestellte Werk abzunehmen, sofern nicht nach der Beschaffenheit des Werkes die Abnahme ausgeschlossen ist. Wegen unwesentlicher Mängel kann die Abnahme nicht verweigert werden.

(2) Als abgenommen gilt ein Werk auch, wenn der Unternehmer dem Besteller nach Fertigstellung des Werks eine angemessene Frist zur Abnahme gesetzt hat und der Besteller die Abnahme

nicht innerhalb dieser Frist unter Angabe mindestens eines Mangels verweigert hat. Ist der Besteller ein Verbraucher, so treten die Rechtsfolgen des Satzes 1 nur dann ein, wenn der Unternehmer den Besteller zusammen mit der Aufforderung zur Abnahme auf die Folgen einer nicht erklärten oder ohne Angabe von Mängeln verweigerten Abnahme hingewiesen hat; der Hinweis muss in Textform erfolgen.

(3) Nimmt der Besteller ein mangelhaftes Werk gem. Absatz 1 S. 1 ab, obschon er den Mangel kennt, so stehen ihm die in § 634 Nr. 1 bis 3 bezeichneten Rechte nur zu, wenn er sich seine Rechte wegen des Mangels bei der Abnahme vorbehält.

§ 641 Fälligkeit der Vergütung

(1) Die Vergütung ist bei der Abnahme des Werkes zu entrichten. Ist das Werk in Teilen abzunehmen und die Vergütung für die einzelnen Teile bestimmt, so ist die Vergütung für jeden Teil bei dessen Abnahme zu entrichten.

(2) Die Vergütung des Unternehmers für ein Werk, dessen Herstellung der Besteller einem Dritten versprochen hat, wird spätestens fällig,
 1. soweit der Besteller von dem Dritten für das versprochene Werk wegen dessen Herstellung seine Vergütung oder Teile davon erhalten hat,
 2. soweit das Werk des Bestellers von dem Dritten abgenommen worden ist oder als abgenommen gilt oder
 3. wenn der Unternehmer dem Besteller erfolglos eine angemessene Frist zur Auskunft über die in den Nummern 1 und 2 bezeichneten Umstände bestimmt hat.

Hat der Besteller dem Dritten wegen möglicher Mängel des Werks Sicherheit geleistet, gilt S. 1 nur, wenn der Unternehmer dem Besteller entsprechende Sicherheit leistet.

(3) Kann der Besteller die Beseitigung eines Mangels verlangen, so kann er nach der Fälligkeit die Zahlung eines angemessenen Teils der Vergütung verweigern; angemessen ist in der Regel das Doppelte der für die Beseitigung des Mangels erforderlichen Kosten.

(4) Eine in Geld festgesetzte Vergütung hat der Besteller von der Abnahme des Werkes an zu verzinsen, sofern nicht die Vergütung gestundet ist.

§ 641a (weggefallen)

§ 642 Mitwirkung des Bestellers

(1) Ist bei der Herstellung des Werkes eine Handlung des Bestellers erforderlich, so kann der Unternehmer, wenn der Besteller durch das Unterlassen der Handlung in Verzug der Annahme kommt, eine angemessene Entschädigung verlangen.

(2) Die Höhe der Entschädigung bestimmt sich einerseits nach der Dauer des Verzugs und der Höhe der vereinbarten Vergütung, andererseits nach demjenigen, was der Unternehmer infolge des Verzugs an Aufwendungen erspart oder durch anderweitige Verwendung seiner Arbeitskraft erwerben kann.

§ 643 Kündigung bei unterlassener Mitwirkung

Der Unternehmer ist im Falle des § 642 berechtigt, dem Besteller zur Nachholung der Handlung eine angemessene Frist mit der Erklärung zu bestimmen, dass er den Vertrag kündige, wenn die Handlung nicht bis zum Ablauf der Frist vorgenommen werde. Der Vertrag gilt als aufgehoben, wenn nicht die Nachholung bis zum Ablauf der Frist erfolgt.

§ 644 Gefahrtragung

(1) Der Unternehmer trägt die Gefahr bis zur Abnahme des Werkes. Kommt der Besteller in Verzug der Annahme, so geht die Gefahr auf ihn über. Für den zufälligen Untergang und eine zufällige Verschlechterung des von dem Besteller gelieferten Stoffes ist der Unternehmer nicht verantwortlich.

(2) Versendet der Unternehmer das Werk auf Verlangen des Bestellers nach einem anderen Ort als dem Erfüllungsort, so finden die für den Kauf geltenden Vorschriften des § 447 entsprechende Anwendung.

§ 645 Verantwortlichkeit des Bestellers

(1) Ist das Werk vor der Abnahme infolge eines Mangels des von dem Besteller gelieferten Stoffes oder infolge einer von dem Besteller für die Ausführung erteilten Anweisung untergegangen, verschlechtert oder unausführbar geworden, ohne dass ein Umstand mitgewirkt hat, den der Unternehmer zu vertreten hat, so kann der Unternehmer einen der geleisteten Arbeit entsprechenden Teil der Vergütung und Ersatz der in der Vergütung nicht inbegriffenen Auslagen verlangen. Das Gleiche gilt, wenn der Vertrag in Gemäßheit des § 643 aufgehoben wird.

(2) Eine weitergehende Haftung des Bestellers wegen Verschuldens bleibt unberührt.

§ 646 Vollendung statt Abnahme

Ist nach der Beschaffenheit des Werkes die Abnahme ausgeschlossen, so tritt in den Fällen des § 634a Abs. 2 und der §§ 641, 644 und 645 an die Stelle der Abnahme die Vollendung des Werkes.

§ 647 Unternehmerpfandrecht

Der Unternehmer hat für seine Forderungen aus dem Vertrag ein Pfandrecht an den von ihm hergestellten oder ausgebesserten beweglichen Sachen des Bestellers, wenn sie bei der Herstellung oder zum Zwecke der Ausbesserung in seinen Besitz gelangt sind.

§ 647a Sicherungshypothek des Inhabers einer Schiffswerft

Der Inhaber einer Schiffswerft kann für seine Forderungen aus dem Bau oder der Ausbesserung eines Schiffes die Einräumung einer Schiffshypothek an dem Schiffsbauwerk oder dem Schiff des Bestellers verlangen. Ist das Werk noch nicht vollendet, so kann er die Einräumung der Schiffshypothek für einen der geleisteten Arbeit entsprechenden Teil der Vergütung und für die in der Vergütung nicht inbegriffenen Auslagen verlangen. § 647 findet keine Anwendung.

§ 648 Kündigungsrecht des Bestellers

Der Besteller kann bis zur Vollendung des Werkes jederzeit den Vertrag kündigen. Kündigt der Besteller, so ist der Unternehmer berechtigt, die vereinbarte Vergütung zu verlangen; er muss sich jedoch dasjenige anrechnen lassen, was er infolge der Aufhebung des Vertrags an Aufwendungen erspart oder durch anderweitige Verwendung seiner Arbeitskraft erwirbt oder zu erwerben böswillig unterlässt. Es wird vermutet, dass danach dem Unternehmer 5 vom Hundert der auf den noch nicht erbrachten Teil der Werkleistung entfallenden vereinbarten Vergütung zustehen.

§ 648a Kündigung aus wichtigem Grund

(1) Beide Vertragsparteien können den Vertrag aus wichtigem Grund ohne Einhaltung einer Kündigungsfrist kündigen. Ein wichtiger Grund liegt vor, wenn dem kündigenden Teil unter Berücksichtigung aller Umstände des Einzelfalls und unter Abwägung der beiderseitigen Interessen die Fortsetzung des Vertragsverhältnisses bis zur Fertigstellung des Werks nicht zugemutet werden kann.

(2) Eine Teilkündigung ist möglich; sie muss sich auf einen abgrenzbaren Teil des geschuldeten Werks beziehen.

(3) § 314 Absatz 2 und 3 gilt entsprechend.

(4) Nach der Kündigung kann jede Vertragspartei von der anderen verlangen, dass sie an einer gemeinsamen Feststellung des Leistungsstandes mitwirkt. Verweigert eine Vertragspartei die Mitwirkung oder bleibt sie einem vereinbarten oder einem von der anderen Vertragspartei innerhalb einer angemessenen Frist bestimmten Termin zur Leistungsstandfeststellung fern, trifft sie die Beweislast für den Leistungsstand zum Zeitpunkt der Kündigung. Dies gilt nicht, wenn die Vertragspartei infolge eines Umstands fernbleibt, den sie nicht zu vertreten hat und den sie der anderen Vertragspartei unverzüglich mitgeteilt hat.

(5) Kündigt eine Vertragspartei aus wichtigem Grund, ist der Unternehmer nur berechtigt, die Vergütung zu verlangen, die auf den bis zur Kündigung erbrachten Teil des Werks entfällt.

(6) Die Berechtigung, Schadensersatz zu verlangen, wird durch die Kündigung nicht ausgeschlossen.

§ 649 Kostenanschlag

(1) Ist dem Vertrag ein Kostenanschlag zugrunde gelegt worden, ohne dass der Unternehmer die Gewähr für die Richtigkeit des Anschlags übernommen hat, und ergibt sich, dass das Werk nicht ohne eine wesentliche Überschreitung des Anschlags ausführbar ist, so steht dem Unternehmer, wenn der Besteller den Vertrag aus diesem Grund kündigt, nur der im § 645 Abs. 1 bestimmte Anspruch zu.

(2) Ist eine solche Überschreitung des Anschlags zu erwarten, so hat der Unternehmer dem Besteller unverzüglich Anzeige zu machen.

§ 650 Anwendung des Kaufrechts

Auf einen Vertrag, der die Lieferung herzustellender oder zu erzeugender beweglicher Sachen zum Gegenstand hat, finden die Vorschriften über den Kauf Anwendung. § 442 Abs. 1 S. 1 findet bei diesen Verträgen auch Anwendung, wenn der Mangel auf den vom Besteller gelieferten Stoff zurückzuführen ist. Soweit es sich bei den herzustellenden oder zu erzeugenden beweglichen Sachen um nicht vertretbare Sachen handelt, sind auch die §§ 642, 643, 645, 648 und 649 mit der Maßgabe anzuwenden, dass an die Stelle der Abnahme der nach den §§ 446 und 447 maßgebliche Zeitpunkt tritt.

Kapitel 2
Bauvertrag

§ 650a Bauvertrag

(1) Ein Bauvertrag ist ein Vertrag über die Herstellung, die Wiederherstellung, die Beseitigung oder den Umbau eines Bauwerks, einer Außenanlage oder eines Teils davon. Für den Bauvertrag gelten ergänzend die folgenden Vorschriften dieses Kapitels.

(2) Ein Vertrag über die Instandhaltung eines Bauwerks ist ein Bauvertrag, wenn das Werk für die Konstruktion, den Bestand oder den bestimmungsgemäßen Gebrauch von wesentlicher Bedeutung ist.

§ 650b Änderung des Vertrags; Anordnungsrecht des Bestellers

(1) Begehrt der Besteller

1. eine Änderung des vereinbarten Werkerfolgs (§ 631 Absatz 2) oder
2. eine Änderung, die zur Erreichung des vereinbarten Werkerfolgs notwendig ist,

streben die Vertragsparteien Einvernehmen über die Änderung und die infolge der Änderung zu leistende Mehr- oder Mindervergütung an. Der Unternehmer ist verpflichtet, ein Angebot über die Mehr- oder Mindervergütung zu erstellen, im Falle einer Änderung nach S. 1 Nummer 1 jedoch nur, wenn ihm die Ausführung der Änderung zumutbar ist. Macht der Unternehmer betriebsinterne Vorgänge für die Unzumutbarkeit einer Anordnung nach Absatz 1 S. 1 Nummer 1 geltend, trifft ihn die Beweislast hierfür. Trägt der Besteller die Verantwortung für die Planung des Bauwerks oder der Außenanlage, ist der Unternehmer nur dann zur Erstellung eines Angebots über die Mehr- oder Mindervergütung verpflichtet, wenn der Besteller die für die Änderung erforderliche Planung vorgenommen und dem Unternehmer zur Verfügung gestellt hat. Begehrt der Besteller eine Änderung, für die dem Unternehmer nach § 650c Absatz 1 S. 2 kein Anspruch auf Vergütung für vermehrten Aufwand zusteht, streben die Parteien nur Einvernehmen über die Änderung an; S. 2 findet in diesem Fall keine Anwendung.

(2) Erzielen die Parteien binnen 30 Tagen nach Zugang des Änderungsbegehrens beim Unternehmer keine Einigung nach Absatz 1, kann der Besteller die Änderung in Textform anordnen. Der Unternehmer ist verpflichtet, der Anordnung des Bestellers nachzukommen, einer Anordnung nach Absatz 1 S. 1 Nummer 1 jedoch nur, wenn ihm die Ausführung zumutbar ist. Absatz 1 S. 3 gilt entsprechend.

§ 650c Vergütungsanpassung bei Anordnungen nach § 650b Absatz 2

(1) Die Höhe des Vergütungsanspruchs für den infolge einer Anordnung des Bestellers nach § 650b Absatz 2 vermehrten oder verminderten Aufwand ist nach den tatsächlich erforderlichen Kosten mit angemessenen Zuschlägen für allgemeine Geschäftskosten, Wagnis und Gewinn zu ermitteln. Umfasst die Leistungspflicht des Unternehmers auch die Planung des Bauwerks oder der Außenanlage, steht diesem im Fall des § 650b Absatz 1 S. 1 Nummer 2 kein Anspruch auf Vergütung für vermehrten Aufwand zu.

(2) Der Unternehmer kann zur Berechnung der Vergütung für den Nachtrag auf die Ansätze in einer vereinbarungsgemäß hinterlegten Urkalkulation zurückgreifen. Es wird vermutet, dass die auf Basis der Urkalkulation fortgeschriebene Vergütung der Vergütung nach Absatz 1 entspricht.

(3) Bei der Berechnung von vereinbarten oder gem. § 632a geschuldeten Abschlagszahlungen kann der Unternehmer 80 Prozent einer in einem Angebot nach § 650b Absatz 1 S. 2 genannten Mehrvergütung ansetzen, wenn sich die Parteien nicht über die Höhe geeinigt haben oder keine anderslautende gerichtliche Entscheidung ergeht. Wählt der Unternehmer diesen Weg und ergeht keine anderslautende gerichtliche Entscheidung, wird die nach den Absätzen 1 und 2 geschuldete Mehrvergütung erst nach der Abnahme des Werks fällig. Zahlungen nach S. 1, die die nach den Absätzen 1 und 2 geschuldete Mehrvergütung übersteigen, sind dem Besteller zurückzugewähren und ab ihrem Eingang beim Unternehmer zu verzinsen. § 288 Absatz 1 S. 2, Absatz 2 und § 289 S. 1 gelten entsprechend.

§ 650d Einstweilige Verfügung

Zum Erlass einer einstweiligen Verfügung in Streitigkeiten über das Anordnungsrecht gem. § 650b oder die Vergütungsanpassung gem. § 650c ist es nach Beginn der Bauausführung nicht erforderlich, dass der Verfügungsgrund glaubhaft gemacht wird.

§ 650e Sicherungshypothek des Bauunternehmers

Der Unternehmer kann für seine Forderungen aus dem Vertrag die Einräumung einer Sicherungshypothek an dem Baugrundstück des Bestellers verlangen. Ist das Werk noch nicht vollendet, so kann er die Einräumung der Sicherungshypothek für einen der geleisteten Arbeit entsprechenden Teil der Vergütung und für die in der Vergütung nicht inbegriffenen Auslagen verlangen.

§ 650f Bauhandwerkersicherung

(1) Der Unternehmer kann vom Besteller Sicherheit für die auch in Zusatzaufträgen vereinbarte und noch nicht gezahlte Vergütung einschließlich dazugehöriger Nebenforderungen, die mit 10 Prozent des zu sichernden Vergütungsanspruchs anzusetzen sind, verlangen. S. 1 gilt in demselben Umfang auch für Ansprüche, die an die Stelle der Vergütung treten. Der Anspruch des Unternehmers auf Sicherheit wird nicht dadurch ausgeschlossen, dass der Besteller Erfüllung verlangen kann oder das Werk abgenommen hat. Ansprüche, mit denen der Besteller gegen den Anspruch des Unternehmers auf Vergütung aufrechnen kann, bleiben bei der Berechnung der Vergütung unberücksichtigt, es sei denn, sie sind unstreitig oder rechtskräftig festgestellt. Die Sicherheit ist auch dann als ausreichend anzusehen, wenn sich der Sicherungsgeber das Recht vorbehält, sein Versprechen im Falle einer wesentlichen Verschlechterung der Vermögensverhältnisse des Bestellers mit Wirkung für Vergütungsansprüche aus Bauleistungen zu widerrufen, die der Unternehmer bei Zugang der Widerrufserklärung noch nicht erbracht hat.

(2) Die Sicherheit kann auch durch eine Garantie oder ein sonstiges Zahlungsversprechen eines im Geltungsbereich dieses Gesetzes zum Geschäftsbetrieb befugten Kreditinstituts oder Kreditversicherers geleistet werden. Das Kreditinstitut oder der Kreditversicherer darf Zahlungen an den Unternehmer nur leisten, soweit der Besteller den Vergütungsanspruch des Unternehmers anerkennt oder durch vorläufig vollstreckbares Urteil zur Zahlung der Vergütung verurteilt worden ist und die Voraussetzungen vorliegen, unter denen die Zwangsvollstreckung begonnen werden darf.

(3) Der Unternehmer hat dem Besteller die üblichen Kosten der Sicherheitsleistung bis zu einem Höchstsatz von 2 Prozent für das Jahr zu erstatten. Dies gilt nicht, soweit eine Sicherheit wegen

Einwendungen des Bestellers gegen den Vergütungsanspruch des Unternehmers aufrechterhalten werden muss und die Einwendungen sich als unbegründet erweisen.

(4) Soweit der Unternehmer für seinen Vergütungsanspruch eine Sicherheit nach Absatz 1 oder 2 erlangt hat, ist der Anspruch auf Einräumung einer Sicherungshypothek nach §650e ausgeschlossen.

(5) Hat der Unternehmer dem Besteller erfolglos eine angemessene Frist zur Leistung der Sicherheit nach Absatz 1 bestimmt, so kann der Unternehmer die Leistung verweigern oder den Vertrag kündigen. Kündigt er den Vertrag, ist der Unternehmer berechtigt, die vereinbarte Vergütung zu verlangen; er muss sich jedoch dasjenige anrechnen lassen, was er infolge der Aufhebung des Vertrags an Aufwendungen erspart oder durch anderweitige Verwendung seiner Arbeitskraft erwirbt oder böswillig zu erwerben unterlässt. Es wird vermutet, dass danach dem Unternehmer 5 Prozent der auf den noch nicht erbrachten Teil der Werkleistung entfallenden vereinbarten Vergütung zustehen.

(6) Die Absätze 1 bis 5 finden keine Anwendung, wenn der Besteller
  1. eine juristische Person des öffentlichen Rechts oder ein öffentlich-rechtliches Sondervermögen ist, über deren Vermögen ein Insolvenzverfahren unzulässig ist, oder
  2. Verbraucher ist und es sich um einen Verbraucherbauvertrag nach §650i oder um einen Bauträgervertrag nach §650u handelt.

  S. 1 Nummer 2 gilt nicht bei Betreuung des Bauvorhabens durch einen zur Verfügung über die Finanzierungsmittel des Bestellers ermächtigten Baubetreuer.

(7) Eine von den Absätzen 1 bis 5 abweichende Vereinbarung ist unwirksam.

§650g Zustandsfeststellung bei Verweigerung der Abnahme; Schlussrechnung

(1) Verweigert der Besteller die Abnahme unter Angabe von Mängeln, hat er auf Verlangen des Unternehmers an einer gemeinsamen Feststellung des Zustands des Werks mitzuwirken. Die gemeinsame Zustandsfeststellung soll mit der Angabe des Tages der Anfertigung versehen werden und ist von beiden Vertragsparteien zu unterschreiben.

(2) Bleibt der Besteller einem vereinbarten oder einem von dem Unternehmer innerhalb einer angemessenen Frist bestimmten Termin zur Zustandsfeststellung fern, so kann der Unternehmer die Zustandsfeststellung auch einseitig vornehmen. Dies gilt nicht, wenn der Besteller infolge eines Umstands fernbleibt, den er nicht zu vertreten hat und den er dem Unternehmer unverzüglich mitgeteilt hat. Der Unternehmer hat die einseitige Zustandsfeststellung mit der Angabe des Tages der Anfertigung zu versehen und sie zu unterschreiben sowie dem Besteller eine Abschrift der einseitigen Zustandsfeststellung zur Verfügung zu stellen.

(3) Ist das Werk dem Besteller verschafft worden und ist in der Zustandsfeststellung nach Absatz 1 oder 2 ein offenkundiger Mangel nicht angegeben, wird vermutet, dass dieser nach der Zustandsfeststellung entstanden und vom Besteller zu vertreten ist. Die Vermutung gilt nicht, wenn der Mangel nach seiner Art nicht vom Besteller verursacht worden sein kann.

(4) Die Vergütung ist zu entrichten, wenn
  1. der Besteller das Werk abgenommen hat oder die Abnahme nach §641 Absatz 2 entbehrlich ist und
  2. der Unternehmer dem Besteller eine prüffähige Schlussrechnung erteilt hat.

  Die Schlussrechnung ist prüffähig, wenn sie eine übersichtliche Aufstellung der erbrachten Leistungen enthält und für den Besteller nachvollziehbar ist. Sie gilt als prüffähig, wenn der Besteller nicht innerhalb von 30 Tagen nach Zugang der Schlussrechnung begründete Einwendungen gegen ihre Prüffähigkeit erhoben hat.

§650h Schriftform der Kündigung
Die Kündigung des Bauvertrags bedarf der schriftlichen Form.

Kapitel 3
Verbraucherbauvertrag

§ 650i Verbraucherbauvertrag
(1) Verbraucherbauverträge sind Verträge, durch die der Unternehmer von einem Verbraucher zum Bau eines neuen Gebäudes oder zu erheblichen Umbaumaßnahmen an einem bestehenden Gebäude verpflichtet wird.
(2) Der Verbraucherbauvertrag bedarf der Textform.
(3) Für Verbraucherbauverträge gelten ergänzend die folgenden Vorschriften dieses Kapitels.

§ 650j Baubeschreibung
Der Unternehmer hat den Verbraucher über die sich aus Artikel 249 des Einführungsgesetzes zum Bürgerlichen Gesetzbuche ergebenden Einzelheiten in der dort vorgesehenen Form zu unterrichten, es sei denn, der Verbraucher oder ein von ihm Beauftragter macht die wesentlichen Planungsvorgaben.

§ 650k Inhalt des Vertrags
(1) Die Angaben der vorvertraglich zur Verfügung gestellten Baubeschreibung in Bezug auf die Bauausführung werden Inhalt des Vertrags, es sei denn, die Vertragsparteien haben ausdrücklich etwas anderes vereinbart.
(2) Soweit die Baubeschreibung unvollständig oder unklar ist, ist der Vertrag unter Berücksichtigung sämtlicher vertragsbegleitender Umstände, insbesondere des Komfort- und Qualitätsstandards nach der übrigen Leistungsbeschreibung, auszulegen. Zweifel bei der Auslegung des Vertrags bezüglich der vom Unternehmer geschuldeten Leistung gehen zu dessen Lasten.
(3) Der Bauvertrag muss verbindliche Angaben zum Zeitpunkt der Fertigstellung des Werks oder, wenn dieser Zeitpunkt zum Zeitpunkt des Abschlusses des Bauvertrags nicht angegeben werden kann, zur Dauer der Bauausführung enthalten. Enthält der Vertrag diese Angaben nicht, werden die vorvertraglich in der Baubeschreibung übermittelten Angaben zum Zeitpunkt der Fertigstellung des Werks oder zur Dauer der Bauausführung Inhalt des Vertrags.

§ 650l Widerrufsrecht
Dem Verbraucher steht ein Widerrufsrecht gem. § 355 zu, es sei denn, der Vertrag wurde notariell beurkundet. Der Unternehmer ist verpflichtet, den Verbraucher nach Maßgabe des Artikels 249 § 3 des Einführungsgesetzes zum Bürgerlichen Gesetzbuche über sein Widerrufsrecht zu belehren.

§ 650m Abschlagszahlungen; Absicherung des Vergütungsanspruchs
(1) Verlangt der Unternehmer Abschlagszahlungen nach § 632a, darf der Gesamtbetrag der Abschlagszahlungen 90 Prozent der vereinbarten Gesamtvergütung einschließlich der Vergütung für Nachtragsleistungen nach § 650c nicht übersteigen.
(2) Dem Verbraucher ist bei der ersten Abschlagszahlung eine Sicherheit für die rechtzeitige Herstellung des Werks ohne wesentliche Mängel in Höhe von 5 Prozent der vereinbarten Gesamtvergütung zu leisten. Erhöht sich der Vergütungsanspruch infolge einer Anordnung des Verbrauchers nach den §§ 650b und 650c oder infolge sonstiger Änderungen oder Ergänzungen des Vertrags um mehr als 10 Prozent, ist dem Verbraucher bei der nächsten Abschlagszahlung eine weitere Sicherheit in Höhe von 5 Prozent des zusätzlichen Vergütungsanspruchs zu leisten. Auf Verlangen des Unternehmers ist die Sicherheitsleistung durch Einbehalt dergestalt zu erbringen, dass der Verbraucher die Abschlagszahlungen bis zu dem Gesamtbetrag der geschuldeten Sicherheit zurückhält.
(3) Sicherheiten nach Absatz 2 können auch durch eine Garantie oder ein sonstiges Zahlungsversprechen eines im Geltungsbereich dieses Gesetzes zum Geschäftsbetrieb befugten Kreditinstituts oder Kreditversicherers geleistet werden.
(4) Verlangt der Unternehmer Abschlagszahlungen nach § 632a, ist eine Vereinbarung unwirksam, die den Verbraucher zu einer Sicherheitsleistung für die vereinbarte Vergütung verpflichtet, die

die nächste Abschlagszahlung oder 20 Prozent der vereinbarten Vergütung übersteigt. Gleiches gilt, wenn die Parteien Abschlagszahlungen vereinbart haben.

§650n Erstellung und Herausgabe von Unterlagen

(1) Rechtzeitig vor Beginn der Ausführung einer geschuldeten Leistung hat der Unternehmer diejenigen Planungsunterlagen zu erstellen und dem Verbraucher herauszugeben, die dieser benötigt, um gegenüber Behörden den Nachweis führen zu können, dass die Leistung unter Einhaltung der einschlägigen öffentlich-rechtlichen Vorschriften ausgeführt werden wird. Die Pflicht besteht nicht, soweit der Verbraucher oder ein von ihm Beauftragter die wesentlichen Planungsvorgaben erstellt.

(2) Spätestens mit der Fertigstellung des Werks hat der Unternehmer diejenigen Unterlagen zu erstellen und dem Verbraucher herauszugeben, die dieser benötigt, um gegenüber Behörden den Nachweis führen zu können, dass die Leistung unter Einhaltung der einschlägigen öffentlich-rechtlichen Vorschriften ausgeführt worden ist.

(3) Die Absätze 1 und 2 gelten entsprechend, wenn ein Dritter, etwa ein Darlehensgeber, Nachweise für die Einhaltung bestimmter Bedingungen verlangt und wenn der Unternehmer die berechtigte Erwartung des Verbrauchers geweckt hat, diese Bedingungen einzuhalten.

Kapitel 4
Unabdingbarkeit

§650o Abweichende Vereinbarungen

Von §640 Absatz 2 S. 2, den §§650i bis 650l und 650n kann nicht zum Nachteil des Verbrauchers abgewichen werden. Diese Vorschriften finden auch Anwendung, wenn sie durch anderweitige Gestaltungen umgangen werden.

Untertitel 2
Architektenvertrag und Ingenieurvertrag

§650p Vertragstypische Pflichten aus Architekten- und Ingenieurverträgen

(1) Durch einen Architekten- oder Ingenieurvertrag wird der Unternehmer verpflichtet, die Leistungen zu erbringen, die nach dem jeweiligen Stand der Planung und Ausführung des Bauwerks oder der Außenanlage erforderlich sind, um die zwischen den Parteien vereinbarten Planungs- und Überwachungsziele zu erreichen.

(2) Soweit wesentliche Planungs- und Überwachungsziele noch nicht vereinbart sind, hat der Unternehmer zunächst eine Planungsgrundlage zur Ermittlung dieser Ziele zu erstellen. Er legt dem Besteller die Planungsgrundlage zusammen mit einer Kosteneinschätzung für das Vorhaben zur Zustimmung vor.

§650q Anwendbare Vorschriften

(1) Für Architekten- und Ingenieurverträge gelten die Vorschriften des Kapitels 1 des Untertitels 1 sowie die §§650b, 650e bis 650h entsprechend, soweit sich aus diesem Untertitel nichts anderes ergibt.

(2) Für die Vergütungsanpassung im Fall von Anordnungen nach §650b Absatz 2 gelten die Entgeltberechnungsregeln der Honorarordnung für Architekten und Ingenieure in der jeweils geltenden Fassung, soweit infolge der Anordnung zu erbringende oder entfallende Leistungen vom Anwendungsbereich der Honorarordnung erfasst werden. Im Übrigen ist die Vergütungsanpassung für den vermehrten oder verminderten Aufwand auf Grund der angeordneten Leistung frei vereinbar. Soweit die Vertragsparteien keine Vereinbarung treffen, gilt §650c entsprechend.

§ 650r Sonderkündigungsrecht

(1) Nach Vorlage von Unterlagen gem. § 650p Absatz 2 kann der Besteller den Vertrag kündigen. Das Kündigungsrecht erlischt zwei Wochen nach Vorlage der Unterlagen, bei einem Verbraucher jedoch nur dann, wenn der Unternehmer ihn bei der Vorlage der Unterlagen in Textform über das Kündigungsrecht, die Frist, in der es ausgeübt werden kann, und die Rechtsfolgen der Kündigung unterrichtet hat.

(2) Der Unternehmer kann dem Besteller eine angemessene Frist für die Zustimmung nach § 650p Absatz 2 S. 2 setzen. Er kann den Vertrag kündigen, wenn der Besteller die Zustimmung verweigert oder innerhalb der Frist nach S. 1 keine Erklärung zu den Unterlagen abgibt.

(3) Wird der Vertrag nach Absatz 1 oder 2 gekündigt, ist der Unternehmer nur berechtigt, die Vergütung zu verlangen, die auf die bis zur Kündigung erbrachten Leistungen entfällt.

§ 650s Teilabnahme

Der Unternehmer kann ab der Abnahme der letzten Leistung des bauausführenden Unternehmers oder der bauausführenden Unternehmer eine Teilabnahme der von ihm bis dahin erbrachten Leistungen verlangen.

§ 650t Gesamtschuldnerische Haftung mit dem bauausführenden Unternehmer

Nimmt der Besteller den Unternehmer wegen eines Überwachungsfehlers in Anspruch, der zu einem Mangel an dem Bauwerk oder an der Außenanlage geführt hat, kann der Unternehmer die Leistung verweigern, wenn auch der ausführende Bauunternehmer für den Mangel haftet und der Besteller dem bauausführenden Unternehmer noch nicht erfolglos eine angemessene Frist zur Nacherfüllung bestimmt hat.

Untertitel 3
Bauträgervertrag

§ 650u Bauträgervertrag; anwendbare Vorschriften

(1) Ein Bauträgervertrag ist ein Vertrag, der die Errichtung oder den Umbau eines Hauses oder eines vergleichbaren Bauwerks zum Gegenstand hat und der zugleich die Verpflichtung des Unternehmers enthält, dem Besteller das Eigentum an dem Grundstück zu übertragen oder ein Erbbaurecht zu bestellen oder zu übertragen. Hinsichtlich der Errichtung oder des Umbaus finden die Vorschriften des Untertitels 1Anwendung, soweit sich aus den nachfolgenden Vorschriften nichts anderes ergibt. Hinsichtlich des Anspruchs auf Übertragung des Eigentums an dem Grundstück oder auf Übertragung oder Bestellung des Erbbaurechts finden die Vorschriften über den Kauf Anwendung.

(2) Keine Anwendung finden die §§ 648, 648a, 650b bis 650e, 650k Absatz 1 sowie die §§ 650l und 650m Absatz 1.

§ 650v Abschlagszahlungen

Der Unternehmer kann von dem Besteller Abschlagszahlungen nur verlangen, soweit sie gemäß einer Verordnung auf Grund von Artikel 244 des Einführungsgesetzes zum Bürgerlichen Gesetzbuche vereinbart sind.

(…)

Titel 20
Bürgschaft

§ 765 Vertragstypische Pflichten bei der Bürgschaft

(1) Durch den Bürgschaftsvertrag verpflichtet sich der Bürge gegenüber dem Gläubiger eines Dritten, für die Erfüllung der Verbindlichkeit des Dritten einzustehen.

(2) Die Bürgschaft kann auch für eine künftige oder eine bedingte Verbindlichkeit übernommen werden.

§ 766 Schriftform der Bürgschaftserklärung
Zur Gültigkeit des Bürgschaftsvertrags ist schriftliche Erteilung der Bürgschaftserklärung erforderlich. Die Erteilung der Bürgschaftserklärung in elektronischer Form ist ausgeschlossen. Soweit der Bürge die Hauptverbindlichkeit erfüllt, wird der Mangel der Form geheilt.

§ 767 Umfang der Bürgschaftsschuld
(1) Für die Verpflichtung des Bürgen ist der jeweilige Bestand der Hauptverbindlichkeit maßgebend. Dies gilt insbesondere auch, wenn die Hauptverbindlichkeit durch Verschulden oder Verzug des Hauptschuldners geändert wird. Durch ein Rechtsgeschäft, das der Hauptschuldner nach der Übernahme der Bürgschaft vornimmt, wird die Verpflichtung des Bürgen nicht erweitert.

(2) Der Bürge haftet für die dem Gläubiger von dem Hauptschuldner zu ersetzenden Kosten der Kündigung und der Rechtsverfolgung.

§ 768 Einreden des Bürgen
(1) Der Bürge kann die dem Hauptschuldner zustehenden Einreden geltend machen. Stirbt der Hauptschuldner, so kann sich der Bürge nicht darauf berufen, dass der Erbe für die Verbindlichkeit nur beschränkt haftet.

(2) Der Bürge verliert eine Einrede nicht dadurch, dass der Hauptschuldner auf sie verzichtet.

§ 769 Mitbürgschaft
Verbürgen sich mehrere für dieselbe Verbindlichkeit, so haften sie als Gesamtschuldner, auch wenn sie die Bürgschaft nicht gemeinschaftlich übernehmen.

§ 770 Einreden der Anfechtbarkeit und der Aufrechenbarkeit
(1) Der Bürge kann die Befriedigung des Gläubigers verweigern, solange dem Hauptschuldner das Recht zusteht, das seiner Verbindlichkeit zugrunde liegende Rechtsgeschäft anzufechten.

(2) Die gleiche Befugnis hat der Bürge, solange sich der Gläubiger durch Aufrechnung gegen eine fällige Forderung des Hauptschuldners befriedigen kann.

§ 771 Einrede der Vorausklage
Der Bürge kann die Befriedigung des Gläubigers verweigern, solange nicht der Gläubiger eine Zwangsvollstreckung gegen den Hauptschuldner ohne Erfolg versucht hat (Einrede der Vorausklage). Erhebt der Bürge die Einrede der Vorausklage, ist die Verjährung des Anspruchs des Gläubigers gegen den Bürgen gehemmt, bis der Gläubiger eine Zwangsvollstreckung gegen den Hauptschuldner ohne Erfolg versucht hat.

§ 772 Vollstreckungs- und Verwertungspflicht des Gläubigers
(1) Besteht die Bürgschaft für eine Geldforderung, so muss die Zwangsvollstreckung in die beweglichen Sachen des Hauptschuldners an seinem Wohnsitz und, wenn der Hauptschuldner an einem anderen Orte eine gewerbliche Niederlassung hat, auch an diesem Orte, in Ermangelung eines Wohnsitzes und einer gewerblichen Niederlassung an seinem Aufenthaltsort versucht werden.

(2) Steht dem Gläubiger ein Pfandrecht oder ein Zurückbehaltungsrecht an einer beweglichen Sache des Hauptschuldners zu, so muss er auch aus dieser Sache Befriedigung suchen. Steht dem Gläubiger ein solches Recht an der Sache auch für eine andere Forderung zu, so gilt dies nur, wenn beide Forderungen durch den Wert der Sache gedeckt werden.

§ 773 Ausschluss der Einrede der Vorausklage
(1) Die Einrede der Vorausklage ist ausgeschlossen:
   1. wenn der Bürge auf die Einrede verzichtet, insbesondere wenn er sich als Selbstschuldner verbürgt hat,

2. wenn die Rechtsverfolgung gegen den Hauptschuldner infolge einer nach der Übernahme der Bürgschaft eingetretenen Änderung des Wohnsitzes, der gewerblichen Niederlassung oder des Aufenthaltsorts des Hauptschuldners wesentlich erschwert ist,
3. wenn über das Vermögen des Hauptschuldners das Insolvenzverfahren eröffnet ist,
4. wenn anzunehmen ist, dass die Zwangsvollstreckung in das Vermögen des Hauptschuldners nicht zur Befriedigung des Gläubigers führen wird.

(2) In den Fällen der Nummern 3, 4 ist die Einrede insoweit zulässig, als sich der Gläubiger aus einer beweglichen Sache des Hauptschuldners befriedigen kann, an der er ein Pfandrecht oder ein Zurückbehaltungsrecht hat; die Vorschrift des § 772 Abs. 2 S. 2 findet Anwendung.

§ 774 Gesetzlicher Forderungsübergang

(1) Soweit der Bürge den Gläubiger befriedigt, geht die Forderung des Gläubigers gegen den Hauptschuldner auf ihn über. Der Übergang kann nicht zum Nachteil des Gläubigers geltend gemacht werden. Einwendungen des Hauptschuldners aus einem zwischen ihm und dem Bürgen bestehenden Rechtsverhältnis bleiben unberührt.

(2) Mitbürgen haften einander nur nach § 426.

§ 775 Anspruch des Bürgen auf Befreiung

(1) Hat sich der Bürge im Auftrag des Hauptschuldners verbürgt oder stehen ihm nach den Vorschriften über die Geschäftsführung ohne Auftrag wegen der Übernahme der Bürgschaft die Rechte eines Beauftragten gegen den Hauptschuldner zu, so kann er von diesem Befreiung von der Bürgschaft verlangen:

1. wenn sich die Vermögensverhältnisse des Hauptschuldners wesentlich verschlechtert haben,
2. wenn die Rechtsverfolgung gegen den Hauptschuldner infolge einer nach der Übernahme der Bürgschaft eingetretenen Änderung des Wohnsitzes, der gewerblichen Niederlassung oder des Aufenthaltsorts des Hauptschuldners wesentlich erschwert ist,
3. wenn der Hauptschuldner mit der Erfüllung seiner Verbindlichkeit im Verzug ist,
4. wenn der Gläubiger gegen den Bürgen ein vollstreckbares Urteil auf Erfüllung erwirkt hat.

(2) Ist die Hauptverbindlichkeit noch nicht fällig, so kann der Hauptschuldner dem Bürgen, statt ihn zu befreien, Sicherheit leisten.

§ 776 Aufgabe einer Sicherheit

Gibt der Gläubiger ein mit der Forderung verbundenes Vorzugsrecht, eine für sie bestehende Hypothek oder Schiffshypothek, ein für sie bestehendes Pfandrecht oder das Recht gegen einen Mitbürgen auf, so wird der Bürge insoweit frei, als er aus dem aufgegebenen Recht nach § 774 hätte Ersatz erlangen können. Dies gilt auch dann, wenn das aufgegebene Recht erst nach der Übernahme der Bürgschaft entstanden ist.

§ 777 Bürgschaft auf Zeit

(1) Hat sich der Bürge für eine bestehende Verbindlichkeit auf bestimmte Zeit verbürgt, so wird er nach dem Ablauf der bestimmten Zeit frei, wenn nicht der Gläubiger die Einziehung der Forderung unverzüglich nach Maßgabe des § 772 betreibt, das Verfahren ohne wesentliche Verzögerung fortsetzt und unverzüglich nach der Beendigung des Verfahrens dem Bürgen anzeigt, dass er ihn in Anspruch nehme. Steht dem Bürgen die Einrede der Vorausklage nicht zu, so wird er nach dem Ablauf der bestimmten Zeit frei, wenn nicht der Gläubiger ihm unverzüglich diese Anzeige macht.

(2) Erfolgt die Anzeige rechtzeitig, so beschränkt sich die Haftung des Bürgen im Falle des Absatzes 1 S. 1 auf den Umfang, den die Hauptverbindlichkeit zur Zeit der Beendigung des Verfahrens hat, im Falle des Absatzes 1 S. 2 auf den Umfang, den die Hauptverbindlichkeit bei dem Ablauf der bestimmten Zeit hat.

§ 778 Kreditauftrag
Wer einen anderen beauftragt, im eigenen Namen und auf eigene Rechnung einem Dritten ein Darlehen oder eine Finanzierungshilfe zu gewähren, haftet dem Beauftragten für die aus dem Darlehen oder der Finanzierungshilfe entstehende Verbindlichkeit des Dritten als Bürge.

Titel 21
Vergleich

§ 779 Begriff des Vergleichs, Irrtum über die Vergleichsgrundlage
(1) Ein Vertrag, durch den der Streit oder die Ungewissheit der Parteien über ein Rechtsverhältnis im Wege gegenseitigen Nachgebens beseitigt wird (Vergleich), ist unwirksam, wenn der nach dem Inhalt des Vertrags als feststehend zugrunde gelegte Sachverhalt der Wirklichkeit nicht entspricht und der Streit oder die Ungewissheit bei Kenntnis der Sachlage nicht entstanden sein würde.

(2) Der Ungewissheit über ein Rechtsverhältnis steht es gleich, wenn die Verwirklichung eines Anspruchs unsicher ist.

Titel 22
Schuldversprechen, Schuldanerkenntnis

§ 780 Schuldversprechen
Zur Gültigkeit eines Vertrags, durch den eine Leistung in der Weise versprochen wird, dass das Versprechen die Verpflichtung selbständig begründen soll (Schuldversprechen), ist, soweit nicht eine andere Form vorgeschrieben ist, schriftliche Erteilung des Versprechens erforderlich. Die Erteilung des Versprechens in elektronischer Form ist ausgeschlossen.

§ 781 Schuldanerkenntnis
Zur Gültigkeit eines Vertrags, durch den das Bestehen eines Schuldverhältnisses anerkannt wird (Schuldanerkenntnis), ist schriftliche Erteilung der Anerkennungserklärung erforderlich. Die Erteilung der Anerkennungserklärung in elektronischer Form ist ausgeschlossen. Ist für die Begründung des Schuldverhältnisses, dessen Bestehen anerkannt wird, eine andere Form vorgeschrieben, so bedarf der Anerkennungsvertrag dieser Form.

§ 782 Formfreiheit bei Vergleich
Wird ein Schuldversprechen oder ein Schuldanerkenntnis auf Grund einer Abrechnung oder im Wege des Vergleichs erteilt, so ist die Beobachtung der in den §§ 780, 781 vorgeschriebenen schriftlichen Form nicht erforderlich.

(…)